开启现代化新镇江建设新征程

2021年镇江发展研究报告

主编 于 伟

江苏大学出版社
JIANGSU UNIVERSITY PRESS
镇 江

图书在版编目(CIP)数据

开启现代化新镇江建设新征程：2021年镇江发展研究报告 / 于伟主编. —镇江：江苏大学出版社，2022.7

ISBN 978-7-5684-1827-0

Ⅰ.①开… Ⅱ.①于… Ⅲ.①区域经济发展—研究报告—镇江—2021 Ⅳ.①F127.533

中国版本图书馆CIP数据核字(2022)第115825号

开启现代化新镇江建设新征程：2021年镇江发展研究报告

Kaiqi Xiandaihua Xin Zhenjiang Jianshe Xin Zhengcheng：2021Nian Zhenjiang Fazhan Yanjiu Baogao

主　　编/于　伟
责任编辑/张　平
出版发行/江苏大学出版社
地　　址/江苏省镇江市梦溪园巷30号(邮编：212003)
电　　话/0511-84446464(传真)
网　　址/http：//press.ujs.edu.cn
排　　版/镇江文苑制版印刷有限责任公司
印　　刷/南京互腾纸制品有限公司
开　　本/710 mm×1 000 mm　1/16
印　　张/17
字　　数/265千字
版　　次/2022年7月第1版
印　　次/2022年7月第1次印刷
书　　号/ISBN 978-7-5684-1827-0
定　　价/78.00元

如有印装质量问题请与本社营销部联系(电话：0511-84440882)

不负时代　扎实奋斗
为建设现代化新镇江争得社科荣光

2021 年，镇江市社科界坚持以习近平新时代中国特色社会主义思想为指引，以庆祝中国共产党成立 100 周年为主线，以推动高质量发展为主题，以“三高一争”为目标，以“五新五百”为抓手，埋头苦干，激情奔跑，实现了“十四五”精彩开局。

一、**坚持思想领航，理论武装开新局**。镇江围绕庆祝中国共产党成立 100 周年这一主线，深入开展“五新五百”活动。“五新五百”活动得到江苏省人大常委会副主任、省社科联主席曲福田，镇江市委书记马明龙的充分肯定，被市委市级机关工委命名为机关党建和业务融合发展优秀案例。“学习新思想　百名社科专家说党史”活动共开展宣讲 130 余场，其中，上半年重点宣讲党史，年中宣讲习近平总书记“七一”重要讲话精神，11 月之后集中宣讲党的十九届六中全会精神，自上而下，层层推进，在全市营造了浓厚的学习贯彻氛围。镇江市社科联机关 3 名党员领导带头宣讲 30 余场次，惠及干部群众 4 000 余人次。全市举办理论研讨会 3 期，其中党史学习教育理论研讨会邀请了中共中央党史研究室原副主任李忠杰参加，李忠杰评价研讨会有意义、有创新，有效推动了党史学习教育入脑、入心。镇江市社科联全年共在《镇江日报》上刊发理论专刊 2 期，举办社科系统集中培训 3 次，编印《镇江社会科学》4 期。

二、**坚持服务中心，社科研究开新局**。2021 年镇江市社科联承担省委书记、省长圈定课题，“江苏智能农机装备产业高质量发展研究”获得省委主要领导批示，为近五年来的第一次；承担省哲学社会科学界联合会、省哲学社会科学规划办公室重点课题 2 项；承担书记、市长圈定课题 3 项；设立社科观察点，完成社科观察课题 2 项。镇江市社科联全年共编发《镇江发展研究报告》10期，其中的6期及10余项学会课题获得市委、市政府领导批示肯定；举办以“新旅游　新镇江”为主题的第六届镇江智库论坛，论坛成果得到市委书记马明龙批示；确定“一体化发展”“高质量发展”“高效能治理”“高品质生活”4类83个社科应用研究精品工程选题，共申报课题376项，立项177项；设立大运河、赛珍珠、法学、教育、统战、人才等6个专项研究课题，共立项291项，推出优秀成果111项；与江苏大学联合成立现代产业经济研究中心，与团市委联合成立青年发展研究中心，镇江市委与江苏大学共同成立了全省第一家党内法规研究机构，江苏大学成立了全省第一家共同富裕研究院。镇江市社科联首次参加三省一市联动智库项目“最江南”江南乡村文化传承创新典型案例编写，镇江丹阳九里村、丹徒槐荫村、新区儒里村典型案例入选第三届“长三角江南文化论坛”。

三、坚持协同推进，学会管理开新局。着力打造社科学会金山学术沙龙活动品牌，依托江苏大学社科联、镇江市教育学会举办了“深化校地合作　助力乡村振兴”“校园诚信文化建设”等4期金山学术沙龙活动。市经济学会研究课题获得2021年江苏省社会组织参与乡村振兴十佳案例，市赛珍珠研究会举办了两场国际学术研讨会，市国际税收研究会等5个学会课题获江苏省社科应用研究精品工程课题一、二等奖。镇江市社科联联合市委宣传部、市民政局制定出台《关于加强哲学社会科学学术社团建设的实施意见》，进一步推动镇江社科学术社团健康有序发展；加强对学会杂志、网站、微信群，以及资料汇编等的管理，确保了学会正确的政治发展方向；指导历史文化名城研究会等20余家学会开展庆祝中国共产党成立100周年系列活动，指导市法学会、检察官学会等6家学会顺利完成了换届，新成立旅游学会、文化资源研究会，保持了学会队伍活力。市赛珍珠研究会、经济学会分别获评第三届江苏省哲学社会科学模范学术社团、先进学术社团，学会建设走在全省前列。

四、坚持红色主题，社科普及开新局。贯彻落实《江苏省社会科学普及促进条例》，持续深入开展社科普及宣传周活动，获得省社科联2019—2020年《江苏省社会科学普及促进条例》实施工作成绩显著单位通报表扬和省第十八届社会科学普及宣传周主题知识有奖竞答优秀组织奖。12 个社科普及项目获得省社科联资助，社科普及整体水平走在全省前列。镇江市社科联创新设立“社科镇有料”抖音号，“融入新媒体　百辑红色抖音视频镇有料”活动发布红色抖音视频 110 辑，成为群众“身边的党史课堂”。“社科镇有料　全民 e 起来”——镇江社科普及网络行动，获评江苏省社科普及重点项目实施情况评估优秀等次；全媒体互动开展“百年风云续华章　红色种子再创辉煌——社科普及基地市民一日行走进丹阳”“打卡红色地标学党史　红色镇江我代言”等 4 期“社科普及基地市民一日行”活动；开展“讴歌新时代　百部社科作品讲故事”活动，在全市征集红色社科普及作品 103 部，两部微课短视频获江苏社科普及短视频大赛优胜奖并在人民网展播；开展“培育新一代　百场红色经典进校园”活动，举办红色讲座、展览 266 场，评选“十佳小小红色社科讲读人”，组建 107 支“小小红色社科讲读人”队伍，全市近 6 万名中小学生参与，“学习强国”两次集中报道；加强社科普及基地建设，建立社科普及共建联盟，开展 30 多场有特色、有影响的共建活动；新认定社科普及基地 22 家，全市社科普及基地数达到 67 家；获评全国优秀人文社会科学普及基地 1 家、省级社会科学普及示范基地 15 家。

五、坚持政治引领，队伍发展开新局。镇江市社科联坚持党对社科工作的全面领导，管党治党得到新的加强，获得新一届镇江市文明单位称号；制定出台加强基层社科工作意见，得到省社科联的推广；召开镇江市哲学社会科学界第七次代表大会，选举产生新一届理事会。扎实开展全市社科系统党史学习教育，认真履行党史学习教育领导小组成员单位职责，社科联党史学习教育规定动作到位有成效，自选动作创新有影响，得到了市委指导组的充分肯定，被省、市主要媒体报道 27 次，被《党史学习教育简报》报道 8 次。深化“一人一重点、领办解难题”机制，开展“我为群众办实事”实践活动，组建“学亚夫、做亚夫”社科服务先锋团队，与金山街道银山门社区结对共建，组织开展理论联学、基地联建、文化联通、智库联动、社科联心“五联”活动，推出了“街巷小黑板”“江科大马克思主义学院大学生社会实践基地”等一批“社科为民”办实事项目。制订镇江市“十四五”社科人才培养计划，成立全市首个社科类优秀文化人才工作室——丁钢社科理论工作室，成功推荐12名人才入选首期金山文化人才计划，推广社科人才码，建立起拥有150余名成员的正高级社科人才专家库。

2021年，在全市广大社科工作者的共同努力下，我们欣喜地看到，社科理论武装正在被越来越多地点赞，社科研究成果正在受到越来越多的关注，社科组织的活力不断彰显，社科队伍的规模日益壮大，哲学社会科学的影响力、社科工作的影响力、社科联的影响力不断提升，所有这些都给了我们更多的鼓励，让我们在推进工作时有了更大的自信，让我们对服务现代化新镇江建设有了更高的追求。

2022年是党的二十大召开的喜庆之年，是建设现代化新镇江的关键之年，是镇江社科事业高质量发展的重要之年。全市社科工作将高举习近平新时代中国特色社会主义思想伟大旗帜，全面贯彻党的十九大和十九届历次全会精神，全面落实镇江市第八次党代会、市委八届二次全会，以及全市宣传思想工作会议部署，扛起“争当表率、争做示范、走在前列”光荣使命，锚定“三高一争”奋斗指向，以迎接、学习、宣传、贯彻党的二十大精神为主线，提振“争”的士气，昂扬“争”的状态，增强“争”的本领，聚焦五大建设，强化五个推进，争得社科事业高质量发展崭新荣光，为建设现代化新镇江提供坚强的思想保障和智力支撑。

于　伟

2022年1月

目　录

一、高质量发展

二、高效能治理

三、高品质生活

一、高质量发展

镇江旅游高质量发展研究报告

| 镇江旅游高质量发展课题组 |

进入“十四五”，镇江旅游高质量发展也进入了关键时期。镇江自然禀赋好，旅游高质量发展大有文章可做；镇江地理区位好，旅游高质量发展有大文章可做。建设现代化新镇江，必须创新思路、齐心合力，把旅游业打造成幸福产业，做出旅游高质量发展的新时代好文章。

一、镇江旅游发展的总体判断

一是站位不高。镇江市对旅游发展认识不深，就旅游谈旅游，缺乏全局观念、大局意识和长远思考。纵向来看，旅游产业链的关联、带动、集群、协同效应较差，远未形成“一强带百强，百强成大强”的发展格局；横向来看，文旅融合意识不强，旅游发展与城市发展共生有限，旅游发展与百姓生活耦合有限，涉旅部门之间协作有限。

二是地位不重。旅游业处于“辅助”“从属”地位，“出镜率”不高，在镇江经济社会发展全局中的地位相对尴尬。旅游发展的顶层设计不到位，政府主导机制还没有真正形成。旅游供给侧结构性改革缺乏推动力，规划执行缺少久久为功的定力。

三是品位不够。相对而言，镇江旅游品质不佳，旅游业整体段位较低，产品低端化，结构单极化，体系不完备。现有旅游项目与周边城市同质化现象严重，少创意、少个性、少特色，参与性、互动性、体验性不够。旅游整体大环境不优，硬实力与软实力均有待提升。

二、镇江旅游发展的问题所在

一是龙头旅游企业不够大。从企业角度讲，旅游企业小、散、弱、差现象明显，缺乏真正意义上的龙头老大，引领作用非常薄弱。文旅集团虽然体量较大，但其文旅主业十分单薄。从景区角度讲，“规模小、分布散、要素缺”现象突出，单体旅游景区承载力不足，难以发挥客源的市域引流作用。

二是城乡旅游耦合不够强。镇江旅游在一定程度上存在重“城”轻“乡”现象，城市旅游“近水楼台”，乡村旅游“自谋出路”，城乡旅游未能实现耦合协调发展，一体化程度较低，存在一道看不见的“边界”。

三是文化旅游融合不够深。镇江文化事业强、产业弱；镇江旅游产业强、事业弱。文化与旅游“两张皮”现象明显，管理体制在形式上已融合，但内涵仍是两条线，磨合还需要时间。文旅融合积极态势不明显，说得多、做得少，理论多、实践少，且往往流于文化与旅游的简单叠加，缺少特色和个性，没有共鸣和温度。

四是旅游营商环境不够优。旅游发展缺少市级层面的高位协调机构，早前成立的“市旅游工作领导小组”长期未调整，管理体制机制不顺，统筹协调能力不足。城乡治理与旅游发展普遍存在脱节现象，旅游业创新能力、运营能力和管理能力亟待加强。

五是区域合作步伐不够快。区域内旅游合作不充分，缺少深度，往往停留于“推介会”层面，常规动作多、创新动作少；参与者多、发起者少，存在随大流、“搭便车”心理。对于合作打造共同旅游目的地，有愿景、少实践，缺少共同发展的规划谋划。

三、镇江旅游高质量发展需要创新思路

旅游高质量发展是指通过治理推动、文化赋能和科技支撑，实现旅游

产品、旅游管理、旅游服务、旅游者和旅游产业运营的同步高质量发展。镇江旅游亟须创新思路，把握住“一个抓手、两个切入点、三个导向和四个主要推手”，努力实现高质量发展，即以龙头旅游企业及旅游景区打造为抓手；以城市旅游和乡村旅游为切入点；以市政府高度重视、全社会积极参与和各部门联合推进为导向；以文旅融合、全域旅游、营商环境和区域合作为主要推手。

具体而言，以龙头旅游企业及旅游景区打造为抓手，就是要充分发挥强龙牵引作用，提升旅游产业链现代化水平；以城市旅游与乡村旅游为切入点，就是要根据镇江“一体两翼三带四片区”发展布局，切实推进城乡旅游一体化，以城乡耦合释放发展效能，以协同合力促进共生发展。在导向上，一要有市委、市政府的高度重视和高位引领，要真正把旅游业发展作为镇江产业强市战略的重要路径之一，作为提升硬实力、展示软实力、增强吸引力的主通道之一；二要引导全社会积极参与；三要指导各部门合力推进，强化社会责任意识，将个人、集体的美好愿景与镇江旅游业发展的宏阔前景结合起来，营造旅游高质量发展的大氛围。“四个主要推手”一是深化文旅融合，充分挖掘镇江地域文化内涵，推动旅游向纵深发展；二是对标国家全域旅游示范区创建标准和原则，加大力度，持续推进，不断提升镇江旅游业的品质与段位；三要不断优化营商环境，强化市场意识、服务意识、法治意识和诚信意识，激发旅游市场主体活力，助力镇江旅游高质量发展；四要不断推进区域合作，拓展镇江旅游对内对外开放的空间布局，以开放共赢的姿态推进旅游人流、物流、商流的有序流动，促进镇江旅游高质量发展。

四、镇江旅游高质量发展的对策建议

一是高质量打造产业龙头，彰显镇江旅游新魄力。建议将现有文旅集团打造成全市龙头旅游企业，调整管理体制，采用“管委会+公司”模式，实施区块化管理。聚焦文旅主业，剥离非主业和非核心业务，提升文旅业态所占比重。资产优化重组，处置并盘活、减少低效、无效资产。加强文旅资源及其衍生产业整合，发挥集约效应，打造产业链“链主”，提升“造链”“固链”水平。通过定制化手段，与在镇高校联手培育专业型、创新型、实干型人才，充实企业运营管理人才队伍。

二是高质量建设核心景区，释放镇江旅游新引力。将“三山一湖一渡”打造成镇江城市的龙头旅游景区。首先，发力建设国家级金山湖旅游度假区，实现景区更新迭代。其次，优化游客体验，发力建设精品化旅游景区，加快景区提档升级。最后，吸引游客关注，发力打造“拳头”旅游品牌，彰显景区个性特色。在此基础上，同步推进乡村的茅山龙头旅游景区建设。

三是高质量加强城乡统筹，发掘镇江旅游新潜力。依据镇江市“一体两翼三带四区”总体规划，全市一盘棋、拧成一股绳，推动镇江城乡旅游一体化发展，实现城市旅游与乡村旅游的协同互哺。突出政府主导、统筹规划，合理布局“城市旅游—城郊旅游—乡村旅游”圈层，构建城乡旅游产业链，有效配置产业要素，形成产业集聚体系，提升发展水平。统筹推进乡村基础设施建设，升级乡村旅游通道，发展乡村特色民宿，打造乡村旅游目的地，推进全国农业旅游示范点建设。

四是高质量深化文旅融合，凝聚镇江旅游新合力。激活并强化市“旅游工作领导小组”高位协调职能，进一步完善文旅融合体制机制，使“行业经营管理”与“产业运行管理”相融合，促进文化与旅游融合发展的有效对接。建立文旅融合财税配套优惠制度，支持重点文旅融合项目建设。深度梳理并挖掘镇江地域文化，培育文化 IP，展示山水风骨，进一步提升镇江旅游软实力。运用现代科学技术，强化镇江本土非物质文化、历史文化遗存的创意开发。积极打造文化休闲、节事展会、旅游演艺、个性餐饮、影视动漫、特色展馆、文创产品等旅游业态，构建多元化、特色化、个性化文化旅游产业体系。

五是高质量推进全域旅游，打造镇江旅游新魅力。实施全景化打造，将城市、乡村治理与旅游发展相结合，坚持“景城一体、景镇一体、景村一体”建设导向，打造处处皆美景、处处皆旅游的全景镇江。实施全社会参与，把发展旅游与提高城乡居民生活质量、推进共同富裕相结合，营造良好旅游社会环境。实施全产业融合，大力推动“旅游+”“+旅游”，构建相对完整的镇江旅游业态谱系。实施全方位保障和高位协调，建立全域旅游工作联席会议制度，持续推进国家全域旅游示范区创建工作。

六是高质量优化营商环境，激发镇江旅游新活力。服务旅游市场主体，打造便利高效的政务环境。以建设“镇合意”品牌为契机，打造公平公正的法治环境；构建亲情政商关系，打造透明竞争的市场环境；以信用促发展，打造诚信为本的社会环境；强化营商环境评价引导和督促，打造客观公正的舆论环境；通过数字经济为旅游产业赋能，打造旅游与数字经济的融合环境，加强旅游目的地数字化建设。

七是高质量推进区域协作，强化镇江旅游新动力。坚定合作共赢理念，对接区域内高能级城市，合作推动区域内旅游大循环。组建合作联盟，开展共商共建共享，打造共同旅游目的地，形成区域文化旅游经济圈、旅游经济带，形成长江与运河旅游枢纽。进一步整合资源，打造“一程多站”长线旅游产品，将“亮点游”与“深度游”相结合，提高旅游附加值。进一步建立无障碍旅游区，促进区域内旅游市场的深度开放与互动，区域内城市互为旅游客源地与目的地。进一步搭建旅游企业交流平台，促进旅游信息交流。

（课题组成员：于　伟　张　浩　苏吉平　于　萍　程　静）

把农机装备产业打造成镇江特色产业

镇江市农机装备产业链高质量发展研究课题组

一、镇江农机装备产业打造成特色产业的条件已经具备

镇江农机装备产业正在步入高端化、智能化发展新阶段，其发展已经有了科学的规划引领、精准的政策支持和良好的产业基础。

一是良好的政策环境。农机装备已成为《中国制造 2025》的十大产业之一和我国“十四五”重点发展产业。2019 年，江苏省出台了《关于加快推进农业机械化和农机装备产业转型升级的实施意见》；2020 年，《江苏省“产业强链”三年行动计划（2021—2023 年）》将农机装备列入江苏省 30 条优势产业链之一。国家和江苏省的相关支持政策都已明确。

二是有力的政府推进。中共镇江市委、市政府强势推进产业强市“一号战略”，明确将智能农机装备产业列为市“十四五”重点发展的 8 条产业链之一。2021 年 3 月，市委、市政府专门印发实施重点产业链“链长制”工作方案，明确分管领导分别挂钩联系农机装备产业，明确工信局、农业农村局、社科联等多维度、全方位推进农机装备产业发展。2021 年 4 月，镇江市成立了全省第一家智能农机装备产业联盟。

三是坚实的发展基础。镇江全市现有农机装备产业链重点企业 31 家，其中规上企业 23 家；拥有江苏沃得集团有限公司、镇江中福马机械有限公司、镇江荣嘉精密机械有限公司等整机制造企业，以及镇江大力液压马达

有限责任公司、镇江凯迩必机械工业（镇江）有限公司、镇江三维输送装备股份有限公司等关键零部件配套企业。作为链主企业，沃得集团现有农机、植保、机电等 8 家子公司，是国内外有影响的联合收割机、高性能插秧机、秸秆还田机等产品的重要生产基地。其中，沃得农机是中国农机行业百强，目前居全省行业之首。产业链中零部件企业“专精特新”发展态势明显，在细分领域普遍拥有较高的市场占有率。镇江液压股份有限公司是国家制造业单项冠军示范企业；大力液压马达是国家摆线液压马达行业标准独家修订单位；三维输送装备是国内首家散装物料输送行业上市企业；镇江希西维轴承有限公司的关节轴承目前市场占有率国内第一、全球前三左右。

四是独有的科教资源。镇江拥有江苏大学、江苏农林职业技术学院、镇江农科院等多所涉农高校及科研院所。江苏大学是国内最早设立农机专业的高校，是全国涉及农机设计、制造、服务等全过程相关专业设置最全的高校，也是全国农机装备领域研究队伍规模最大的高校之一。截至目前，江苏大学获得的与农机装备相关的国家技术发明奖和国家科技发明奖位居全国高校第一。

二、镇江农机装备产业发展亟待转型升级

一是产业链企业整体规模偏小。在镇江重点培育发展的 8 条产业链中，农机装备产业链企业数量最少，占比不到3%，规模也最小。在全省56家农机重点企业名单中，镇江仅有沃得农机、荣嘉精密机械两家企业入围。除沃得和荣嘉外，其他企业缺乏整机产品，部分企业存在“小、散、乱、弱”现象，经营模式相对落后。

二是产业链企业配套协作较弱。产业企业协作意识不强，尚未形成高度协同的产业配套体系，专业配套的关键共性零部件企业不多。一方面，链主企业自制率高达 70%以上，开放度不够，关联度不强，龙头企业的带动作用没有得到很好发挥；另一方面，本地配套企业主要客户大多不在本

市，协同度不高，协作性不强，没有形成拥有聚链强链的良好制造业生态。

三是产业链中校企联系不紧。近年来，江苏大学先后在浙江温岭设立了流体机械研究院，在泰州兴化设立了无人农业系统研究院，与中联重机开展了无人联合收割机研发，但与镇江本地合作不多，科技成果本地转化率不高，“墙内开花墙外香”的现象比较突出。强化校企合作，完善政、产、学、研、用协作机制还有很多的工作要做。

四是产业链发展载体建设滞后。镇江农机装备产业链发展目前仍处于自主自发阶段。产业谷构想虽然已有多年，但载体建设、运行机制、政策配套等方面尚不明确。已经成立的智能农机装备联盟也因为体制机制等诸多原因，作用没有得到较好发挥。

三、打造镇江农机装备特色产业的路径建议

“十四五”期间，把农机装备产业打造成镇江特色产业，必须着力在三个方面狠下功夫：一是内培，做大、做强、做优有基础的整机制造企业和关键共性零部件企业；二是协同，形成产业链上相关企业及高校、科研院所的成本共担、价值共享、企业共赢机制；三是外引，大力引进有助于强链、延链、补链的国内外优质项目和资源。目前，内培与协同是当务之急、重中之重。具体而言，迫切需要做好“六篇大文章”：

一是规划建设产业园区。借鉴鱼跃集团园区建设的经验，依托链主企业——沃得集团，整合江苏大学等高校资源，在推动沃得集团尽快上市的基础上，加快规划和建设镇江智能农机装备产业园区，建立以企业为主体、市场为导向、产学研紧密结合的农机装备产业技术创新体系，示范江苏、引领全国，集中力量打造镇江农机装备制造业特色名片。

二是着力构建产业生态。落实农机装备产业链长制，建立农机装备产业发展责任体系，进一步优化推进产业发展的外部生态；推进智能农机装备产业联盟实质性运作，依托互联网、大数据，将产业体系内中小企业，以及与产业相关的高职校融入产业链之中，强化分工，加强协作，构建良

好的产业链发展内部生态。

三是精心培育产业龙头。鼓励沃得、荣嘉等重点整机企业通过市场手段，实施兼并重组，整合上下游企业、研发机构等产业链资源，进一步提升创新发展水平和市场竞争能力。引领中小配套企业聚焦关键共性技术突破，向“专精特新”方向发展，加强专业制造、精益生产、集约经营，打造一批行业“单项冠军”和“小巨人”企业。

四是切实强化产业创新。密切跟踪国内外产业发展需求和趋势，精准梳理镇江农机装备领域的短板弱项，加大产业招商力度，鼓励市内外产业链上下游企业协同攻关，研发一批填补国内空白的高端农机装备。鼓励传统农机智能转型和数字赋能，研究应用北斗导航、工业互联网、人工智能、5G、大数据等信息技术，提升农机装备的数据化、智能化、无人化水平，推动农业生产全程无人作业。

五是高度重视产业终端。坚持面向农户需求，实施农机装备与技术示范推广项目，推动农机农艺深度融合，引导产业企业、产业联盟直接对接新型农业经营主体，建立“企业+合作社+基地”的农机产品研发、生产、推广新模式。加强农机研发和农机补贴的政策协同，促进农机补贴向高端农机、智能农机倾斜，特别是要提高镇江“首台套”奖励幅度，加大农机作业补贴力度。

六是注重培养产业人才。针对全国农机装备产业专业技术人才短缺的普遍问题，以及镇江产业发展个性问题，积极协同江苏大学、江苏农林职业技术学院等高校精准设置产业链相关专业，培养创新型、应用型、复合型农机装备人才，订单式培养不同层次的产业急需人才，凸显镇江在全国农机装备制造产业人才培养集聚地的地位。

（课题组成员：刘　璇　于　伟　马志强　罗建强　李　钊　张平平　陆炳西　薛玉刚　陆廷峰）

镇江市对接江苏自贸区过程中应对“政策洼地”问题的对策研究

周凌轲　陈　彬　毛竹青

一系列实证分析结果显示，自贸区作为开放发展的“制度高地”，在自身高速发展的同时能够带动周边地区共同发展，但同时又使周边地区成为开放发展的“政策洼地”。基于此，镇江在与江苏自贸区对接过程中，需要对“政策洼地”问题加以研究，采取正确的应对举措。

一、“政策洼地”的类型

（一）内陆型自贸区形成的“政策洼地”

所有内陆型自贸区周边地区无一例外地出现了“政策洼地”问题。内陆地区原本进出口量较少，设立自贸区后，周边地区资源会迅速向自贸区聚集，由此形成了对周边地区的资源挤占，从而给周边地区带来“政策洼地”问题。江苏自贸区中的南京片区就是一个内陆型片区。镇江与其对接，就要警惕可能出现的“政策洼地”问题。

（二）实力差异形成的“政策洼地”

当自贸区核心区域与周边地区存在明显经济实力差异时，核心区域会产生“虹吸效应”，导致周边地区资源向自贸区集中，从而形成“政策洼地”。据2020年统计数据，南京市的GDP为14 817.95亿元，增速为4.6%；镇江市的GDP为4 220.09亿元，增速为3.5%，两者差异较大，极有可能出现南京市对镇江市的资源“虹吸现象”。

（三）产业集群差异形成的“政策洼地”

自贸区与周边地区产业集群的差异如果无法形成产业联动，就会使周边地区产业发展受到负面影响，从而形成“政策洼地”。江苏自贸区以“高新制造业”“数字化赋能的新产业”“全新商业模式下新兴行业”等为主要发展方向，与镇江市的主要产业之间并无直接联动关系。因此，需要警惕这种类型的“政策洼地”产生。

二、应对“政策洼地”的思路与方法

（一）整体思路

在江苏自贸区南京片区设立之后，镇江市一是可以采取积极的融入式发展路径，即让镇江市的产业成为南京片区的一部分，南京片区的各种优惠政策可使镇江同时受益，镇江承接南京市快速发展的溢出资源；二是可以采取辅助型发展路径，即认可镇江与南京的客观差异，通过发展相互弥补的产业，镇江以辅助角色加入南京发展的产业链，以南京发展带动镇江经济增长。就镇江与南京之间经济实力差距过大的现实来看，镇江要融入南京的发展有一定困难。因此，镇江的发展以采取辅助型发展路径为宜。

（二）方法构想

本文基于“双钻石模型”的构想，提出预防“政策洼地”的方法。具体如下：

1. 资源要素整合

自贸区建设需要加快资源要素整合，首先是基础资源要素即劳动力与资本的整合。镇江作为南京的近邻城市，劳动力资源储量远不及南京，也不具备南京的吸引力，所以不应该与南京进行竞争。其次，在高级要素方面，镇江劣势更为明显。南京除拥有更多高水平高等学校与专业研究机构之外，其作为新一线城市与沿海经济大省的省会城市，对高技术人才的吸引力远大于镇江。因此，镇江应在南京重点产业的上游或联动产业上发力，并以此积聚高水平人才，助力镇江产业发展。

2. 以满足南京需求为发展方向

镇江产业应以下游产业的实际需求作为发展方向，充分利用南京的需求以扩大自身的生产规模。镇江要以南京片区相关产业的上游产业或联动产业为重点突破方向，扩大生产数量，成为南京产业的上游供应商。这样不仅可以避免与南京的产业发生冲突，还可以让南京发展成为镇江发展的动力，同时提高镇江产品的生产质量。江苏自贸区的功能定位决定其重点发展第二产业。作为上游产业与联动产业，镇江产业必须以高质量供给满足南京下游产业的需求。一方面，这是对镇江所生产的附件品质上的要求；另一方面，也是对镇江打造高水平现代物流供应链的要求。因此，镇江会面临来自价值链下游更严苛的品质要求，这对刺激镇江本身的产业升级与现代物流供应链网络的建立也具有积极意义。

3. 打造良性竞争环境

在产业发展过程中，具有一定强度的竞争环境有助于刺激产业中各企业的创新与进步，提升企业的竞争力，从而提升产业整体的竞争力。随着南京相关产业的发展，下游产业对于上游附件的需求必然会增加，这对于镇江来说是一个机会，但同时社会资源会进一步流入上游产业，让上游产业的竞争增加。一是来自镇江内部的竞争，这对整体产业的健康发展是有利的，但也要防止企业间的无序竞争，防止形成不健康的寡头市场结构。二是来自其他周边地区如常州、扬州、马鞍山、滁州等地的竞争。这些地区会与镇江一样寻求与南京产业的对接，虽然竞争中整体“蛋糕”会做大，但相互间的冲突难以避免。因此，镇江须积极探索与周边城市发展的区别与特点，打造出自己的特色产业。

4. 扶持自身辅助产业

在将镇江产业打造成南京的辅助产业时，镇江还需要扶持自身的辅助产业。它是镇江产业的一部分，而且高水平辅助产业所产生的竞争力也可以随着价值链的传递让镇江产业更具竞争力。自贸区南京片区的建设，政策支持惠及周边城市，会形成一个辅助南京片区的广域产业集群地。镇江应当采取必要措施，力争成为产业集群地的核心，至少保证不被排除在核心之外。

三、镇江应对“政策洼地”的政策建议

（一）调整产业发展方向

江苏自贸区的功能定位为“实体经济与制造业创新”，南京未来可能形成的制造业创新突破口为“半导体行业”“机器人制造业”等。为与南京产业形成有效联动，镇江应该将“基础电子行业”“材料研发产业”等作为主要发展方向。作为辅助，服务于南京与镇江之间的现代物流行业应该成为镇江未来发展的重要产业。

（二）加强内贸服务

充分考虑与周边城市之间的竞争，镇江可以通过举办内贸展览会等形式向南京片区的下游企业宣传镇江产业的优势与竞争力，以此帮助相关企业在与周边其他企业竞争时取得优势，最终帮助镇江打造“制度高地”。

（三）提供人才支持

人才的吸引与培养对镇江极为重要。一要防止人才流失。面对南京不可避免的“虹吸效应”，镇江应该在人才待遇等方面制定相应对策，想方设法留住人才。二要加紧培养后备人才。镇江市政府应与在镇高校充分合作，在所需人才领域的新专业申报、研究生培养等方面给予充分支持。

（四）救济弱势产业

在江苏自贸区南京片区建设过程中，镇江和南京之间存在有相互替代可能性的产业，镇江的某些产业可能会受到“伤害”。这是产业升级和更替过程中的正常现象，并不意味着一定要放弃原有产业。作为维护市场公平秩序的政府有关部门，应该对“受害”产业进行救济。这对各产业之间的均衡发展，以及实现镇江市民的充分就业和共同富裕具有重要意义。

（作者单位：江苏科技大学）

镇江金融助力乡村振兴研究

| 中共镇江市委办公室、镇江市社科联、人民银行镇江分行、镇江市地方金融监管局、镇江市农业农村局、江苏大学联合课题组 |

实施乡村振兴战略以来，“钱从哪里来?”一直是上上下下普遍关注的问题。近年来镇江市金融助力乡村振兴成效十分明显，据统计，截至 2021 年 6 月末，银行涉农贷款余额为 2 522. 22 亿元，其中农、林、牧、渔贷款余额 143. 29 亿元，农村基础设施建设贷款 403. 73 亿元，农用物资和农副产品流通贷款 113. 17 亿元，农产品加工贷款 16. 20 亿元，农资生产贷款 17. 14 亿元，农田基本建设贷款 35. 95 亿元，其他涉农贷款 1 792. 74 亿元。同时，农村金融生态环境改善、农村金融基础设施建设、涉农金融产品与服务创新等方面也有比较好的进展。

但金融助力乡村振兴仍存在一些不足，主要体现在金融机构开拓农村市场的意愿相对偏低、投入的金融资源不够充分、金融产品与服务同质化仍较明显、金融服务体系创新不足、农村金融服务供需匹配错位、金融信息共享程度低、金融对农村新产业新业态的发展缺乏引领作用、农村“贷款难、贷款慢、贷款贵”的问题在一定程度上依然存在等。为此，我们提出以下对策建议：

一、营造良好的农村金融生态环境

1. 加快推进农村信用体系建设

一是完善农村产权登记备案工作，按照标的清晰、数据精确、权属分明的要求，对农户的房屋产权、林权、农牧业产权、土地经营权等财产权利进行确权登记，运用数字技术进行电子备案管理；二是构建农村产权评估机制，建立健全产权评估制度与具体工作细则；三是完善产权流转机制，政府部门需牵头，联合农业经营主体、农业企业及金融机构，共同设立农村产权交易中心，建立涉农抵押物的交易平台；四是构建信用信息平台，联合工商税务等职能部门与金融机构，利用互联网和大数据技术采集农户信用信息并进行平台化管理，强化部门间信息的互联互通，保障信用信息共享，确保金融机构对信用信息平台使用的便利性。

2. 加快农村金融基础建设

一是加快农村金融硬件设施建设，推进以智能点、综合点、支付点为代表的多层次服务点布局，实现镇江辖内所有行政村的全覆盖，加速推进数字技术应用，解决信息不对称和信用风险问题；二是全面提升农村地区金融服务水平，鼓励地方行政服务中心增设普惠金融服务窗口，推广新型支付产品，提升网络点的网络价值；三是通过宣传教育培训，全面提升农村经营主体的金融意识，帮助他们提高财务透明度、可信度和规范性，增强信贷获取能力，将有信贷需求的新型农业经营主体作为重点辅导对象，为其提供专业咨询服务。

3. 加强农村金融服务制度建设

一是定期通报金融支持乡村振兴情况，建立科学高效的信息披露机制；二是针对不同规模的农村金融机构建立不同的考核机制，实行差异化监管；三是健全责任监管制度，构建科学高效的制度执行体系和长效工作机制；四是加强社会监督工作，建立村民监督网络，强化农村地区金融消费权益保护制度，增强农村金融消费者的风险防范意识。

二、完善农村金融服务市场体系

1. 丰富农村金融服务供给渠道

引导和鼓励金融机构加强服务“三农”的意识，提高农村金融服务的覆盖面和信贷渗透率；支持优质农业产业化龙头企业发行非金融企业债务融资工具，建立完善新型农业经营主体发债项目库；进一步发挥村镇银行助力乡村振兴的有益补充作用。

2. 促进农业保险的服务创新

一要扩大财政补贴农业保险险种范围，提升保险覆盖面；二要积极探索“农险+科技”“农险+专家”“农险+融资”“农险+期货”“政府+银行+农险”等“农业保险+”新模式；三要积极探索保险服务创新，如对草莓进行低温气象指数保险的试点工作，推进稻谷小麦完全成本保险和收入保险试点，将农机具、大棚等农业生产设备纳入保障范围；四要健全农业再保险制度和大灾分散机制，降低农户经营主体的投入风险。

3. 发挥期货产品服务“三农”的作用

利用期货市场价格发现功能和风险分散功能，推动合适的农产品期货品种的开发和上市。

三、稳妥推进金融产品和服务创新

1. 创新金融产品与服务

一是继续完善农户小额贷款、阳光信贷、惠农 E 贷等产品；二是大力推广“惠农快贷”“富农贷”“家庭农场贷”及“农户置业贷”等金融产品，提高贷款速度；三是积极推广亚夫贷、农信云贷、地押云贷、裕农快贷、养猪贷等新型金融产品，满足农村多样化、多层次的金融需求；四是积极开展受贷经营主体的“首贷”、无还本续贷业务，提高首贷、信用贷比重；五是针对非农就业农民，开发风险较低的理财产品，增加农户财产性收入。

2. 创新供应链金融服务模式

一是建立供应链金融服务平台，为供应链上下游中小微企业提供高效便捷的融资渠道；二是鼓励供应链核心企业、金融机构与人民银行征信中心建设的应收账款融资服务平台对接，发展线上应收账款融资等供应链金融模式；三是运用“龙头企业+农户”“合作社+农户”等产业链运行机制，将乡村振兴经营主体的个体信用转化为团体信用，缓解农村抵押担保困境。

3. 创新涉农金融服务流程

一是优化业务办理流程，努力推进线上贷款模式，缩减业务办理时间，优化服务流程，提高获贷效率；二是适当延长贷款年限，将目前最高贷款期限三年延长至五年，推进无还本续贷业务；三是简化抵押担保程序，引导金融机构上门考察涉农经营主体财产状况，通过核实其经营状况，发现有价值的潜在客户，鼓励农业产业化龙头企业、农民合作社为家庭农场、农户等提供担保增信；四是提高“边缘群体”的获贷率，提升用户的贷款体验；五是优化信贷投放条件，持续增加首贷户，推广随借随还贷款、无还本续贷业务，对受疫情持续影响的乡镇企业给予定向支持；六是创新涉农贷款担保，积极拓宽抵押质押物范围，试点推进实施合作社贷款、宅基地贷款等创新服务。

四、发挥乡村新业态衍生的金融引领作用

1. 加大农业全产业链发展的金融支持

一是增加现代种养业的有效金融供给，重点关注果蔬业、养殖业、渔业、水产业及花卉苗木业等特色产业的发展需求，引导金融机构紧跟农业产业布局，助推特色产业向专业化、精品化方向发展，推动产业升级；二是增强对现代种业提升工程的金融支持，支持高效制繁种、种子精深加工、农作物育种创新、品种测试等现代种业发展，鼓励金融资本支持种业产业链向上下游延伸，提高种业附加值；三是加大对农业全产业链的支持，为农产品生产、收购、加工、流通和仓储等各环节提供多元化金融服务。

2. 加大对乡村新产业新业态发展的金融支持

一是增强对以农业为基础的新兴业态的金融支持，针对不同类型新业态的特点，鼓励金融机构提供定制差异化的信贷产品，引导金融资本向新业态倾斜，鼓励金融机构业务进一步下沉，改善农村金融服务品质，满足

农村新业态衍生的金融需求；二是加大对乡村休闲旅游业、农村电商产业、康养产业等新兴产业发展所需的金融支持；三是加大对乡村全域旅游发展的金融支持，包括乡村全域旅游价值模块供应商和整合者，推动乡村旅游业朝“大规模定制”方向发展，实现乡村旅游的全空间延展、全资源利用、全主体参与、全产业介入、全价值挖掘和全过程体验。

3. 加大乡村生态保护和绿色发展的金融支持

一是加大对农业生产过程绿色化的金融支持，对低碳减排、环境友好型生态农业给予高效、低价、批量式金融倾斜支持；二是鼓励金融机构积极参与推进生态资源股份化等改革试点，构建农村“三级市场”制度体系，实现农村生态价值化，做大农村信用资本；三是通过发行绿色金融债券等方式完善“三农”绿色金融产品和服务体系。

五、发挥金融扩大乡村消费的引领作用

1. 加强对乡村生产性需求的金融支持

通过金融产品服务创新，为农村经营主体急需的农资供应、绿色生产技术、农业废弃物资源化利用、农机作业、农产品仓储烘干、初加工等服务领域提供金融支持。

2. 加强对乡村居民消费性需求的金融支持

为农村居民建设新房、购买商品房、购置汽车等耐用消费品、子女婚嫁等重大活动的消费需求提供金融服务。

3. 加大对乡村居民收益性需求的金融支持

农村居民收入不断增长，储蓄能力不断增强，由此衍生出对保险、基金、理财等收益性金融服务的需求，收益性金融服务应成为未来农村金融服务的关注方向。

（课题组成员：刘　璇　张先忧　于　伟　庄晋财　孙　雯　周惠瑜　李　静　谢林祥　陆廷峰　马月星　滕士安　陈业强　孙泽南　黄启发　鲁　燊）

镇江人口导入研究

——以技能人才为例

| 张玉枚　周德荣　王永新等 |

镇江作为“长三角一体化”“宁镇扬一体化”“南京都市圈”的重要成员和苏南重要的节点城市，为了实现高质量和可持续发展，把产业强市作为一号战略。产业发展一方面需要一批顶尖的领军人才，积极攻克重要行业和关键领域的核心技术；另一方面也需要一批操作能力较强、能够高效率生产出合格产品的技术工人队伍，形成稳定的人才群体结构。因此，有针对性地吸引、留住更多的年轻技能人才，已经成为镇江发展的重中之重。

一、镇江技能人才的基本情况

（一）企业技术工人缺口较大

据有关部门调查统计，我国近年来技能劳动者的求人倍率（劳动力市场需求人数与求职人数之比）一直在 1.5 以上，高级技工甚至达到 2 以上。从镇江实际调研情况看，多数企业存在熟练技术工人严重不足的问题，不能满足企业运用高科技手段、生产高技术含量产品的现实需要。制造业尤其紧缺熟练工人，因为制造业企业工作强度大、工作环境比较艰苦，对于新生代工人来说缺乏吸引力；技能人才流动性较强，快递、外卖等职业拥有更加诱人的薪水和多劳多得、薪资透明的特点，越来越多的年轻工人正从第二产业逐渐流向第三产业。现在的年轻人生存压力较大，对薪资、奖金、生活成本等十分敏感。一部分年轻人对职业规划没有清晰认知，逐利性高，热衷于追求短期、可见的利益，哪儿收入高就往哪儿流动。这些年轻人总体受教育水平偏低，从事的岗位技术含量低、缺少核心竞争力、可替代性强，导致他们在劳动关系中常常处于弱势地位，在遇到挫折或对自身工作不满意，或认为收入与付出不成正比时，就会频繁更换工作，从而更加大了企业年轻技工的缺口。

（二）镇江高校给本地企业输送的技能人才数量较少

为提高本地高校毕业生的留镇工作率，镇江每年都要组织本地高校毕业生和企业开展人才服务“双进”活动，但实际效果并不理想。往往是轰轰烈烈组织参观、热热闹闹宣传企业政策，但毕业生求职意向和企业岗位需求的匹配性不高，真正对接成功的并不多。高校毕业生步入社会后大多数从事的不是专业对口的工作，所学非所用，因而需要重新学习任职岗位所需要的专业知识，这便延长了“成才”时间。

二、镇江技能人才导入不足的原因分析

（一）薪酬水平吸引力低

镇江多数企业薪资水平不高，与同为苏南的苏、锡、常等城市相比存在一定的落差。有技能特长的人才更向往工资水平高、公共服务优质的城市。部分企业薪酬管理不够科学，过多地考虑生产成本和近期效益，没有把激发员工潜能作为促进企业长远发展的重要策略，绩效工资比例不高；薪酬分配往往以员工的级别和所处岗位为依据，很少考虑实际贡献，导致技能人才的待遇整体上低于心理预期和市场平均水平，对外来人才吸引力不强，引进的人也留不住。

（二）城市吸引力排名靠后

镇江是历史文化名城，文化底蕴深厚，地理位置优越，环境气候适宜，教育资源丰富，居民生活消费指数适中，房价不高，应该是宜居宜业的城市。但调查结果显示，镇江的城市吸引力仍然偏低。2021 年 7 月，任泽平团

队发布的全国城市人才吸引力排名榜中，镇江位列第41位，省内排名第7，位于宁、苏、锡、常、通、扬之后。在同年2月的另一个排名榜中，镇江城市吸引力竟然跌出120名之外。

（三）产业基础不够雄厚

镇江市企业整体竞争能力不强，创新能力不强，行业内领军骨干企业数量较少，产业链协作水平不高，部分行业和中小企业发展较为困难，产业劳动就业的吸纳能力明显弱于周边一些城市，很难成为技能人才的首选。加之周边各大城市纷纷出台人才引进政策“抢人”，致使镇江市的技能人才持续流失。

（四）对技能人才关心重视不够

一方面，人们对创新型高层次人才更为关注，对一般技能人才的关注相对较少，主要以引进为主，不愿花费过多人力、物力、财力，额外增加成本去培养；另一方面，各个行业、企业长期以来都把学历高低作为职称评定、晋升的重要条件，技能人才没有完善的晋升渠道，技术工人在企业的进取愿望不高，主动钻研技术的意识不强，致使高水平技术工人越来越少。

（五）高品质公共服务设施建设不足

近年来，镇江市商贸服务缺乏统一规划和积极有效的引导控制，致使布局不够合理，主城区的商业网点不断重复增加，而企业集中的园区、开发区商业配套明显不足，年轻人的休闲娱乐设施不多，新生代工人物质和精神文化方面的需求难以得到满足。

三、镇江加大技能人才导入力度的对策建议

城市活力离不开人口，技能人才是人口流动的主体，是经济社会发展的重要人力资本。镇江要在人口导入方面另辟蹊径，聚焦技能人才，在“引”“用”“育”“留”上狠下功夫。

（一）栽好梧桐栖凤凰，千方百计引人才

1. 聚焦项目招引，增强吸纳就业能力。一要加大招商力度。项目遴选

除了考虑环保、投入产出比等，应重点关注能够大量导入年轻人口的引进项目。二要擦亮“镇合意”品牌，以良好的营商环境和行政机关作风效能吸引更多企业来镇投资兴业。三要强力推进产业强市战略，紧扣“四群八链”重点产业，提升产业发展能级，吸引不同层次的技能人才来镇工作生活。

2. 聚焦重点地区，引人方式多样化。一是与全国职业技能院校持续对接，常态化推介镇江引人政策。二是市、县（区）人社部门要利用好各种媒体，使各类别技能人才都能通过畅通的途径了解镇江。三是出台更具普惠性的政策。对在引进技能人才方面有突出贡献的单位和个人给予税收优惠或经济奖励。四是开通技能人才来镇留镇事项办理绿色通道。五是鼓励企业灵活运用股份、分红等形式给技术工人更多的薪酬空间，用待遇吸引人。

3. 聚焦宣传发动，提升城市吸引力。一要开展多轮系列宣传，重点推介镇江的发展前景及产业发展方向，增加镇江在全国范围的知名度。二要用好“网红”元素，既保留镇江千年传统韵味，又激发出创新活力。三鼓励市民（尤其是机关事业单位工作人员）利用自媒体大力宣传镇江，把镇江的好山好水好故事转化成吸引技能人才的优质资源。

（二）搭建广阔大舞台，伯乐识才用好人

1. 更新用人理念，弘扬工匠精神。一是倡导各个用人单位打破“唯学历”“唯名校”的用人理念，对不同层次的社会求职者一视同仁。二是加强宣传报道，通过电视、网络等媒体，引导社会提高对技能人才的认知，形成认可、关心、支持技能人才成长进步的舆论氛围和价值导向。三是争取在镇江举办全国或全省的相关职业技能大赛，扩大城市影响力。

2. 完善评估机制，科学合理使用人才。一要积极探索技能人才多元评价机制，人社部门要做好政策支撑，激发技能人才成长愿望。二要强化典型引路的作用，对来镇留镇就业的典型技能人才给予一定的表彰和奖励，并将评选结果向各类招引平台进行推介，强化人才招引导向作用，有效提升技能人才的社会地位，打破“技能人才收入有增加，但社会地位仍很骨

感”的窘境。

3. 创新平台建设，多方参与同发力。一是建立不同类别的技能人才协会等交流平台，使技能人才可以通过平台横向沟通，推进整体技能提升。二是支持企业建立“大师工作室”，实行“学徒制”传帮带工程，鼓励名师带徒，设立“杰出匠师”奖，给予成果优良者补助。三是鼓励支持社会组织创办培训学校，加强对新产业工人、未就业大学生、退役军人、失业人员等群体的就业培训，保证企业产业工人的持续供给。

（三）打造好培养机制，肥土沃壤育能人

1. 完善激励机制，激发干事创业热情。一是鼓励企业针对技能人才的劳动特点，结合实际需求，详细设置技能津贴、带徒津贴、作业环境津贴等。二是对在生产一线做出突出贡献的技师和高级技师，可与本单位工程师、高级工程师在休假疗养、出国进修等方面享受同等待遇。三是可探索对高技能领军人才实行年薪制，将薪酬与业绩考核结果挂钩，实现业绩升、薪酬升，业绩降、薪酬降，体现责任、业绩和利益的统一。

2. 岗位需求引领，职业发展体系化。一是推进技能人才成长集成式服务改革，深化导入人口的培育成长，大力提倡“终身学习”，满足技能人才的各种再培训需求，构建与镇江产业发展相匹配的完善的教育体系。二是畅通技能人才的职业发展通道，引导企业建立完善的人才评定制度和全周期职业发展规划，让更多的技能人才能够通过钻研技术创造业绩，实现人生价值。

3. 政产学研协同，构建人才成长机制。一是政府、产业、高校和研究院所要建设协调共商机制，针对镇江经济社会发展紧迫需求提供舞台，有计划地培养一支强大的专业技能人才队伍。二是搭建灵活多样的对接通道，使技能人才与用人企业、科研项目与产业发展实现信息即时共享良性互动。

（四）激发城市新活力，多措并举留住人

1. 优化生活环境，提升城市品质。安居方能乐业，要创造功能完善的设施环境和安全优美的居住环境。一要保持镇江的房价“洼地”优势，提高“新镇江人”从流入到留住的比例。二要完善城市基础设施建设，提升城市环境品质，丰富城市文化内涵，打造创新包容的文化氛围。三要统筹合理布局商贸业，适当引进部分高端商业，满足不同层次人群的需求。四要注重图书馆、电影院等城市“第三空间”的打造，满足人们的休闲娱乐、餐饮会友等多元需求，为各类人才展示看得见的美好未来。

2. 提升服务质量，营造招引氛围。未来年轻人会越来越多地考虑一个城市的生活氛围和公共服务水平。镇江要向成都等城市学习，不断提升公共服务的供给能力，努力把引进的技能人才变成“新镇江人”，在“新镇江人”中形成口碑，产生亲粘亲、亲招亲的“葡萄串效应”，吸引更多的技能人才来镇江工作、落户。

（作者单位：中共镇江市委党校、镇江市经济学会）

“人才镇兴”背景下的镇江高校毕业生就业意愿调查

| 范宏民　李红兰 |

“人才镇兴”行动在镇江吹动了“人才兴镇”的一池春水。为了解“人才镇兴”政策背景下镇江高校毕业生的就业意愿，我们分别在江苏大学和江苏科技大学开展了校园调查。一项调查（以下简称“一调”）发放有效问卷 860 份，其中毕业生问卷占 90%，本地生问卷占 17.91%；另一项调查（以下简称“二调”）发放问卷 137 份，与 14 名学生进行了访谈。调查对象主要为江苏大学和江苏科技大学 2016—2020 年毕业的学生。

一、调查结果

（一）有留镇意愿的高校毕业生比例上升

“一调”中有留镇意愿的毕业生比例为 24.07%，“二调”中访谈对象有 25%、问卷对象有 21.9%愿意留镇，与以往毕业生留镇就业比例相比有所上升，表明“人才镇兴”行动效应初现，毕业生对留镇就业态度有所好转并抱有希望。

（二）留镇意愿重点影响因素

1. 正面因素

“一调”中，79.15%的毕业生认同镇江大学生就业政策，并对自己的就业前途有信心；74.36%的毕业生认同镇江物价水平较低，在自己今后收入可承受范围之内；78.51%的毕业生认同镇江历史底蕴深厚，有较好的人文环境；78.16%的毕业生认同镇江美食多，且符合个人口味。“二调”中，问卷对象对镇江环境指标、生活指标评价的平均值全部大于3.5，属较为满意。

2. 负面因素

“一调”中，53.12%的毕业生认为镇江工资水平一般；41.37%的毕业生认为镇江大企业较少，不太能符合自己对企业的期望；41.32%的毕业生认为镇江就业压力较大；48.15%的毕业生认为镇江城市知名度处于中等水平；68.1%的毕业生认为镇江娱乐休闲场所数量“一般”，娱乐生活丰富程度处于中等。

“二调”访谈中，大多数受访者对镇江发展水平和城市潜力表示没有信心，有3名受访者表示没有听说镇江有什么支柱产业或者全国有名气的企业；大多数受访者希望去上海或广州就业，一个重要原因是这些地方更加时尚，娱乐设施更加健全，而镇江明显无法满足自己的要求。问卷调查中，大约21%的毕业生对镇江环境不是十分满意，镇江职业发展评价指标平均值为3.49，属不太满意；城市发展指标中，镇江的城市国际化程度评价平均值为3.35，行业前景和再学习机会评价平均值分别为3.26和3.49，均属不太满意。

二、对调查结果的综合分析和对策建议

无论是现在在镇的高校学生，还是近五年来镇江高校的毕业生，都对镇江就业吸引力总体基本满意，特别是积极的人才政策、悠久的历史文化、偏低的物价房价，以及包括饮食在内的生活要素等，对大学生留镇就业具有正向影响。随着“人才镇兴”行动的深入推进，相信会有更多的高校毕业生选择镇江、留在镇江。但同时也有三个方面的问题值得高度关注，需要开展专门研究，并出台相应的个性化政策加以解决。

（一）需要高度关注大学生职业发展的需求

大学生职业发展的需求是影响大学生留镇就业的关键因素。其主要表现为：镇江产业发展相对滞后，大学生一方面缺少更多可选择的就业机会，另一方面对镇江现有行业前景不乐观、对就业后再学习不满意，这两个方

面互相叠加，造成在镇大学生对留在镇江的未来发展表示担忧。大学生关于职业发展的需求，启示我们要以更大的力度推进产业强市“一号战略”，以更大的扶持力度和更优的营商环境推进实体经济做大做强、提高竞争力和影响力。

（二）需要高度关注城市形象的改善

总体而言，大学生十分认可镇江城市的宜居性。但年轻大学生更多关注现代时尚元素，如娱乐休闲设施等。透过这些个性化的需求，可见城市形象是十分重要的软实力。大学生对镇江城市国际化程度不满意，认为镇江城市缺少“国际范”，缺少知名度，缺乏现代活力和现代节奏。镇江城市虽有深厚的文化底蕴，但更需要开放的国际风范。要以全球化的眼光，立足长三角一体化的大背景，以主城区转型发展为抓手，大力推进城市现代化进程，建设古今辉映、充满魅力的现代化新镇江。

（三）需要高度关注低学历群体的就业

低学历群体主要是指本科及以下学历的学生。把这类学生与其他学历更高的学生进行比较发现，他们对镇江城市就业吸引力的满意度明显偏低。调查显示，以政府出台的相关政策而言，无论住房保障政策还是其他相关补贴，本科学生得到的待遇远低于学历更高的学生。这让本来就业压力就很大的本科毕业生，在城市的去留上具有更大的不确定性。在后续的一些访谈中我们还发现，在待遇方面的相关政策上，高职院校的毕业生又不及本科学生的待遇。这也充分说明，加快推进“人才镇兴”行动，既要注重人才的引进，也要注重人口的导入；既要注重差别化的引导，也要注重个性化的激励。

（四）需要特别关注已在镇江就业的毕业生

已在镇江就业的毕业生，在工作一段时间后，其中的一部分人对镇江吸引力的评价也许会更差，会感到与当初对职业生涯的期望有较大落差。因此，把高校毕业生留下来是文章的开篇，让他们在镇江工作、生活安心是后半篇文章。做好这后半篇文章，需要各层各级、各个方面共同努力。

（作者单位：江苏大学、江苏科技大学）

对接江苏自贸区建设的税收研究

| 孙　虹　杨长春　吴伟夫 |

近年来，以上海为代表的国内自贸区建设，是适应时代发展和顺应贸易全球化趋势、更加积极主动对外开放的重大举措。我国自贸区建设遵循“审慎稳重、循序渐进”的原则，在立足周边的同时，从小到大寻求升级，向更高水平自贸区升级，同时形成可复制、可推广的经验，服务全国的发展，带动中国经济整体上的改革和制度创新，有力推动了开放型经济的深入发展，为加快江苏自贸区建设提供了诸多有益的借鉴和启示。本文就国内自贸区的税收优惠和服务优化问题试做探讨。

一、国内自贸区的税收优惠政策

（一）上海自贸区

上海自贸区税收优惠政策主要有：（1）个人所得税。对区内企业高端人才和紧缺人才以股份或出资比例等股权形式给予的奖励，可递延（或分期）缴纳个人所得税。（2）企业所得税。仍然享受保税区 25%的政策，入驻企业享受“两免三减半”政策，即免税两年后三年减半征税；区内符合条件的从事离岸业务为主的企业及专业从事境外股权投资的项目公司，税率均为 15%；注册在试验区的企业或个人股东，因非货币性资产对外投资等资产重组行为而产生的资产评估增值部分，可递延（或分期）缴纳所得税。（3）增值税。对设在试验区内的企业生产、加工并经“二线”销往内地的货物照章征收进口环节增值税、消费税；试验区内注册的国内租赁公司或项目子公司，经有关部门批准从境外购买空载重量在25吨以上并租赁给国内航空公司使用的飞机，可享受进口环节增值税低税率优惠政策。（4）固定资产免税。对试验区内生产企业和生产性服务业企业进口所需的机器、设备等货物予以免税。

与国际自贸区相比较，上海自贸试验区综合了原有外高桥、洋山港、浦东机场等园区的税收制度，还吸纳了国内其他经济特区的税收政策，在所得税减免方面实现了制度性的突破。试验区在促进投资和贸易方面提出了7项政策，即非货币性资产对外投资、股权激励、融资租赁出口退税试点、进口环节增值税、选择性征税、部分货物免税及启运港退税试点。但与国际主要自贸园区相比，上海自贸试验区税收制度的激励幅度较小，区内企业所得税、流转税税负与园区外同类型企业相比并无明显优势；在诸如服务贸易、融资活动等特殊领域，目前尚无税收优惠制度安排，对金融创新活动的税收支持也显不足。

（二）广东自贸区

1. 深圳前海自贸区

深圳前海自贸区的优惠税收政策主要有：（1）企业所得税。经认定的技术先进型服务企业税率为15%，其发生的职工教育培训经费按不超过企业工资总额8%的比例，据实在税前扣除。（2）增值税。与珠海横琴新区内注册企业之间的货物交易免征增值税。（3）个人所得税。在前海工作、符合前海优惠类产业方向的境外高端人才和紧缺人才，其缴纳所得个税额超过应纳税额的15%部分，由深圳市政府给予财政补贴，且补贴免征个税。

2. 珠海横琴自贸区

珠海横琴自贸区的优惠税收政策主要有：（1）企业所得税。对横琴旅游休闲、商务服务、金融服务、文化创意、中医保健、科教研发和高新技术等产业中符合条件的企业，减按15%的税率征收。（2）增值税。在横琴新区内注册企业之间的货物交易免征增值税。（3）个人所得税。区内外籍员工将每月工资减扣除额后，按5%～45%超额累计税率缴纳个税，在横琴工作的港澳居民享受与港澳地区同等的个税，对个税差额给予全额补贴，补贴部分免征个税。

（三）江苏自贸区

江苏自贸区涵盖南京、苏州、连云港 3 个片区，除了比照执行上海自贸区的一些税收政策与服务外，还深入推动政策创新和服务优化，明确了对自贸区内重大项目、平台经济、总部经济发展等的税收支持，为加快实体经济创新发展和产业转型升级提供坚强有力的税务保障。营商环境方面明确提出要优化企业开办手续、压缩涉税审核事项办理时间、实施办税缴费便利化举措等，实施以来已为自贸区内企业提供“非接触式”服务 193.21 万户次。退税举措已升级为“即申请即审核”，目前企业正常出口退税平均办理时间提速 80%。对符合自贸区产业发展方向的重大项目，试行房产税、城镇土地使用税按年申报征收；为重点“走出去”企业提供跨境涉税争议快速解决通道。宁、苏、连三地税务不断完善个性化配套政策措施，加大促进跨境电商、冷链物流、科技服务、金融服务等新兴业态发展的力度，积极配合相关部门招引出口型制造业、进口分拨中心、保税物流等外向型企业入驻。

二、对接江苏自贸区发展的税政构想与优化营商环境的建议

总体上，要实行与江苏自贸区建设水平相适应的税收制度，有权限的税制设计，要以流量征税、货物贸易与服务贸易并重为原则，不走税收优惠、税收“洼地”的老路。税制一要以规范的税收为主，严格控制费与基金；二要种类适量；三要低税率、低税负；四要法治程度高。近期重点是把握好实质性运行规则问题；中期要做好销售税设计，利用现行增值税纳税人分类管理办法，实现最终环节销售税作为过渡方案，建立自贸区关联的销售税与非区内的增值税衔接的政策，处理好自贸区与镇江本地的货物流通安排；远期要建立促进生产要素充分流动的税制，建立数字经济税制。解决好低税率、简税制与实现财政收支大体平衡之间的矛盾至关重要。

（一）制定激励区域内技术创新的税收政策

1. 对进驻（或关联）自贸区的镇江企业放宽研发费用认定条件，高新技术企业报批并推行“三免两减半”的企业所得税优惠政策，普通企业则为“两免三减半”。

2. 对纳税当年符合条件的研究支出，超过基础数额的部分，报批并推行20%的税收减免；经批准后允许满足相关规定的公司可以按20%税前提取科研开发准备金。

3. 对于企业购置的高新技术研发试验设备，按购置价款的50%（国产设备70%）报批并推行享受加速折旧，普通企业的折旧年限一般为三年，特定的企业可以减少年限。促进技术创新的税策可以分为通用性与倾向性条款两类，通用性条款适用于所有入驻自贸区的镇江企业，倾向性条款针对特定企业，两种类型可以互相补充。

4. 在省税务局的指引下，镇江市及时出台并细化针对其他税务违法行为的《长三角各省市（镇江）裁量基准》。

（二）构建对接区内金融中心的税收政策

要在符合我国税制改革方向和国际惯例的前提下，积极研究和完善适应我国境外股权投资且不会导致税基被侵蚀、利润被转移的税收政策，根据镇江市实际，进一步强化、细化国家促进金融创新、发展离岸业务的普遍政策。

1. 完善税收抵免和税收饶让制度。在条口上积极建议上级借鉴美、日等国采用的综合限额抵免方法，以减少企业和税务机关的业务负担。在对有境外投资的镇江企业给予饶让抵免的同时，注重对江苏省镇江市投资者在境外享受的税收优惠给予饶让抵免。

2. 采用延迟纳税及受控外国公司（Controlled Foreign Corporation，以下简称CFC）法规。参照国际做法采用延迟纳税的方式可以缓解企业的税收负担，从而促进镇江企业的境外投资。相应地采用CFC法规，可以避免企业利用这一政策进行避税。

3. 建立损失准备金制度。根据镇江实际情况，制定损失准备金的合理计提年限和计提比例，在保证全市税收收入的前提下促进境外投资。

4. 建立亏损结转及追补机制。建议江苏省税务局允许境内外母公司和子公司之间的亏损弥补，并许可在亏损向后结转的基础上，增加向前结转的政策，同时建立亏损追补机制，在减轻企业税收负担的同时也保证镇江市的税收收入。

（三）设立促进物流大发展的税收政策

积极建议江苏省在借鉴其他自贸区所得税模式的基础上，适当降低企业所得税税率，让入驻园区的国内外物流企业收益，同时增强小幅降税的可复制性；在降低企业所得税的同时推行利得税，减缓资本税的征收，与贸易亲密国家签署双重课税协议。建议在全省降低船员个税税率，以吸引更多的外资物流及船舶管理公司入驻。镇江船舶制造历史悠久，产业基础相对厚实，要充分利用“人才镇兴”行动的组合平台，吸引更多优秀的物流及海事人才来镇江工作。

（四）制定对接省自贸区辐射借势发展总部经济的税收政策

迄今为止，各地相继出台了吸引发展总部经济的税收减免政策。北京对跨国公司地区总部免征地方所得税；上海对在浦东新区注册的跨国公司地区总部按规定减免税；苏州和深圳对跨国公司地区总部购置自用办公用房土地价格进行减免，或给予一次性购房补贴；天津对跨国公司地区总部新购置办公用房给予一次性补助；等等。结合镇江发展战略定位、产业优势、问题困难等，建议对接省自贸区辐射优势，通过税收减免政策大力吸引发展总部经济。

（五）创造更优惠营商环境，为“镇江跑起来”提供有力支持

镇江税务要通过“优化税收营商环境工作班”专事机构，加强以下工作，坚决落实减税降费，进一步提振市场信心。

1. 以“营商条例+政府规章+税务方案”模式，构筑法治化税收营商环境的四梁八柱，积极参与“江苏省营商环境法治保障（专项）立法计划”，积极推动落实江苏省税费缴纳服务规定等单行规章，积极深入打造税收营商环境最佳体验区工作方案。

2. 践行“非接触式服务要给力”的要求，出台“线上办税‘一揽子’提升方案”，打造“纳税人应用端+税务操作端+监管端”三端统一的线上办税新格局。全力实现“业务+场景”广覆盖，实现应用“智能+移动”慧处理，实现升级“管控+评价”全监管。

3. 从“一降、二压、三减”着手，积极参与省局制定的“苏政50条”，及时推动阶段性减免社保费、房产税和城镇土地使用税等措施出台；落实房产税和城镇土地使用税合并申报，优化电子税务局增值税及其附加税一表申报功能，压缩办税次数；开放企业所得税线上更正申报和补缴税款功能，提供线上责令限改告知、首违不罚线上处理、简易处罚确认、罚款缴纳全流程线上办理服务，压缩办税时间；推进“一般退抵税全程网上办”；等等。

4. 践行“数据服务大局要尽力”要求，全力支持镇江经济社会发展。进一步优化“纳税人主动授权、税务推送信息、银行审批授信”三方互动机制，破除银行对小微企业“不敢贷”的顾虑，在全省率先将“银税互动”覆盖范围扩大到诚信纳税的个体工商户和自然人。

（作者单位：镇江市税务局、镇江市国际税收研究会）

深挖镇江老龄产业优势研究

镇江市商务局、中共镇江市委研究室、镇江市合作交流中心联合课题组

第七次全国人口普查数据显示，我国60岁及以上人口已超过2.6亿，占总人口的18.7%，老龄产业的总体市场规模将日益扩大。对镇江而言，深挖老龄产业优势，助力产业强市“一号战略”实施，是加快实现“三高一争”的应有之义。

一、镇江市老龄产业发展现状

一是发展条件匹配度高。镇江市临江近海，区位条件优越，水陆交通非常便捷，具有山清水秀、生态宜居优势，拥有“创新创业福地，山水花园名城”城市品牌和“要长寿到镇江，镇江有南山”的金字招牌，国际低碳大会曾在镇江召开。作为历史文化名城，镇江养生文化、民俗文化、生态文化等特色资源丰厚，拥有佛道禅修、葛洪医养、中医药等特色养生“品牌”，以及很多适销对路的老字号传统优势产品，还有草莓、葡萄、河豚、有机大米等特色农产品，加上再生医学小镇、生命健康产业园等载体，有利于集聚市内外资源，延伸和开发醋保健品、老年食品、老年用品等康养产品。

二是传统产业适老化转型潜力大。镇江市老龄产品目前初具规模，作为“中国醋都”，镇江大健康产业底蕴深厚，恒顺醋胶囊、荣海生物保健品等极具成长空间；鱼跃、国药、慧明等康复器械企业，吉贝尔、七〇七、

天晟等生物医药企业不断壮大；恒顺、存仁堂、宴春等老字号美名远扬，以“镇江三怪”（醋、肴肉、锅盖面）为代表的酱醋、美食，以及眼镜、家纺、针织、雪地靴、戏剧服装等适老产品深受市内外老龄人欢迎。汽车及航空、户外装备、健康食品、服装鞋帽、文化旅游等产业门类与老龄产业匹配度高，老龄消费需求量大。康养服务发展迅速，传统旅游业正向康养服务等业态拓展。沿江金山、焦山、北固山三山组成的“珍珠项链”和南山、圌山、茅山、宝华山等旅游景区，吸引着大批国内外老龄游客；扬中市、世业洲、江心洲、长江湿地公园正打造全域旅游和健康岛，精品酒店、品质民宿、乡村旅游点吸引游客纷至沓来，河豚文化节等活动影响日益扩大。句容农民在“时代楷模”赵亚夫指导下积极发展绿色农业，打造养生养老名城；润州标准化居家养老服务中心建设已经走在全国前列。

三是与新兴产业融合富有空间。京口的互联网产业，镇江新区、高新区、句容市的集成电路和机器人产业等新业态潜力巨大。近年来阿里、微软、华为等互联网头部企业接连落户镇江，多所驻镇高校科研实力雄厚，具有发展智慧养老、人工智能、养老机器人、养老互联网平台的美好前景。高端装备制造、数字经济等重点产业可融性强，与生命健康、老龄产业密切相关，在老年医药和康复、互联网医疗、娱乐平台、智慧养老、助力车、自驾游、航空旅游等方面有嫁接空间。镇江市老龄群体整体收入状况较好、文化素质较高，可以成为新兴产业与养老产业融合潜在的消费群体。

二、老龄产业发展存在的短板和制约因素

镇江市老龄产业发展虽然取得了一定成绩，但还存在瓶颈问题和不少发展短板，现有产业适老化转型升级不够快，在全国叫得响的产品不够多，抢抓老龄市场机遇的意识不够强。

一是产业集聚度低。除了镇江新区再生医学小镇、丹阳生命科学产业园等专业园区外，老龄产业未形成集聚和集群发展效应。目前，镇江医疗器械和生物医药产业发展较快，拥有鱼跃、国药等龙头企业和 53 家规上企

业，但在养老机构、助餐配餐、老年服装、保健品、商贸流通等方面，均缺乏龙头企业，对比标准化、品牌化、连锁化的发展要求存在不小差距，呈现小而散状态。

二是适老化转型滞后。投资者对老龄产业的前景认识不足，过半数镇江企业认为该产业投入大、利润低、风险高、资金回收周期长，往往持消极或观望态度。市场研究也不够，缺乏对老年群体内部结构、消费特点、需求层次的深入调查和恰当的营销策略，导致产品和服务模式雷同、缺乏特色，针对老年群体特点专门设计、开发的保健型、方便型、舒适型商品欠缺。对丹阳眼镜市场等的调查显示，市面上约90%的眼镜产品为普通眼镜，老龄眼镜品种不到10%。

三是市场培育不足。镇江市在政策实施方面，聚焦养老事业较多，扶持老龄产业较少，适老化改造未能大面积铺开；在市场主体方面，缺少人才、技术、资金的投入，使企业无力针对老年人群进行个性化设计、技术开发和产品研发。由于缺乏云计算、大数据、人工智能的赋能，镇江市老龄产业新业态、新技术、新模式发展滞后，制约有效供给和服务能力的提升，影响市场规模和产业体量的发育。

三、推动老龄产业高质量发展的对策建议

面对老龄市场的巨量消费需求和老龄群体高品质生活的需要，我们应及早研究谋划，通过适老化转型、数字化赋能、专业化流通、精准化引导，提升老龄产业体量、能级和贡献度。

1. 加快适老化转型，提升老龄产业能级

通过加强研发、延伸产业链，深耕老龄细分市场。一是促进适老化转型。建议依托北汽麦格纳等现有企业，以及汽车零部件产业优势，推出无障碍汽车、老年助力车、全自动智能驾驶汽车、经济适用型“房车”等。眼镜、家纺、雪地靴、五金工具等传统产业，注重招引行业领军企业和研发、设计、营销机构，加强高精尖老龄产品研发，催促“老树发新枝”。二

是培育适老化改造。将老旧小区改造与产业发展有机结合，鼓励建筑、规划、设计等专业机构加强细分市场开发，加强资源集聚、优化、整合，培育一批引领行业发展的骨干企业。三是增强产业链实力。一方面，结合“四群八链”和老龄市场需求，立足智能装备、健康食品、医疗器械、生物医药、养老互联网等产业，形成若干优势产业和区域品牌。另一方面，依托恒顺酱醋等特色资源，发展保健产品、生物医药、养生食疗、非遗传承、工业旅游项目，促进一、二、三产业融合；依托鱼跃、国药、吉贝尔等医药龙头企业，通过强配套、增品种、延链条、拓领域、育集群、强园区，提升老龄产业贡献度。

2. 强化数字化赋能，创新“互联网+养老”业态

通过拥抱互联网和智能化，推动老龄产业变革，辐射全国市场。一是做强互联网服务，助力“老有所乐”。学习某些平台型企业经验，依托京口等地互联网产业和新引进的头部企业，借鉴鱼跃等企业互联网医疗发展经验，积极采用大数据、云计算、物联网、智能化手段，通过“互联网+”与养生、保健、文化、艺术、教育、培训等方面融合，推出便利化软件、手机 App 和养老系统，发展“互联网+诊断”“互联网+咨询”“互联网+居家养老”“互联网+个性化定制”等新业态，并以此推动老龄产品销售。二是借助人工智能，赋能“老有所养”。面对康养专业从业者的巨大缺口，新松机器人推出下肢康复、床椅一体化、行走辅助、站立训练康复等机器人，通过人工智能等高科技改变传统养老模式。利用互联网、集成电路、机器人等产业优势，加强与科研院所、业内企业及“双创”孵化机构合作，发展智能辅具、智能家居、健康监测、养老照护、养老机器人等高科技老龄产业。三是培育平台经济，助推“老有所为”。依托文化传媒、艺术设计等专业机构和“双创”孵化园区，吸引老龄人群参与，线上线下结合，面向老龄群体发展文创、设计、书法、美术、美工、手工制作等“2.5 次”产业，发展一批新业态和可推广的连锁化企业，推出类似于“学习强国”等老龄群体可参与、体验、分享的新平台，并与产品宣传、直播带货、电商销售结合，推出网游、“网红”、VR、AR、影视作品，面向全国老龄人群壮

大平台经济。

3. 培育专业化市场，唱响康养城市品牌

加强城市宣传推介，增强城市吸引力，带动商气和人气，创新提升流通地位。一是发展品牌化展会。根据城市条件优势、产业发展需要，依托恒顺酱醋文化节、扬中河豚文化节等活动，发展老龄产品展会，提高知名度和美誉度。推动企业共享营销渠道，增强专业集聚优势，借助淘宝、京东、苏宁等平台设立区域老龄产品馆，举办线上老龄产品展，便利老龄人群消费。二是培育专业化市场。利用交通区位优势，及早谋划、规划布局，抢抓连镇铁路、镇杭高铁开通等重大机遇，把握消费升级、扩大进口等市场需要，依托旅游景区、商业街区、商贸综合体、进口商品交易中心，培育线上线下结合的老龄产品专业交易市场和现代流通企业，打造沪宁线老龄用品集散中心和老龄消费首选地。三是推出精品化康养。强化戴庄生态农业典型示范作用，鼓励世业洲、江心洲等地先行先试，推广智能农业，使农村老龄人口安享晚年。结合乡村建设、民居改造，引进有成熟经验的专业运营企业，推出新业态、个性化、多品种康养项目，精品化、品牌化发展民宿、康养度假、园林园艺、观光农业、健康农产品等。挖掘历史文化、人才资源优势，推出篆刻、戏剧、茶艺、太极拳等文化娱乐项目，丰富老龄群体精神文化生活。将文化元素融入老龄产品，借助文化推介产品、宣传镇江，提升城市品牌形象。

4. 加强精准化引导，营造老龄产业生态

以精准投入实现良好反哺。一是多渠道强化支撑。充分发挥市老龄协会专业智库作用，立足镇江实际，紧盯康养融合、老龄经济、助老服务、安宁疗护等新课题、新需求，持续深化人口老龄化政策研究。通过柔性引进、聘请兼职教授和技术顾问、名师带徒等形式，向市内外在职和退休专家借力借智。借助江苏大学、江苏科技大学等高校，以及校友会、学会、商协会资源，招引专业企业、高端人才、项目服务和创业孵化机构。二是“一盘棋”规划引导。统筹规划全市老龄产业发展和产业适老化转型，在产业图谱、招商地图更新迭代中予以体现。积极运用产业规划、项目评估、流转机制等举措，综合考虑老龄产业的经济效益和社会效益，科学研判税收贡献度，促进产业和项目优化布局。三是大力度精准扶持。及早抢抓老龄产业重大机遇，重点招引、遴选培育一批瞪羚、牛羚、独角兽企业和“单打冠军”“隐形冠军”企业。利用财政引导基金的杠杆效应，积极招引养老金投资基金、天使基金、创投机构，引进基金及其背后的资源，促进优质企业提升层次，助力企业迅速成长，推动老龄产业加快发展，为产业强市“一号战略”贡献强劲动能。

（课题组成员：邵　教　章存保　伍刚明　房　元　杨天坛　白登峰　符　浩　岳慧囡）

镇江东翼产业协同发展区建设研究

| 徐　敏 |

镇江市“十四五”规划提出，加快构建镇江市域“一体、两翼、三带、多片区”总体布局，要求引导东翼产业协同发展区、西翼创新协同发展区特色发展。东翼产业协同发展区位于镇江市域东北，北接扬州江都区和镇江高桥，东接泰州高港区，东南临丹阳主城区和常州新北区，区位优势明显。东翼产业协同发展区未来发展应立足现有产业基础，突出先进制造业发展特色，推动产业统一规划、协同布局、联动发展，协同打造产业融合发展高地。

一、东翼产业协同发展区的三大特征

一是江河交汇、交通便利。本区域长江、运河、铁路、高速公路、机场等关键交通资源在空间上临近、网络化分布，长江岸线资源、港口资源及其腹地资源促进了各类经济要素在本区域集聚、流动，可以发挥这些资源的空间集聚优势，谋取本区域发展机遇和发展优势。

二是地处各行政区域边界，产业基础雄厚。本区域涉及市内镇江新区、扬中全岛及丹阳的丹北、界牌两镇。镇江新区于 20 世纪 90 年代设立，2010 年升格为国家级经济技术开发区；丹阳的丹北、界牌两镇和扬中市全岛乡镇工业素来发达，为东翼产业协同发展奠定了良好基础。

三是城乡交错、镇村并存。本区域内以开发区为驱动、国有经济占主导的城市经济和以乡镇企业为驱动、集体经济占主导的乡村经济并驾齐驱。城市地域总面积约 180 平方公里，总人口约 20 万，地区生产总值约 630 亿元；乡村地域总面积约 490 平方公里，总人口约 35 万，地区生产总值约 630 亿元（数据根据《镇江市统计年鉴 2020》和《镇江年鉴 2020》计算及推算）。

二、东翼产业协同发展的五大难点

一是与先进地区相比发展差距较大。本区域位于长三角区域一体化发展和长江经济带绿色发展两大国家重点发展区域，经济发展基础较好，经济发展水平较高。2019 年，本区域 GDP 1 260 亿元，地均 GDP 近 1.9 亿元/平方千米，工业用地面积 65 平方千米，单位工业用地工业增加值 11.5 亿元/平方千米。同期全国地均 GDP 2 亿元以上的城市有 10 个，国家级开发区单位工业用地工业增加值为 18 亿~20 亿元/平方千米。

二是岸线利用效率不高。本区域内有两大港区，大港港区岸线长约 11.6 千米，除五峰山、王家山附近陆域纵深受限外，其余均为优良深水岸线；扬中港区长江岸线长约 26 千米，均为优良深水岸线；夹江岸线长 37.8 千米，均为非深水岸线。受扬中大桥和扬中二桥通航净空限制，夹江内最大通航船舶等级为 3 000 吨级。岸线资源虽然丰富，但存在未利用或占而不用、深水浅用等现象，扬中岸线利用率不足 10%；码头使用功能混杂，公用码头占比低，扬中为 30%，大港为 60%。

三是产业关联度不足。本区域三大板块中，镇江新区聚焦新能源、新材料、航空航天、生命健康产业，扬中以智能电器、临港装备制造、汽车零部件、新能源为主导产业，丹北和界牌镇汽配、五金工具、机械制造产业基础雄厚。三大板块间的专业化分工不明显，主导产业有重叠，尚未形成良性竞合发展态势。

四是内部互联互通水平低。各板块间公路虽然通达，但快速化程度偏低，二级以上公路占比低，无法提供高质量的出行环境。城市地区道路建设标准高，路况较好，但乡镇地区路网规划不一，道路等级、功能定位不明晰，客货运通道多有交叉，且受行政壁垒限制，各板块之间公共交通不连通、不共享，临靠行政边界的地区断头路较多。

五是港口集疏运交通体系有待完善。丹北和界牌镇至大港港区、扬中港区的集疏运道路等级较低、路况较差，穿越生活组团，客货运交通尚未分离；新区板块、扬中板块集疏运体系与城市居住组团、产业组团的关系有待进一步优化。

三、东翼产业协同发展五大路径的对策建议

（一）锚定两大策略

要在生态优先、绿色发展理念指导下，从生态共保、资源共享、产业共兴、交通共网、设施共建等方面，把本区域建设成为镇江产业融合发展高地、区域协同发展典范。策略之一是对外注重联通，提高交通效率。要打通各板块之间的“动脉”，破除交通瓶颈，疏通堵点，让人流、物流、资金流、信息流、技术流在本区域内可以低成本地快速流动。策略之二是对内注重整理，即盘活低效用地。把有限的土地资源更多地配置给优质项目、新兴产业，为高质量经济发展、高品质设施建设提供空间。

（二）稳住两类发力点

两类发力点分别是城市经济和农村经济的发力点。城市经济以产业园区为发力点，能集聚高效资源，推动产业高质量发展；农村经济以乡村集体企业为发力点，经营方式灵活，组织成本低廉，转移进退便捷，能为乡村从业人员提供就业机会，加快农村经济发展。必须着力做优做强镇江国家级经济开发区、扬中省级经济开发区和省级高新技术开发区 3 个城市经济区，加大对新区大路工业集中区、姚桥现代装备产业园，丹阳丹北和界牌沿江先进装备制造产业园，扬中三茅科创产业园、油坊新材料工业园和先锋工业园、长旺港口产业园、八桥和西来桥海工装备及高技术船舶产业园、西来桥大津清洁能源装备产业园和富民工业集中区等 11 个农村集体经济区

的支持力度。

（三）织就三张网络

第一张网是交通网，包括：

1. 港口协作网。形成大港港区、扬中港区主江作业区和扬中港区夹江作业区三级港口协作网络。大港港区开发利用程度较高，以整合港口资源，提升港口能级为主；扬中港区水深条件优良，是镇江港长远发展的重要战略资源，以有序开发、加快港口基础设施建设、加快推进各港口作业区建设、拓展服务能级与辐射范围为主；扬中夹江作业区受通航净空和水深条件限制，主要为城市生产生活提供物资运输服务。

2. 集疏运网。构建分层分级的集疏运体系，实现货运高效畅达；集疏运道路避开生活（组团）片区，分离客货运交通，提高道路交通运输效率与安全性。加强本区域的跨江联系，增加夹江过江通道。在现有扬中一桥、二桥、三桥的基础上建设跨夹江的扬中四桥、五桥，连接兴旺大道，规划扬丹公路至扬中主江作业区的兴旺作业区和八桥作业区。以国省干道形成高效集疏运网络，构建产业园区和港口之间的快速联系货运通道。新区板块和丹北、界牌板块通过通港路—G233—G346、圌山路—中心西路（规划）—通港路和滨江大道—创业大道（规划）—通港路“三纵”联通；新区板块和扬中板块通过金港大道—S238—扬中一桥、扬中三桥—G523（规划）—S238、G346—G523（规划）—扬中四桥（规划）—兴旺大道—S238“两横”联通；扬中板块和丹阳界牌板块通过通港路—扬中五桥（规划）—S238、通港路—扬中二桥—S238“两横”联通。

3. 客运网。加快国铁干线网宁扬、宁马铁路项目建设；推动宁镇扬都市圈城际轨道建设，增加扬中板块对外交通联系；推动市郊铁路 S5 支线建设，加强丹北、界牌板块的对外联系。提高本区域公共交通可达性，提升铁路大港站综合客运服务半径和枢纽一体化水平。在丹北、界牌板块和扬中设置公共客运枢纽，开通大港站至扬中、丹北、界牌等地的公交线路，满足区域公共出行、绿色出行需求。

4. 道路网。完善各板块内部主次支路系统，形成功能明确、结构合理，与城市空间、用地布局相适应的路网体系。加快各板块内部断头路整治，推动路面拓宽改造工程，推动各板块间边界地区道路的接合。

第二张网是产业网。一要依托本区域各板块主导产业和“区位品牌”，延伸和扩展产业链，做好产业上下游的衔接，形成相互联通的产业链网。新区板块航空航天产业中的航空材料、机场设备、航空器座椅内饰、通航整机等，后向关联度高，要侧重做好产业上游的研发和生产。扬中板块要继续发挥大全集团等电器产业龙头企业的带动作用，进一步巩固智能电器区位品牌；丹北、界牌板块要对标国际国内领先水平，侧重承接相关配套产业，不断提升丹阳汽配品牌价值，努力打造产业链长、后向关联度高的产业集群。二要以园区为载体，推动“传统园区”向“特色基地”转型，按照相对集中连片和功能耦合联动的原则，整合形成空间相对集中连片的产业布局。构建为生产制造企业服务的生产性服务设施，通过共享促进信息流通、降低生产制造成本。在生产端，结合主导产业共建研发中心，共享人才资源；在流通端，共建共享物流资源，解决物流公司“低小散乱”带来的高成本；在销售端，共建共享专业市场区，如汽车灯具、照明灯具、五金器械等专业市场。三要把 11 个集体经济区整合为若干个镇级工业园，围绕1 个国家级经济开发区、1 个省级经济开发区和 1 个省级高新区，形成相互支持依托的产业园区布局。

第三张网是公共服务设施网。要构建以新区板块为主核心，以扬中板块为次核心，以丹北、界牌板块为重要补充的区域公共服务职能结构，配置相应的公共服务设施。新区板块重点培育金融服务业、科技服务业、信息服务业和商务服务业等，增强现代服务业竞争力和吸引力。扬中板块利用扬中温润宜人的自然环境，重点发展以康养为特色的公共服务。丹北、界牌板块要克服公共服务功能较弱的现状，以小城市标准配置医疗、文化、体育、商业等各类公共服务设施。

（四）构建两大机制

要构建两大机制，一是区域利益分配机制，二是区域利益补偿机制。招商引资方面，可在综合考虑土地、基础设施投入、管理服务在内的成本和财力状况后，本着公平、合理原则，协商确定落地企业税收及附加收入在相关方的分配比例和分配额度。企业迁建方面，通过建立财税利益分配机制，理顺迁入地、迁出地之间的利益关系，减少企业迁建的行政障碍。园区共建方面，合作共建产生的所有税收及附加收入，可综合考虑共建各方对园区土地和基础设施建设投入、园区公共服务成本、园区所在地原有企业和共建各方迁入企业纳税等因素，赋予相应权重进行分配。

（五）绘就一张景观蓝图

本区域长江夹江是大自然赐予的“大美之作”，要加强该区域的共治共理能力，提升两岸绿化造林面积和品质，推进两岸生态修复行动，形成特色鲜明的夹江风光带。各板块要依托各美其美的特色和自然人文资源，加强协作开发。新区板块发展以圌山旅游度假区为核心的大健康、大旅游产业，以温泉度假、运动休闲、健康养生、航空旅游为主要功能；板块南部地区发展以东乡文化为主题的乡村旅游；扬中板块以江岛观光和江鲜特色美食作为全岛旅游产业的主要发展方向；丹阳、界牌板块要以齐梁文化为主线，发展以水晶山、嘉山为载体的文化旅游产业。要在生态优先、绿色发展理念指导下，从生态共保、资源共享、产业共兴、交通共网、设施共建等方面推进，把本区域建设成为镇江产业融合发展高地和区域协同发展典范。

（作者单位：镇江市规划勘测设计集团有限公司）

以优秀传统诗词推动镇江“全域旅游”发展及实现路径研究

| 吴　颖　朱思丞　钱晓庆　刘　琰　王山水　张　辉 |

全域旅游是一种发展观，强调全面系统地调配旅游及其相关方面的优势资源，去打造一定区域的旅游优势和文化特色，将旅游产业做大做强。非物质文化资源如何促进地方旅游业的发展，是目前备受关注的问题。镇江是一个拥有丰厚历史文化底蕴的城市，据不完全统计，从一千多年前的《华山畿》诞生开始，中国历代名人歌咏镇江的诗词多达万首，《全唐诗》里有关镇江的诗作达千首之多；多篇与镇江有关的诗词入选了中小学语文课本，数量在全国城市中名列前茅。镇江古诗词所蕴含的不仅仅是旅游文化，更是这座城市的精神文化。深挖镇江古诗词文旅资源，开展全域旅游开发研究，不仅仅能够推动旅游产业的综合发展，更能丰富城市文化内涵，彰显城市品位风范，构筑城市精神家园，提升市民文化自信，以文化之势助力镇江“跑起来”。

一、镇江全域旅游发展现状

（一）旅游文化特色不鲜明，对游客吸引力不足

镇江虽然有丰富的旅游资源和深厚的文化底蕴，但多年来一直没有经营出自己的核心文化体系，城市旅游名片始终没有“擦亮”，旅游产业发展的特色性、前瞻性和创新性不够，缺少体现城市魅力、具有高附加值的支

撑产品和具有远程号召力的明星品牌，文旅产业“溢出”效应不够，旅游知名度与镇江的历史文化底蕴不匹配。镇江历史文化名人始终未得有效宣传，以至于本应具有强大竞争力的特色旅游品牌一直不能对游客产生吸引效应。据统计，从2018到2020年，镇江与周边城市扬州、常州、南京相比，全年接待境内外游客人数始终居于末位。南京市2019年接待游客人数超过了1.4亿，镇江仅为其一半左右。

（二）旅游要素发展不充分，游客维系度不足

目前，镇江旅游业发展依然侧重于依赖经济，产品开发仍以传统观光为主，没有完全突破传统浅层次的“食、游、购”三要素局限，对融合“食、住、行、游、购、娱”等多要素的旅游资源，尤其是文化类资源开发不够、挖掘不深，难以满足现代游客更高层次的文化需求。夜间文旅经济乏力，生态游、文化游、红色游、乡村游、休闲康养游等多业态的全域旅游格局没有形成，旅游要素发展不充分，游客文化体验感不足。外地游客白天玩在镇江，晚上住在扬州、南京等地的现象比较普遍，游客维系度明显不足。

（三）旅游经济转化力不强，综合效益较差

镇江旅游产业还没有完全从“门票经济”过渡到“产业经济”，旅游体系过于碎片化，存在“游”的项目分散、“娱”的项目较少、“购”的项目单一等问题，文化内涵和互动参与性差；民间资本、社会资本参与度不够，旅行社等市场主体实力弱，五星级酒店相对较少；商圈与景区缺乏有效联动，旅游集散中心、购物中心、文化街区等旅游综合服务体系条块分割，难以激发消费潜力；旅游文化业与数字出版、广播影视、网络科技、演艺娱乐、广告会展等产业的深度融合不够，旅游产业链总体缺乏有效整合。与周边城市相比，旅游业总收入仍然处于较低位次。2019年，南京市旅游业总收入超过了2 700亿元，镇江市刚超过1 000亿元；2020年受新冠肺炎疫情影响，南京市旅游业总收入仍能超过1 700亿元，而镇江市仅为500亿元。镇江旅游市场经济转化能力不强，综合效益仍有待进一步提升。

二、古诗词文旅资源开发对镇江全域旅游发展的推动作用

深入挖掘镇江经典古诗词蕴含的文化旅游元素，探讨古诗词与文化旅游深度融合的实现路径，对提升城市形象品格，推动镇江城市旅游产业和相关文化产业发展，进而促进全域旅游水平和层次的全面提升，具有非常重要的意义。

（一）有利于提升城市品牌形象，增强游客旅游动机

古诗词对旅游动机具有非常积极的正向拉动作用，许多游客就是因为经典诗词的描绘而对相关的旅游目的地心生向往，并产生强烈的情感认同和积极的情绪体验。利用经典诗词魅力，打造“诗词镇江”品牌文化，将有利于丰富城市文化内涵和文化底蕴，提升市民文化自豪感，增强镇江对游客的文化吸引力，从而进一步提升全域旅游内生动力。

（二）有利于拓展旅游文化要素，提升游客文化维系度

要推动旅游经济全面发展，除了要大力吸引“客流”外，还要努力做到“客留”。“客留”通常表现为游客在一个旅游地的深度体验旅游，就是要告别传统的走马观花式、浮光掠影式的浅层旅游方式，更多地从文化层面去提升游客的深度旅游体验感。从旅游地角度来说，要深入挖掘经典诗词中的文化元素，充分拓展旅游文化要素，给游客更深刻的文化体验，增强游客的文化认可度和维系度，增加游客黏性，让游客更愿意留下来。

（三）有利于提升经济转化能力，提高旅游产业综合效益

城市文化旅游发展的最终目标是带动相关产业链发展，提高旅游产业综合效益，推动经济社会全面发展。当前，文创产业在旅游经济发展中异军突起，不仅创造了丰富的文化价值，也带来了可观的经济收益。充分利用古诗词资源，深刻挖掘蕴含其中的文化意象，多维度、全方位开发各种“诗词+”旅游产品和旅游线路，如文创衍生品、文化体验活动、特色酒店、特色小镇等，拓展和带动相关产业链发展，具有非常可观的经济前景。这

样不仅有利于深入保护这些非物质文化遗产资源，而且有利于提升文旅经济转化能力，提高旅游产业综合效益，助推城市经济全面发展。

三、镇江古诗词全域旅游开发的主题框架

利用经典古诗词开展旅游产品策划的思路基本可以分为三步走。首先，探寻古诗词蕴含的文化内涵，提炼出特色鲜明的文化主题，搭建主题框架；其次，开展意象挖掘，借助联想和想象进行再创造，创造令人触景生情、见形知神的文化意象；最后，围绕文化主题和文化意象，选择合适的载体和实现路径，甚至借助高科技技术手段让抽象的文化意象具体化，进行活化的、体验式的、融合式的旅游开发创新设计。镇江古诗词的主题框架可以分为以下 4 种：

（一）家国情怀：满眼风光北固楼

镇江是江河交汇之地，“一水横陈，连岗三面，做出争雄势”，自古就是兵家必争之地。爱国主义精神和家国情怀是历代镇江诗词中的主旋律（见表 1）。这类文化意象非常适合开发爱国主义、红色主题或研学类旅游线路和旅游产品。场所类意象适合开发静态说明类旅游产品；人物类意象则适合打造热门 IP，开发周边文创产品；事件类意象既可以融合在前两类产品中，也可以单独开发歌曲、表演、影视类产品。三者可以相互交融、相互渗透。

表 1　镇江“家国情怀”主题部分诗歌列表

主题名称	年代	诗人	诗词名称	名言名句	文化意象
家国情怀	唐代	李白	永王东巡歌	千岩烽火连沧海，两岸旌旗绕碧山	长江，北固楼
	唐代	陆龟蒙	蒜山	周郎计策清宵定，曹氏楼船白昼灰	长江，三国，蒜山
	唐代	戴叔伦	京口怀古	大江横万里，古渡渺千秋	长江，古渡

续表

主题名称	年代	诗人	诗词名称	名言名句	文化意象
家国情怀	唐代	李涉	润州听暮角	江城吹角水茫茫，曲引边声怨思长	长江，古渡
	宋代	辛弃疾	南乡子·登京口北固亭有怀	何处望神州？满眼风光北固楼。 天下英雄谁敌手？曹刘，生子当如孙仲谋	辛弃疾，孙权，长江，北固楼，三国
	宋代	辛弃疾	永遇乐·京口北固亭怀古	千古江山，英雄无觅，孙仲谋处。 斜阳草树，寻常巷陌，人道寄奴曾住。 凭谁问，廉颇老矣，尚能饭否？	辛弃疾，孙权，刘裕，廉颇，长江，北固楼，三国，抗金
	宋代	陆游	水调歌头·多景楼	鼓角临风悲壮，烽火连空明灭，往事忆孙刘	陆游，北固楼，三国
	宋代	陆游	书愤·其一	楼船夜雪瓜洲渡，铁马秋风大散关	陆游，古渡
	宋代	杨万里	雪霁晓登金山	焦山东，金山西，金山排霄南斗齐。 乾坤气力聚此江，一波打来谁敢当	韩世忠/梁红玉，金山，抗金
	宋代	文天祥	镇江	中流怀士稚，风雨湿双扉	文天祥，祖逖，铁瓮城
	宋代	梅尧臣	甘露寺	卫国丹青在，孤堂绿桂薰	长江，北固楼
	宋代	叶梦得	念奴娇·其三	云峰横起，障吴关三面，真成尤物	北固楼，三国
	宋代	仲殊	京口怀古	万岁楼边谁唱月？千秋桥上自吹箫	万岁楼
	宋代	陈亮	念奴娇·登多景楼	一水横陈，连冈三面，做出争雄势	长江，北固楼，祖逖
	宋代	刘过	题京口多景楼	江流千古英雄泪，山掩诸公富贵羞	长江，北固楼

续表

主题名称	年代	诗人	诗词名称	名言名句	文化意象
家国情怀	元代	王冕	过京口	过客放船忌险阻，何人击楫问英雄？	古渡，铁瓮城，祖逖
	明代	顾炎武	京口即事	祖生多意气，击楫正中流	祖逖
	清代	吴伟业	满江红·蒜山怀古	落日楼船鸣铁锁，西风吹尽王侯宅	长江，蒜山
	清代	洪昇	多景楼	兴亡今古恨，酹酒问渔樵	长江，北固楼
	现代	陈毅	卫岗初战·一九三八年六月二十一日	镇江城下初遭遇，脱手斩得小楼兰	陈毅，茅山，新四军

（二）羁旅乡思：明月何时照我还

镇江南北通衢的特殊地理位置，是南来北往的必经之路、仕宦游历的必经之地。羁旅乡思是镇江古典诗词，尤其是行旅诗中的一大主题（见表2）。这类古诗词所蕴含的文化意象，特别适合开发体验式游览、民宿、主题酒店等旅游产品。产品设计中应注重从多感官角度出发，尽量将古诗词中蕴含的文化意象融合在产品体验中，给游客带来身临其境的感受。

表2　镇江“羁旅乡思”主题部分诗歌列表

主题名称	年代	诗人	诗词名称	名言名句	文化意象
羁旅相思	唐代	张祜	题金陵渡	金陵津渡小山楼，一宿行人自可愁。 潮落夜江斜月里，两三星火是瓜洲	古渡，小山楼，江潮，寒夜，斜月，星火，瓜洲
	唐代	王昌龄	芙蓉楼送辛渐	寒雨连江夜入吴，平明送客楚山孤。 洛阳亲友如相问，一片冰心在玉壶	寒夜，冷雨，楚山，冰心，玉壶

续表

主题名称	年代	诗人	诗词名称	名言名句	文化意象
羁旅相思	唐代	孟浩然	登万岁楼	万岁楼头望故乡，独令乡思更茫茫。 天寒雁度堪垂泪，日落猿啼欲断肠	万岁楼，寒夜，大雁，月亮，猿啼
	唐代	王湾	次北固山下	海日生残夜，江春入旧年。 乡书何处达，归雁洛阳边	江潮，风帆，归雁，海日，残夜
	唐代	阿倍仲麻吕（日本）	望月望乡	翘首望东天，神驰奈良边。 三笠山顶上，想又皎月圆	皎月，北固山
	宋代	王安石	泊船瓜洲	春风又绿江南岸，明月何时照我还	春风，江南绿，明月
	宋代	陆游	将至京口	卧听金山古寺钟，三巴昨梦已成空。 船头坎坎回帆鼓，旗尾舒舒下水风	金山，古寺，钟声，客船，船帆，江风

（三）商业交通：京口瓜洲一水间

镇江一直是江南的交通、经济和文化中心，拥有繁荣的港口码头文化和市井文化。古诗词中反映了镇江商业交通、造船业、手工业和饮食文化的发达（见表3）。从旅游产品规划设计角度来看，该主题非常适合开发情境类民俗表演项目。从古典诗词中汲取文化灵感，开发独具特色的渡口文化民俗表演，将镇江的漕运文化、商业文化、饮食文化、慈善文化生动形象地展现出来，增加与游客的互动交流，给游客沉浸式文化体验，让游客更愿意留下来。

表3　镇江“商业交通”主题部分诗歌列表

主题名称	年代	诗人	诗词名称	名言名句	文化意象
商业交通	唐代	杜牧	润州	青苔寺里无马迹，绿水桥边多酒楼	绿水桥，酒楼

续表

主题名称	年代	诗人	诗词名称	名言名句	文化意象
商业交通	宋代	王安石	泊船瓜洲	京口瓜洲一水间，钟山只隔数重山	京口，瓜洲，钟山
	宋代	曾巩	甘露寺多景楼	一川钟呗淮南月，万里帆樯海外风	船帆，桅樯，海外
	宋代	范仲淹	京口即事	甘露楼台古，金山气象清。六朝人薄命，不见此升平	太平气象
	宋代	苏辙	和子瞻金山	谁知江海多行舟，游人上下夺岩幽	行舟，游人
	宋代	仲殊	忆江南·其三·渌水桥	南北岸，花市管弦声，邀客上楼双榼酒，舣舟清夜两岸灯，直上月亭亭	绿水桥，花市，管弦，酒楼，舣舟，灯火，明月
	宋代	裴煜	多景楼	海岸千艘浮若芥，邦人万室布如棋	海船，客商，繁忙
	宋代	蔡肇	大港即事次韵	村落家家有酒沽，黄童白叟醉相扶	酒家，醉酒
	清代	查慎行	京口和韬荒兄	舳舻转粟三千里，灯火沿流一万家	舳舻，运粮，灯火，繁忙
	清代	于树滋	瓜洲伊娄河棹歌（之一）	粮艘次第出西津，一片旗帆照水滨。 稳渡中流入瓜口，飞章驰驿奏枫宸	西津渡，粮船，旗帆，繁忙
	清代	于树滋	瓜洲伊娄河棹歌（之一）	瓜皮小艇渡江时，浪涌风狂生命危。自有巨舟渡南北，行人化险尽为夷	小艇，渡江，救生
	近代	叶玉森	龙江早茶	龙江楼上早茶香，牛鼎嵯峨客满堂。 红炉旋贴芝麻饼，绿碗微温椒桂浆	早茶，火面，烧饼，拥挤繁忙
	近代	佚名	无题	风光无限数金焦，更爱京口肉食饶。 不腻微酥香味溢，嫣红嫩冻水晶肴	肴肉

（四）文化休闲：又得浮生半日闲

镇江山明水秀、人杰地灵，许多文人雅士选择定居或隐居在此，不仅留下了许多优美诗篇、传世巨著，也大大推动了镇江人文科技的发展（见表4）。这类诗歌，往往将对社会、人生和人性的思考蕴含在山水景物中，既充满山水风情，又处处透露出隐逸休闲气息，同时富含哲学人文元素和文化意象。从旅游产品规划设计角度来看，这一主题下的文化意象特别适合开发休闲养生类旅游项目，充分发挥镇江真山真水的天然优势，以诗词为引、文化为媒，打造“都市慢生活、生态文化游”，让游客感受古人的归居田园之美、放舟江海之乐。同时，与名人和科技文化成就相关的意象还可以打造热门文化IP，开发周边文创产品，让诗词活起来，让文化动起来，让游客在旅游过程中获得身体和精神的双重满足。

表4　“文化休闲”主题部分诗歌列表

主题名称	年代	诗人	诗词名称	名言名句	相关文化意象
文化休闲	南朝梁	陶弘景	答诏问	山中何所有，岭上多白云。只可自怡悦，不堪持赠君	山岭，白云，茅山，隐居，拒诏
	唐代	李涉	题鹤林寺僧舍	终日昏昏醉梦间，忽闻春尽强登山。因过竹院逢僧话，又得浮生半日闲	鹤林寺，醉梦，登山，僧侣，半日闲
	唐代	刘长卿	送灵澈上人	苍苍竹林寺，杳杳钟声晚。荷笠带斜阳，青山独归远	竹林，晚钟，斜阳，青山
	唐代	骆宾王	陪润州薛司空丹徒桂明府游招隐寺	共寻招隐寺，初识戴颙家。还依旧泉壑，应改昔云霞	招隐寺，山泉，云霞，戴颙
	唐代	张祜	题润州金山寺	僧归夜船月，龙出晓堂云。树色中流见，钟声两岸闻	金山寺，僧侣，夜船，树色，钟声

续表

主题名称	年代	诗人	诗词名称	名言名句	相关文化意象
文化休闲	宋代	苏舜钦	宝墨亭	山阴不见换鹅经，京口今存瘗鹤铭	书法，王羲之，瘗鹤铭
	宋代	沈括	金山	楼台两岸水相连，江北江南镜里天。 芦管玉箫齐送夜，一声飞断月如烟	金山，楼台，芦管，玉箫，沈括（科技）
	宋代	吴琚	春日焦山观瘗鹤铭	古刻难细读，断缺苍藓护。岁月岂易考，书法但增慕	焦山，瘗鹤铭，石刻，书法
	宋代	赵蕃	隐山寺梁昭明题额	寂寞前朝寺，风流帝子能。田荒空野水，树老半枯藤	招隐，空田，荒野，老树，枯藤，萧统/昭明太子（文学）
	明代	沈周	金山寺吉公房小酌	过江如隔世，入寺不知山。风气薄诗骨，夕阳浮醉颜	金山寺，隔世，风气，夕阳，醉颜
	明代	文徵明	焦山	一曲梅花来白鹤，几时骑上碧云山？	焦山，梅花，白鹤，碧云山
	明代	王世贞	望焦山	处士轻龙诏，仙岩秘鹤铭	焦山，焦光，拒诏，瘗鹤铭
	清代	龚自珍	己亥杂诗	九州生气恃风雷，万马齐喑究可哀。 我劝天公重抖擞，不拘一格降人才	风雷，天公，抖擞，人才，宝塔山
	清代	戴守梧	京口竹枝词（梦溪园）	溪水潺潺入郑湖，花如覆锦满平芜。 梦中山水萦情处，沈括风流绝世无	梦溪，沈括
	清代	王士禛	山花子寄程昆仑京口	黄鹤山前黄鹤鸣。杜鹃楼外杜鹃声。记得戴颙招隐地，共经行	黄鹤山，杜鹃楼，戴颙，南山

四、镇江古诗词全域旅游开发营销推广策略

在古诗词全域旅游产品开发过程中，要遵循资源、产品和市场“三位一体”的基本思路。除了深挖诗词内涵、凝练文化意象、设计旅游产品之外，还要关注产品的营销推广和市场综合效益。

（一）统筹规划、全局着眼，注重产业链开发大格局

诗词类旅游产品主题丰富、意象繁多，几乎涉及所有景区和景点。因此，在产品开发过程中，需要做好顶层设计和全局规划，景区之间有分工、有合作，既要遍地开花，又有统一风格和主题。景区之间通过巧妙设计、互相引流，充分利用游客资源，努力产生规模效应，盘活产业链上各个环节，提升总体综合效益。

（二）品牌打造、推陈出新，关注潮流发展新趋势

在诗词类旅游产品，尤其是文创类产品的设计开发中，要特别注意关注潮流发展新趋势、新动向。避免缺乏特色、同质性严重、制作粗劣等问题，努力推陈出新，打造出热门品牌 IP。不仅要深挖产品内涵，也要注重产品形象设计和产品包装；不仅要关注中老年游客，也要关注作为新生代消费主力军的年轻人的喜好，努力走在潮流前列。开发体验式、融合式“诗词+”产品，并通过新媒体渠道进行宣传推广，打造若干“网红”产品或景点，以点带面，创造更多经济价值。

（三）智慧旅游、技术加持，打造云旅平台新形象

云旅游是利用互动运营平台等智慧旅游工具，为互联网用户提供随时随地旅游全资讯的一种旅游数字化发展形式。后疫情时代，云旅游作为旅游业态的新延伸，具有公益性、宣传性等特点，同时发挥着引流性的作用。一方面，云旅游为人们提供了休闲娱乐的新方式，同时起到宣传和推荐景区的作用，为疫情结束后的线下旅游提供客源引流，间接创造经济价值；另一方面，云旅游平台通过与社区平台、购物平台或“网红”主播相关联，可以直接实现网络销售和直播带货，直接创造经济价值。

诗词类产品具有得天独厚的“云旅游”优势，其内在丰富的文化属性非常适合通过线上平台进行全方位、多模态的艺术展示。因此，应当充分利用诗词类旅游的特点，加大资金和技术投入，借助VR、5G等现代新技术，开发适合“云旅游”平台展示的诗词类产品，充当镇江文化名城的云旅游名片，打造诗词镇江、文化镇江的新形象，将疫情带来的危机转变为商机，推动线上线下全域旅游的融合式发展。

（作者单位：江苏科技大学）

文旅融合发展助力乡村振兴研究

——以镇江新区姚桥镇华山村为例

| 顾海萍　吴　劲　经宽蓉 |

一、华山村文旅融合发展助力乡村振兴现状

（一）华山村悠久浓厚的历史民俗文化

华山村地处江苏省镇江市新区姚桥镇，旧属丹徒县，是镇江市境内最古老的村庄之一。这里自然环境优美，周边农田肥沃、水源充沛，不易发生旱涝灾害。村民以宗族形式依水而居，主要由冷、杨、张、李四大姓和一些杂姓组成，民风淳朴。村里历史遗迹众多，文化底蕴丰厚。作为物质文化要素的村落建筑，由街巷、里弄、堂院构成。明清民居遗存比较丰富，虽然有一部分被后人改造，但整体上保留着天井合院的传统格局。张王庙、李鸿章管家张家大院、冷杨李三姓祠堂、禹王井等历史建筑保留完整，村庄呈树枝结构，空间布局清晰明确，村落以龙脊街为中心，向四周展开，东部被捆山河隔断。

华山村具有浓厚的镇江东乡民俗文化氛围。《华山畿》和其传说是历来为人们所称颂的至爱至悲的千古绝唱，是梁山伯与祝英台爱情传说的原型，已列入省级非物质文化遗产名录。华山村保存着传承东乡历史印记和人文内涵的诗词和其他故事传说，以及反映当地特色的群众性节庆文娱习俗，如舞龙灯、荡湖船、挑花担、踩高跷等。每年正月十五称为“开门集”的

华山庙会，也被列入省级非物质文化遗产名录。人们把各种自己制作的、反映着历史民俗文化和传统工艺的产品拿到庙会上陈列销售。一种可吹响的儿童玩具“太平泥叫叫”历史悠久，据张国金的《古邑春秋》记述，相传源于南朝时期（420—589 年），距今已有千余年历史，如今已被列入市级非物质文化遗产名录。这里还有凝结着前人智慧的虎头鞋、吉祥肚兜等传统手工制品和堆花糕团等传统食品。

（二）华山村文旅融合助力乡村振兴的初步实践

为了不让华山村的悠久文化湮没在历史的长河之中，村党总支、村委会 2017 年组织村民和社会力量，投入资金 700 多万元，选择具有园林古建筑一级、文物保护工程一级资质的苏州蒯祥古建园林有限公司，以“修旧如旧”的方式对张家老宅进行保护修缮；同时委托专业规划机构，依托华山村特色乡村民俗文化资源，策划建设“历史文化名村”。2018 年 6 月，镇江新区姚桥镇华山村历史文化保护协会成立，负责保护文化遗存。同时，华山村考虑通过文化传承保护，吸引外来游客了解镇江东乡文化习俗，实施文旅融合，助力华山村乡村振兴。

在文旅融合发展的过程中，华山村着力打造“宜居、宜创、宜业、宜行、宜游”的有温度的营商生态和高品质文旅人居环境：对村落现有水域进行生态治理，在捆山河沿线建设了生态景观步道，修复禹王井，对村里大小河塘、露天粪坑、旱厕等进行集中整治，道路两旁补种苗木，还免费提供花籽给村民种在房前屋后。经过彻底整治，村头的死水沟变成了荷花塘，古村平添了几分秀色。古街沿途的文化墙上是书画家们绘制的村庄美景。同时，村党总支、村委会鼓励村民经营农家乐、民宿、农业养殖等项目。这些措施极大地改善和提升了华山村的生态环境。

二、华山村文旅融合发展助力乡村振兴存在的问题

（一）发展规划执行力不强

2015 年，镇江市规划局接受委托，组织编制了《镇江市华山村历史文

化名村保护规划（2014—2030 年）》，明确华山村的村庄功能，定位为镇江东乡地区居民公共文化与休闲活动场所、镇江传统乡村文化旅游体验目的地；提出根据华山村自身特色与丰富的文化资源，设置宗教民俗、特色商业、文化休闲、村居体验、山林农趣 5 个特色区，打造经典山村景点游览与传统村庄空间序列体验两条流水线。与此同时，镇江新区圌山旅游文化发展有限公司策划的华山历史文化名村方案，提出了“江南第一古商村——繁华商贸历史古村”“多元化、复合型古村旅游休闲综合体”和“文创产业集聚的时尚休闲目的地”的定位，以镇江当地文化为核心特色，建设集历史文化体验、文创产业集聚、美丽乡村休闲等功能于一体的人文休闲古村旅游综合体。但是目前上述规划、策划的整体执行不到位，有待进一步开展有效保护和开发。

（二）文化保护利用不充分

镇江东乡很多村落的物质和非物质文化遗产在“万顷良田工程”的大规模拆迁中大面积消失了。华山村则比较幸运，村落保留相对较为完整，但很多传统特色文化也正随着城市化进程的加剧而逐渐淡出。特别是具有较高文化意义和产业价值的文旅资源《华山畿》，作为中国传统四大爱情传说之一的梁祝化蝶原型，没有得到充分挖掘。加上当地圌山风景区知名度较高、影响力较大，周边旅游资源大多向圌山倾斜，导致华山村新的文旅资源开发力不从心，诸如《华山畿》遗迹、龙脊街、张王庙等开发力度不足，难以深度挖掘和利用。

（三）文旅产业融合度不高

华山村地处镇江新区平昌新城区域，地理位置优越，交通便利，距离镇江新区高铁站 5 公里，距离高速公路口仅 3 公里，有着发展旅游产业的丰富资源，然而旅游业的开发几乎是空白，还没有从过去的“重保护轻利用”向“保护与利用并重”发展转变。华山村农业基础较强，可以根据不同季节调整种植瓜果蔬菜，但未能结合旅游进行有效开发。土地的综合利用率不高，部分大棚未充分利用，农业资源的整体开发不够。华山红色文化元素也很突出，村内有座老当铺为革命时期山北县抗日民主政府旧址，张王庙也是典型的抗日遗迹。华山村没有充分利用这些资源吸引游客，文旅融合发展度不高。

（四）旅游产品宣传不到位

作为梁祝爱情文化的起源地，并拥有《华山畿》这一独特的IP主题，以及张家老宅的历史建筑和传统的华山庙会民俗特色活动的华山村，由于缺乏宣传，镇江本地人对于华山村都知之甚少，更不用说外地游客了。

（五）基础设施建设不完善

近年来村内基础设施诸如道路、厕所、河道等虽然得到改善，但是尚未进行统一规划和建设开发，且与旅游配套的相关基础设施缺乏：没有停车场，车辆进村后只能在张王庙门口很小的广场随意停放；没有相关旅游产品的介绍和指引标识；缺少饭店、超市等基础设施。

三、华山村做好文旅融合发展助力乡村振兴的对策建议

（一）科学规划，保障发展持续稳定

生态资源、人文资源是文旅融合可持续发展的基本保障，应当科学规划，应进一步加强华山村及其周边的文化和旅游资源的挖掘、整合和应用。根据资源现状，可将华山村划分为核心保护区、建设发展区、生态保护区和生态调剂区。核心保护区内严禁新建、加建建筑，不得随意改建、翻建，不得擅自改变现有建筑的风貌特征；建设发展区统一规划建筑的高度、风貌，对现有的一些无历史价值的建筑适当拆除改造，从而形成一体化的村落形态，同时满足旅游产业发展的功能配套需求；生态保护区不得随意新建破坏生态环境的项目，对丘陵土坡、河道池塘进行生态修复，选择种植适宜的乡土植物；生态调剂区在专业机构环境评估的基础上，控制建设的规模与形式，在统一规划下，尊重自然与环境协调共生，实现发展持续稳定。

（二）塑造主题，创立华山旅游品牌

乡村振兴需要各个乡村结合自身特质创新发展定位。华山村要充分利用自己丰富而独特的历史文化资源，将现代旅游和东乡传统民俗文化紧密

融合，将现代旅游产业业态与传统的乡愁文化有机结合，形成识别性高、有差异化的品牌形象。

（三）文化复兴，重塑文化景观符号

乡村旅游项目和产品要避免同质化，华山村作为东乡文化中为数不多的保存完好的村落，弥足珍贵。文化景观塑造要坚持挖掘东乡文化和传统爱情文化，并通过符号化手段、舞台化的表现手法走进游客心中，为文旅融合发展注入可持续发展动力。

（四）细分市场，加强旅游宣传营销

华山村在镇江知晓度很低，旅游的主题形象不突出。要细分目标市场，围绕确定的主题形象进行针对性、精准化的营销策划。营销宣传模式在体验式营销、互联网营销、品牌营销、关系营销、渠道营销的基础上，要增加抖音、哔哩哔哩、小红书等新媒体营销。

（五）政府引导，促进多方一体合作

对华山村的文旅融合助力乡村振兴，新区政府要明确目标，强化文化与旅游部门的行政职能，尽快构建完善的乡村振兴与文化旅游融合发展机制，加强相关部门协作交流，及时分析和解决文旅融合中的问题，并制定合理有效的措施，完善配套制度体系，指导各项工作规范化运行，加强文旅行业监管，提供优质服务。应在具体政策上给予支持，促进地方历史文化资源的挖掘与利用，同时充分发挥圌山风景区、心湖风景区等核心景区对其他景点的带动作用，由点及面带动发展。

（六）生态宜居，打造乡村振兴示范

华山村的文旅融合发展需要进一步美化农村居住环境，通过科学规划保护古村落，避免大拆大建，避免盲目发展破坏生态环境，要实现绿色可持续发展，使华山村真正按照生态、经济、文化等三方面效益相统一的原则进行保护开发，实现乡村振兴，重塑乡村价值，成为社会主义新农村的示范。

（作者单位：镇江市高等专科学校、镇江新区宣传统战部文旅中心）

农业产业链融投资中社会资本的作用机制及实现路径研究

王秀萍 张 宇 张 涛 盛永祥 孙炎令 余倩文

吸引各类经济主体投资乡村产业，做大做强农业产业链，不仅仅有利于推进农业产业化发展，更能充分发挥镇江市区位、环境、土地、产业和政策等方面的资源优势并转化为经济优势。但目前农业产业链的做大做强，受到了主要依靠银行资金带来的融资难、融资贵的掣肘。因此，充分发挥农业产业链中社会资本集聚资源要素的作用，对于破解镇江农业产业链融资困境，进一步推进农业产业链的高质量发展具有重要现实意义。

一、镇江市农业产业链及其融投资现状

（一）农业产业链现状

据镇江市农业农村局2020年的调查统计，全市已成立30多家农业产业化联合体，有5家国家级和41家省级龙头企业，形成的农业产业链主要有：粮油加工产业链、水产养殖产业链和食醋产业链。

（二）农业产业链融投资的类型

1. 龙头企业主导型融投资

在“企业+农户”或“企业+合作社+农户”的产业链经营模式中，除企业和农户自己的投资外，银行对龙头企业、合作社、农户提供贷款。如由江苏紫江生态农业有限公司牵头，以规模订单农业为基础，联合2家企

业、5 家专业合作社、2 家家庭农场及 15 个大户共同组建成立扬中市糯米产业化联合体，形成了主要从事糯稻和紫米种植加工的农业产业链，并依托此产业链进行融投资。

2. 专业合作社主导型融投资

合作社除成员自己的投资外，还依托合作社成员之间的信息、资源、技术、销售渠道上的相互依存关系，获得银行担保贷款。如镇江江之源渔业科技有限公司先后与聚龙江鲜、绿岛养殖等 5 家合作社，以及永和村、营房村的专业养殖大户合作，以订单收购的方式养殖饵料鱼 1 200 余亩。到银行申请贷款时，由合作社提供担保，养殖户可以联保进行反担保，由银行审批后发放贷款。

3. 相关政策支持下的财政资金投入

省、市两级每年都设置一定规模资金，采取财政奖励、投资补贴、融资费用补贴、运营补贴、资本金注入、税费减免等多种方式，支持现代农业发展。镇江市的农业产业链主要通过财政资金撬动和吸引民间资金参与，开展龙头企业或合作社主导的融投资。

4. 工商资本投资和上市融资

工商资本投资和上市融资是社会资本投资农业产业链的主要形式。据镇江市农业农村局调查统计，2019 年镇江工商资本下乡投资 14. 27 亿元，在设施农业、加工流通、休闲旅游和乡村服务业等产业的投资额分别占投资总额的 5%、6. 87%、30. 37% 和 46. 25%。上市融资的农业企业很少，全市只有 2 家。由此可见，社会资本对农村农业产业链的投资未能在全市形成气候。

二、农业产业链融投资中社会资本的作用机制及存在的问题

社会资本投入农业产业链凭借的是社会网络关系、互惠社会规范和社会信任合作等要素，因此，融投资的交易成本较低，没有纷繁复杂的审批手续，也无需担保，高度契合了解决农业产业链融资困境的现实需求。但是，我们实地调查发现，镇江市社会资本投资农业产业链的作用机制并没

有很好实现。

1. 社会资本与农业产业链未能实现有效的双向互动

有些农业产业链成员之间信息沟通不畅。农村本来就缺少信用大数据监测平台，信用信息不全面，征信行业建设滞后，信用信息采集和披露等活动不规范，信息网络未能有效嵌入，投资者难以降低谈判成本、协调成本、监督成本等链内交易费用，因而未能实现降低交易成本、提升农业产业链竞争优势的初衷。

2. 未能体现产业链的群体合作优势

部分农业产业链存在“空壳化”现象，未能有效促进成员之间的合作，或者因为成员之间合作时间不够长，还未产生明显效益，从而导致社会资本不太愿意也不敢投入，也就未能通过社会资本的进入提高合作能力，达到促进农业产业链持续发展的目的。

3. 未能实现社会资本集聚要素资源发展农业产业化的作用

有些产业链成员之间利益联结不紧密，相互信任度不够高，或者因社会生活中道德失范和个人主义泛滥，破坏和改变了乡村互帮互信的优秀传统文化，使社会资本投入所需要的相互信任缺失，从而无法通过社会资本的投入发挥农业产业化增加农民收入的作用。

三、农业产业链融投资中落实社会资本作用机制的对策建议

（一）以乡村人才的发动、守护和保障引领社会资本参与农业产业链融投资

1. 依靠乡村人才引领社会资本参与农业产业链融投资

推动社会资本参与农业产业链融投资，需要激发乡村人才包括政治、管理、技术等方面精英人士的活力。各村各镇热心于集体公益、甘愿为农民服务的村镇干部属于政治精英，他们是社会资本投入的发动者。要利用他们自身圈子构成的社会关系网络，有效整合和连接产业链内外资源，利用他们的政治威望和公信力招引社会资本，以他们的带头示范作用培养一

些联系紧密、信任度高的创业团队。各村各镇的“致富能手”、产业发展的“领头羊”是农业产业链上的管理精英，他们因率先投身农业产业链而富裕起来，对其他农民群众有一定的影响力和带动力。他们大多善于经营管理，能使资本保值增值，是社会资本安全的守护者，能够消除投资者的危机感，使其放心大胆地向农业产业链注入资本，从而满足农业产业链发展壮大的资金需求。技术精英包括产业链内部技术骨干、农村“田秀才”、“土专家”和各方面的“能工巧匠”，以及长期聘请的链外技术人员。他们加入农业产业链，一是可以将技术传授给链内其他成员，提高产业链的生产技术水平；二是可以成为社会资本盈利的保障者，保证产业链的顺利发展，生产出能够满足社会需要的合格产品以获取盈利。

2. 必须注重培育乡村人才

要制订职业农民培训方案，紧密联系乡村特色产业或项目，开展基地现场教学活动，边培训边实践，鼓励专业精英和职业农民以师带徒。发挥本土能人爱本土的优势，引导乡村人才回流，提高本土经营的稳定性。村镇基层组织要建立本土能人档案库，收录他们的技能、绩效、贡献、事迹等有用信息；对有助于吸引人才回流的产业扶持及土地、福利保障等政策要加强宣传，主动帮助回乡创业者解决用地、融资、技术等难题，为他们清除创业障碍，激发他们返乡创业的热情，通过促进人才回流，带动资金回流投入农业产业链。

（二）以村镇组织的支持和有效管理促进社会资本参与农业产业链融投资

1. 村镇组织要引导、支持和帮助农民组建农业产业链

要大力宣传党在农村的路线方针政策，组织学习考察团到成功的农业产业链基地考察，帮助各村镇的经济组织、农业专业合作社和农户向农业产业链发展，帮助他们解决发展中的各种困难，为他们提供信息、技术、管理等服务，提供成员之间，以及与市场信息交流的平台，为新加入的农户提供产业链上必需的设施建设与技术上的服务。帮助村镇建设农业产业链成员的关系网络，推动成立互助协会，培育他们相互间的社会信任。帮

助链上农户和合作社获取产品交易的可靠信息，降低交易成本；为他们提供深加工和运输物流等信息资源；帮助他们完善生产管理，紧跟产业发展节奏，有条不紊地进行生产、交易，形成产业规模，创立自己的品牌，吸引市场批发商的注意力，形成稳固的销售体系。

2. 必须完善村镇组织自身的管理和监督

村镇组织要对农业产业链实现有效管理，必须加强对自身的管理和监督。必须制定一套适合各村镇组织发展的科学管理制度，不仅要符合国家法律法规，还要和各村镇优秀的风俗传统相衔接，为村民和产业链成员乐于并易于接受。要依照制度进行管理，通过无差别的制度约束，形成村镇组织内部公平、公正的氛围，增强农业产业链成员与村镇组织及成员相互之间的信任，筑牢社会资本得以发挥作用的社会基础。村镇要为产业链成员提供沟通空间，完善村镇内部及产业链内部的监督体系，加强村镇和产业链内部的民主监督，激发村民和产业链成员参与监督的积极性。要提高村民对村内重大决策、村民代表和干部选举等活动的民主参与度。对违反民主集中制的行为建立举报、投诉、惩罚等处理机制。

（三）以优秀健康向上的乡村文化保障社会资本参与农业产业链融投资

1. 以优秀健康向上的乡村文化引领农业产业链融投资的价值导向

优秀健康向上的乡村文化不仅能使农业产业链发展井然有序，而且能支撑农业产业链融投资的制度规范，从而有助于完善乡村社会规范，保障农业产业链的融投资少受外界风险的影响，使农业产业链发展步伐更加稳健。要融合传统文化和现代文化，传承传统文化中的精华，如一诺千金的诚实守信、“邻居好、赛金宝”的邻里互助、和睦家庭、社会乡贤的尊老爱幼、爱护自然等，把它们与当代社会主义核心价值观结合起来，形成更容易被接受、更有效的道德观念，使农业产业链成员在思想上和价值观上逐渐相互靠近，相互之间的交往更为规范，行为步调上更加统一。

2. 把乡村文化上升为具有约束力的村规民约保障农业产业链融投资健康发展

由乡村文化上升而来的村规民约，能够发挥对村民和产业链成员行为的约束作用。基层管理者要带头遵守村规民约，要以身作则，给村民和产业链成员做榜样，引领大家能够自觉遵守并维护村规民约。要引导乡贤、合作社、企业带头人、协会有影响力的人或组织参与到村规民约的执行与监督中来，适当创新执行方法，改变传统的单主体管理为多主体治理。要公平、公正地处理违规违约行为，不搞特殊对待，让村民和产业链成员真正信服并遵守村规民约。

（作者单位：镇江市农业农村局、江苏科技大学）

一体化视角下镇江现代物流体系构建研究

何美玲　武晓晖　蒲　俊　杨　梅

物流业是支撑国民经济发展的基础性、战略性和先导性产业。充分利用镇江自身的区位优势和发展基础，构建宁镇扬一体化现代物流体系，是落实省、市发展政策，缩小镇江与南京、扬州发展差距的途径之一，对于加快宁镇扬一体化进程有着重要意义。本文基于宁镇扬一体化的视角，在深入调研和学习借鉴先进地区经验的基础上，研究镇江现代物流体系的构建。

一、镇江物流发展的有利条件和限制因素

（一）有利的区位和铁公水空交通优势

镇江是长三角城市群，特别是苏锡常、宁镇扬都市圈的重要节点，是苏南现代化建设示范区的重要组成部分，同时受上海、南京等周围城市及淮安增长极等经济区域的多重辐射。随着“一带一路”倡议、长三角一体化发展战略、宁镇扬同城化发展规划等国家级、省级战略的实施，镇江的战略区位优势进一步凸显。从与周边城市的互联互通看，镇江地处京杭大运河与长江的交汇点，拥有省内最长的长江深水岸线，是长江流域吞吐量排名第三的亿吨港口；京沪铁路、沪宁铁路、连淮扬镇铁路在镇江并行交错，高速公路穿城而过，润扬长江公路大桥、五峰山长江公铁两用大桥贯通南北；域内有我国首个水陆两栖通用的大路机场，邻近有南京禄口国际机场、常州奔牛国际机场、苏南（无锡）硕放国际机场和扬州泰州国际机

场，可通往国内和全球各地，但市域内部的互联互通快速化程度不高，农村道路等级较低。

（二）不断增长的物流需求

镇江在国家批准的《长江三角洲地区区域规划》中被定位为“区域物流中心”。2020 年，镇江市共有规模以上工业企业 2008 家，实现总产值 3 942.49 亿元；农林牧渔业总产值 257.10 亿元；社会消费零售总额 1 141.94 亿元。经济的蓬勃发展使物流的需求量不断增大，为镇江物流业的发展拓宽了空间。但在苏南板块，镇江经济最为薄弱，与苏锡常差距日益拉大。

（三）较好的物流发展基础

据省、市官方相关网站信息显示，近年来宁镇扬三市的重点物流园区、企业与基地数量持续增加，尤其是镇江，每年保持 1~2 家的增长速度，物流市场规模逐步扩大，以企业和基地为主体的物流载体能力不断增强。人才作为促进物流行业高质量发展的重要基础，相比南京与扬州，镇江缺口较大。镇江物流基础设施建设及运行情况：2020 年等级公路里程为 6 890 公里（2017 年曾达 7 443 公里），公路货运量 5 882 万吨（2019 年曾达 8 485 万吨），铁路货运量 241 万吨（2015 年曾达 336 万吨），水路货运量 1 581 万吨（2019 年曾达 1 591 万吨），港口货物吞吐量 36 000 万吨，民用汽车拥有量 77.57 万辆。根据物联云仓最新数据，镇江仓库租金远低于南京，略低于扬州，有利于吸引相关企业租用仓库，以降低全市物流仓储市场空置率，促进物流业发展。

（四）日益改善的物流环境

近年来，各级政府先后出台了多项促进物流业健康快速发展的政策措施，包括国务院 2020 年《关于进一步降低物流成本的实施意见》，江苏省政府 2014 年《宁镇扬同城化发展规划》、2016 年《江苏省“十三五”物流业发展规划》、2021 年《江苏省“十四五”现代物流业发展规划》，镇江市政府 2018 年《关于推进电子商务与快递物流协同发展的实施意见》、2019 年《关于推进运输结构调整实施方案》、2021 年《镇江市城乡物流服务一体化发展三年行动计划（2021—2023 年）实施方案》，等等，为物流业发展提供了良好的政策环境。随着物联网、互联网、云计算和大数据等新一代信息技术的发展，物流行业正面临一次全面升级。镇江物流行业的信息基础设施投入有所欠缺，物流技术环境与南京、扬州相比仍存在一定差距，相当一部分企业的物流技术水平和物流信息化水平不高。大部分企业仍以人工作业方式为主，使用自动化设备的比例较低；公共信息资源共享程度不高，向物流数字化、智能化转型的力度还需增强；多式联运占比偏低、标准化水平不高。镇江面临着周边城市带来的巨大竞争压力，与南京、苏州、无锡、常州等城市相比，物流发展水平和辐射效应均不占明显优势。

二、一体化视角下构建镇江现代物流体系的对策建议

（一）完善物流体系建设，提升物流发展水平，以积极姿态融入区域一体化建设

目前，综合物流服务与运输体系正朝着高效一体化的方向迅速发展，多式联运、城市共同配送、农村物流成为发展重点。镇江一要加快构建高效一体化的多式联运体系，以打破资源壁垒，发挥各类运输方式优势，高效整合物流资源，实现降本增效。要利用得天独厚的地理优势与交通区位优势，充分挖掘铁公水空综合立体交通运输网络的潜力，依托完善通达的运输网络体系和多项多式联运试点工程，积极发展多式联运，实现物流资源充分利用与物流服务“无缝连接”。二要大力发展城市共同配送体系。镇江城市物流共同配送市场规模巨大，加快完善城市共同配送体系，有助于居民生活水平提升与经济运行效率提高。要构建科学合理的“物流园区+配送中心+末端节点”三级网络，优化基础设施布局；依托“互联网+物流”，鼓励相关企业搭建网络平台提升信息化水平和服务质量；鼓励环保节能、标准统一的运输工具的广泛应用，发展绿色物流，实现城市共同配送物流体系的科学合理、共享高效、节能环保。三要完善农村物流体系建设，着力打通农村物流“最后一公里”，优化农产品流通体系，促进农业增收，改善农民生活质量。要依托镇江农业特色产业，促进农村物流向规模化、

科学化、信息化和标准化发展；加大对传统基础设施和企业的改造力度，鼓励、扶持、引进农产品加工企业、冷链物流企业，打造具有镇江特色的农村产业格局，形成企业与乡村发展的双向促进。

（二）依托先进技术推动物流产业标准化、信息化发展

推动物流产业标准化，要以物流技术装备、信息、管理和服务等为切入点，研究适应镇江发展模式的标准体系，充分发挥先进企业的龙头作用，鼓励企业进行物流标准的制定与实施，形成与周边城市乃至全国接轨的标准体系。推动物流产业信息化发展，积极推广互联网、云计算、区块链等先进技术应用，鼓励企业进行物流产业信息化改造；充分挖掘市场潜力，加快构建物流公共服务平台，实现物流业务电子化和企业管理信息化，以打破区域间资源流通与信息共享壁垒。

（三）培养高质量专业人才，引进先进管理理念，推动物流产业高质量发展

现代物流的迅猛发展对物流从业人员的知识和技能水平提出了更高要求，应依托江苏大学、江苏科技大学等高校平台，积极构建在镇企业与高校的联合培养模式，培养具有扎实专业基础、丰富实践经验、先进物流视野的高层次复合型人才；建立人才引进与激励机制，吸引先进物流人才来镇、留镇；鼓励企业完善物流专业人才培训渠道，定期邀请行业专家举办专题讲座与先进经验学习分享等活动，完善人才培养机制。

（四）进一步改善政策与投资环境，优化物流企业营商环境

要认真贯彻落实国家级、省级相关政策文件，结合镇江发展现状，因地制宜，制定符合镇江发展现状与发展目标的物流产业发展战略，积极争取上级政策资金支持；充分发挥政府在改善物流企业营商环境中的作用，完善物流产业法律法规体系，加强市场监管机制，营造健康良好、公平公正的市场环境，为镇江物流产业发展保驾护航；从资金、用地、税收、工商注册登记等层面入手加强镇江现代物流产业保障体系建设，进一步优化物流企业营商环境。

（作者单位：江苏大学汽车与交通工程学院）

建好数字化征信平台为镇江经济发展助力

| 马国建 |

面对世界百年未有之大变局叠加新冠肺炎疫情全球大流行带来的不确定性，镇江自身发展不平衡不充分问题的解决依赖于产业发展与市场主体的活跃创新，急需努力提出新思路、新办法。而加快培育数据要素市场，开发数据利用新机制，以数字化征信报告对小微企业、“三农”等经济发展薄弱环节进行精准扶持，带动数字经济与实体经济、线上与线下市场、服务业与制造业等相融合，是一种有效的新发展思路。

一、镇江数字化征信平台建设具备了驶入快车道的条件

（一）镇江大数据基础条件已夯实

镇江市地处苏南板块，在大数据产业、金融服务实体经济高质量发展方面积累了宝贵经验，市政府积极构建“镇江综合金融服务平台”“镇江应收账款融资服务平台”“镇江‘信易贷’平台”等金融基础设施，围绕大数据产业专门出台了《关于加快推进数字经济发展的实施意见》，以数字产业化、产业数字化、数字化治理和数据价值化为主攻方向，政务大数据“一张网”覆盖 46 个部门和辖区，搭建了市级大数据共享交换平台。截至目前，镇江市已通过大数据共享交换平台发布数据服务 1 518 个，提供服务累计 448 万次，“不见面审批”品牌效应已促成常态化工作机制；开发建设了全市统一的电子证照服务平台，不断完善五大基础数据库建设。

（二）小微企业大数据征信平台建设正在推进

目前，镇江市政府正在谋划建设镇江市地方中小企业征信平台——“信易贷”平台，由市发改委牵头，会同市大数据局完善智慧信用平台，并依托平台形成常态化的信用信息归集机制，建立中小微企业信用信息数据库，整合公共信用信息，为金融机构提供公共信息的共享查询，实施综合信用评价，缓解中小微企业融资难、融资贵的压力，助力普惠金融发展。为此，市政府专门成立了大数据公司——江苏开物科技发展有限公司。公司根据政府授权，承担镇江市数据汇聚处理与运营，负责镇江市企业征信平台建设与运营。

（三）人才培养有依托

镇江拥有江苏大学、江苏科技大学等高校，两校的计算机科学与技术学科为江苏省优势学科及培育点学科，管理科学与工程学科为江苏高校优势学科；江苏大学在制造业、农业等大数据应用方面有特色，江苏科技大学在船舶制造与管理方面有行业优势。在镇高校每年为社会培养大批与大数据相关的计算机软硬件及经济管理人才。

镇江市数字经济发展取得了一定成效，大数据征信有基础，但同时也存在不少问题和短板，比如数字产业规模偏小，龙头企业偏少，集聚效应有待扩大；数字活力有待释放，公共数据资源开放共享水平有待进一步提升；政务大数据转化为征信大数据尚缺少技术及人才等支撑，高层次人才缺乏；等等。

二、镇江市建立数字化征信平台的后发优势与困难

（一）后发优势

据中国人民银行官网数据，截至 2020 年 4 月末，全国共有 22 个省（市）的 133 家企业征信机构在人民银行分、支行完成备案。这些企业主要集中于经济发达地区，其中北京和上海两地约占一半。江苏省级层面先后成立江苏征信公司及江苏联合征信公司等。省内苏州 2014 年 4 月就成立了

企业征信机构，随后常州、泰州等先后成立征信机构，在苏州探索实践的基础上且在苏州协助下又各自进行了二次开发与升级，各项业务实现了预期功能，企业也实现了跨越式发展。镇江市复制与借鉴省内外大数据征信平台建设经验，具有后发优势。一是政务大数据已经汇聚处理、互联互通并运营，合规的数据来源及数据处理、信息安全管理、IT 技术等已清晰；二是省内苏州、常州及泰州大数据征信平台都以服务金融、支持政府、惠及企业融资为建设核心，在政策统领、数据征集整合、资源保障等方面有可借鉴的经验。我们借鉴其出资人选择、平台架构、内控和风险管理等平台建设经验，借鉴市场服务对象、业务模式和盈利模式等市场化路径，可少走弯路。三是市委市政府一直在谋划产业强市，诸多政策相继出台，可以很快形成标准化平台推进时间表与任务图。

（二）问题和困难

金融机构在信贷决策中综合考虑企业的信贷交易信息和非信贷信息（包括纳税、涉诉、行政处罚、水电气等），依托人民银行征信系统，2020 年为全市企业和个人提供 20 万次信贷征信查询服务，2021 年以来为全市企业和个人提供 14.36 万次征信查询服务。目前，非信贷交易信息的采集渠道分散且真实度难以判定，是银企信息不对称的“痛点”。数字化征信仍面临信息孤岛、互联网电商数据缺失、政府公共数据零散、数据获取困难等诸多亟待解决的问题。

1. 征信数据整合难度大。征信数据来源归口部门多，部分数据难接入、不稳定或更新周期过长，尤其是核心的税务、供电等数据一直难以整合，有的信息精准度和全面度无法考量，数据存在重复、不对称等问题，需要突破适时数据不足或数据缺项等信息瓶颈。

2. 征信平台投入大。征信平台技术要求高，开发平台需几百万元，公司运营成本年均近千万元；基础服务多采用免费形式，二次开发可有偿服务，前景看好，但普遍收不抵支，每年面临国有企业保值增值的考核要求，持续的投入与收益不平衡……这些都是征信公司一直要面对的难题。

3. 征信数据授权少。数据是征信公司的基础资源，涉及敏感信息与复杂的政策，原本与相关政府部门协调开放信息已经难度重重，还要面临企业尤其是企业法人等个人信息的授权问题。无授权就不能收集、不能使用，造成数据缺失；没有全面系统的数据，信息的价值就不高。因此，信息开放、收集与使用中的统一授权等一系列制度仍制约着征信公司的业务，包括政府信息是无偿的、部分外部数据是有偿的、二次服务中的授权和收费等。

4. 征信服务覆盖率低。征信公司本地服务可以逐步实现全覆盖，实现基本功能，但许多企业跨地区经营，如何扩展与联网等问题也制约着征信公司效能的发挥。

5. 征信从业人员整体匮乏。征信高级人才稀缺，从业人员总体偏少，造成征信服务发展供血不足；高端专业人才引进难度大，特别是能够对海量的“碎”数据进行清洗去噪、挖掘有价值数据的专业分析人才严重不足，影响企业征信市场的长远发展。

三、镇江数字化征信平台建设加快推进的对策建议

（一）统筹推进镇江市征信平台建设

镇江市建立企业征信平台要体现后发优势，避免出现政出多门、缺乏协同的情况。在充分借鉴和吸收外来经验的基础上，要对大数据征信进行顶层设计，以“1+N”的文件架构统筹推进。“1”是地方政府的主导文件，涉及平台建设的重大事项与关键环节；“N”是有关大数据征集、平台开发、平台运营与信息安全制度、审核与备案、市场服务细则等子系列文件。苏州、常州小微企业数字征信模式成功的关键因素之一在于地方政府花大力气对各个条线部门的数据进行了集合汇总，基本实现了非信贷交易信息的采集渠道统一、信息真实可用。因此，基于目前政务大数据库中来自人民银行、税务局、海关等的核心数据不足，数据类型也有待丰富，要实施企业信息收集与查询双授权、政府部门提供信息与数据确权双授权、征信平台与合作单位数据交换双授权等，以“双授权”推动与小微企业运营相关

的重要信息采集，拓宽数据采集面。一处授权处处利用，强化法律支撑，保障征信信息的安全性及采集的合法性。可以委托银行等合作机构在开展业务时代为获取授权。以主文件从政策层面保障企业数字征信的有序开展，提前做好环境变化下的统筹协调与运行保障工作。

（二）做好征信平台建设的必要准备

一是广泛调研，总结数据征集、平台建设、数据增值业务开发、市场的挖掘推广及社会认可度等方面的经验、困难与问题；二是投资方案比较与选择，涉及投资主体及开发公司的选择，征信平台架构、底层数据，产品设计、平台维保及人员保障等的比较与选择，特别是考虑二次开发需要的技术人员、资金投入等；三是必要的资金保障、团队建设及评估制度、考核机制的建立。

（三）充分发挥征信平台的服务作用

征信平台初期以服务商业银行信用查询为主，促进商业银行为小微企业融资。随着数据的增加及征信产品的丰富，征信平台可发挥作用的方式有以下三种：一是联合各家银行，开发“信易贷”线上信用产品。二是实现“基金+征信”的双增信小微企业发展模式。目前，镇江市政府已设立产业引导基金、低碳产业基金、投资引导基金等多项政府专项基金和综合金融工具，用于引导和鼓励小微企业发展，可以研发设计出更多标准化的小微企业金融产品或征信服务产品，通过线上、线下联动，实现“基金+大数据征信”的双增信发展模式。三是对接小微企业各类供需渠道，丰富各类社会服务场景。与小微企业融资担保体系的“园区贷”担保渠道、长三角信用系统及各类电商平台对接，实现业务的全面性。

（四）加强征信平台的管理和发展

一是提高数据的运用效率和数据挖掘技术的应用水平，优化模型，从更多层面刻画小微企业的信用资质情况，提高企业画像的精准度。二是深化与大数据技术公司的合作，在保证数据安全的前提下，发掘、量化更多层面的非政府部门公开信息，丰富平台数据库维度。三是鼓励征信公司参与建设“长三角征信链”，依托区块链、大数据技术，实现长三角区域内征信机构的数据共享互通。四是建立高校复合型人才培养体系，引导在镇高校重视师资建设，优化培养定位与特色，为征信平台发展提供复合型人才。五是系统梳理各地现有征信市场实践经验，提出加快培育数据要素市场及探索数据产权保护和利用新机制等的对策措施，完善征信平台的评价机制。

（五）为镇江发展提供新的强劲动力

一是以征信数据的整合利用反哺发改、经信、税务、工商、司法及海关等部门，以利用大数据征信手段为小微企业画像，进而形成精准施政促进发展的优势；二是借鉴依托苏州成为全国首个小微企业数字征信实验区、泰州获批国家级金融改革试验区的经验，以镇江地方数字化征信平台为载体，规划申报各级各类实验区，有效拓展外接资源，包括上级的扶持政策，推进国家乡村振兴、共同富裕等战略决策在镇江的实施；三是总结探索培育金融科技龙头企业，以及企业征信平台建设的镇江经验，输出征信平台的镇江模式，为推动小微企业和全社会的经济发展提供新的强劲动力。

（作者单位：江苏大学）

教育现代化视域下镇江地方高校继续教育发展路径研究

——以镇江市高等专科学校为例

张　楠　尤学平　殷爱平等

近年来，我国教育现代化进程不断加快，这便要求在现代先进教育思想指导下，将教育内容、手段、方式及教学设施逐步提高到世界领先水平，并不断培养出适应国际竞争和综合国力竞争的高素质人才和新型技能人才。其核心内涵主要包括教育理念、教学手段及教学方式的现代化。在此背景下，大力推进继续教育的发展已然成为我国教育改革与发展的必由之路。

一、镇江市高等专科学校继续教育发展的基础与优势

近年来，镇江市高等专科学校（简称“镇江高专”）学历继续教育招生人数已经赶上甚至超过全日制招生人数。2020 年，继续教育学院各类学历继续教育的年度招生人数为 3 038 人，其中函授 1 101 人、业余 1 937 人；年度在学人数为 5 609 人，其中函授 2 612 人、业余 2 997 人；年度毕业生人数为 1 499 人，其中函授 1 033 人、业余 466 人。一方面，招生人数和在学人数持续增加；另一方面，省教育厅对高校学历继续教育的办学要求越来越高，“一校一专业一代码”等政策也在稳步推进，这对镇江地方高校继续教育的发展是极大的挑战。

镇江高专继续教育学院依托学校的教学、师资优势，构建了多层次、多种类、多形式的继续教育办学体系。为推进继续教育规范管理，近年来

学院先后制定了关于学籍管理、考务管理、档案管理等一系列规章制度，出台了相关文件，为严格依法办学、提升办学水平、保障教学质量提供了有力的制度保障。目前，继续教育学院师资较为充足，多数为学校各学院的专任教师。同时，学校也根据实际教学需要，聘用了企业等合作机构中具有教学资质的校外教师，师生比约为1∶11，可以较好满足成人学生的学习需求。

二、继续教育发展面临的困境与挑战

在高等教育大众化背景下，高校学历继续教育作为学历补偿教育的历史作用已逐渐减弱。传统模式下的继续教育在人才培养上过于偏重理论教学，容易忽视动手能力的培养，培养出来的学员虽然在经济建设中能够起到一定作用，但远远不能满足外界对高技能和创新型人才的需求。与此同时，成人学生的教育需求也日益个性化、多样化，继续教育工作所面临的形势、要求和任务也在不断变化。总体来看，发展困境主要体现在以下几个方面：

1. 服务职能的集聚效应不突出

地方高校继续教育的主要职能，应当是进一步满足社会经济转型对劳动力市场高技能与多样化人才日益增长的需求。由于体制、机制和观念等因素，镇江高专继续教育服务地方经济和人才培养的职能不明显，科技、教育和人才集聚效应不突出，继续教育转型升级步伐比较缓慢。

2. 产教融合的广度和深度有待进一步加强

校企合作使学生学到技能、企业得到人才、学校获得发展，实现学校与企业“优势互补、资源共享、互惠互利、共同发展、多方共赢”。镇江高专继续教育学院在这方面还要加大步伐，广泛联系行业、企业，更大限度实现产业链、人才链、教育链的高度融合。

3. 继续教育信息化平台不完善

目前，镇江高专信息管理体系不完善，专业人才缺乏；现代化教育资源的设计、开发、维护与使用需求还存在较大差距，资源建设内涵亟待提高；网络教学平台、网络课程、配套信息管理系统平台、网络远程实时交互课堂建设还不够健全。

4. 开放教育招生受现代远程教育影响较大

当前，镇江市区除江苏大学、江苏科技大学、镇江市人力资源和社会保障局、镇江市总工会外，还有各种培训机构代理的远程网络教育，生源竞争异常激烈，从而导致开放教育的发展陷入困境。

三、教育现代化视域下继续教育发展的新要求、新趋势

面对困难和挑战，继续教育亟须厘清思路，准确把握教育现代化背景下地方高校继续教育发展的新要求和新趋势。

1. 坚决执行继续教育发展的三个新要求

一是全面落实立德树人的根本任务。我们必须旗帜鲜明、毫不动摇地把立德树人的根本任务落到实处，切实融入日常教学体系、课程体系和管理体系当中，以育人为导向，逐步提升成人学生的道德素质和思想境界，传播社会主义核心价值观。二是严格遵守廉洁办学的底线要求。在招生宣传、学生录取、教学管理、合作办学、财务管理等方面要严守工作“红线”，按标准规范操作，严格规范办学行为，让师德师风持续向好。三是切实加强教学秩序的规范管理。在疫情防控常态化的新形势下，继续教育学院需要深入贯彻“延期不延教、停课不停学”的新要求，在充分贯彻教育部、省教育厅和学校各项疫情防控措施的同时，以学生为中心，保证教学时间“不缩水”，确保教学效果“不打折”，推动日常教育教学平稳有序进行，保持正常教学秩序。

2. 准确把握继续教育发展的五个新趋势

一是发展理念由传统教育理念向现代化教育理念转变。教育理念的现代化是教育现代化的灵魂，只有首先转变教育理念，制度的转换和方法的改革才能够拥有其所需的理论基础。“互联网+教育”的开放性和互动性为

教育现代化提供了有利条件，同时也要求我们的教育理念要与时俱进、更新换代。二是发展重点由注重规模扩张向注重结构优化转变。总体来说，拓展学历教育规模的任务已经基本完成，下一步要把推动高质量发展作为战略主题，把优化继续教育布局、结构作为主要任务。三是发展要求由注重达标考核向注重打造特色品牌转变。继续教育不仅仅要做到守底线、稳基本、抓达标、争示范，更要加强特色品牌的建设，以特色形成比较优势和竞争力、影响力。应通过扎实的教育基本功和市场化的营销手段塑造品牌价值，并不断强化品牌的形象和影响，最终实现继续教育的持续健康发展。四是发展模式由传统教学模式向“互联网+”教学模式转变。转变传统的讲授模式，一方面，根据成人学生特点选择不同的教学方式，满足学生的实际工作需求；另一方面，依托信息化平台，实现成人学生的多端口、多地域的自主学习，达到理想的教学效果。五是发展评价由注重水平高低向注重满意度提升转变。把满足成人学员实际工作需求，作为推进继续教育现代化的出发点和落脚点，构建更加科学的继续教育评价体系，使继续教育更有温度，使服务更贴心，使学生更满意。

四、教育现代化视域下继续教育发展的路径选择

1. 整合资源，拓宽继续教育办学途径

结合地方经济发展对高技能人才的需求，努力拓宽办学途径；出台相关激励机制，整合社会多方办学资源，进一步优化多层次、多种类、多形式的继续教育办学体系。在国家开放大学逐年降低招生人数的大背景下，地方高校可以主动联系江苏开放大学进行深入合作。一方面，可以为本校学生提供新的升学途径，提升本科转化率；另一方面，也可以有效盘活教学站点教师、管理资源，提升办学效率。

2. 深化信息化管理平台建设

在现有基础上，积极争取地方政府和社会力量支持，加大对地方高校继续教育信息化基础设施与信息资源的建设力度。针对成人学生覆盖范围

广、教务管理难度大、组织考试压力大等实际困难，信息化管理平台应当具有完善的信息报告系统，从而有效帮助学校监督、管理日常教学和学生学习情况。平台应该覆盖教学教务全场景，涵盖入学报到、日常学习、毕业答辩等环节，能够实现所有流程全面线上管理和服务，实现PC端和移动端的无缝衔接。信息化平台应让教学管理的每个环节都有轨迹、有数据，为学校进一步提高教学服务质量提供数据支持。

3. 抓好继续教育人才培养的三项“新基建”

一是抓专业质量。专业质量是人才培养的基本单元，继续教育学院的专业设置也应该随着时代发展进行优化调整，更加追求课程内容的实用性与针对性。在淘汰旧专业的同时，应该有符合国家经济社会发展需要的新专业产生。继续教育学院可以面向行业办学、面向企业招生，真正做到学以致用、即学即用，使所学的理论知识与实际工作相结合，把实践教学和实用型人才培养真正落到实处。近几年化工行业发展势头良好，员工的学历提升需求也较为迫切，学院可以采用“艰苦行业推荐考核”等方式对接相关企业，定点招收企业学生，招生需求和专业设置也可以适当进行资源倾斜，提升该行业员工的成人高考通过率。

二是抓课程质量。课程质量是人才培养的核心要素，解决的是教育最根本的问题，体现的是“以学生发展为中心”的“最后一公里”。抓课程质量，一要制订适合成人学生使用的教学计划，组织高校教师、企事业单位和教学站点相关老师共同进行教学计划评审，帮助学院制订符合要求的教学计划。二要把教学课件尽量微小化，以适合学生在工作和生活的间隙利用碎片化时间进行学习，力争每次都能完成一次学习闭环，进而激发学生学习兴趣、提升学习效率。

三是抓教材质量。教材是人才培养的主要“剧本”，是传播知识的主要载体，是教育教学的根本依据。要重点着眼于教材的标准化、电子化、正版化。全面推行教材、教学和考试标准化，为公共课或基础课统考做准备；各专业90%以上教材全部实现电子化，符合“人人皆学、处处能学、时时可学”的现代化教育理念；所有教材均为正规出版物，均有国际标准书号

（ISBN），保证版权不受侵犯。

4. 推进学历教育“线上+线下”混合式教学模式改革

在提升线下人才培养方案的同时，进一步健全学历教育网络教学平台。针对成人学生学习特点，移动 App 可为学生提供丰富多样的学习内容，在保障学习效果的同时提高学习趣味性和互动性，同时支持多屏协作，满足成人学生碎片化学习需求。“直播辅导+学生自学”的模式也有利于增强学生的学习效果，帮助学生开展个性化、自主化学习，缓解成人学生的工学矛盾，提高继续教育的教学质量。

5. 开拓社会化培训市场

社会培训是地方高校服务社会的主要形式，应健全服务机制、加强资源供给和提供优质服务。要利用自身优势，多渠道开拓市场，打造专业化的特色继续教育培训品牌；以非学历培训项目为切入口，通过制度创新、管理创新、服务创新，扩大培训规模；加强校政合作、校企合作，深度拓展继续教育服务社会的职能；着力打造培训品牌和社会影响力；以信息化平台为载体，与校内院系合作探索“互联网+”线上培训的新模式；积极对接市场需求，开展相关职业技能鉴定，面向在校大学生开展“1+X”技能证书培训与认定；等等。

6. 打造社区教育品牌项目

以创建品牌项目为抓手，实现社区教育功能。地方高校可以联合相关学院开发自己的社区教育品牌；可以联合医学类学院开发“关爱市民健康项目”，以讲座、微课、小视频等形式向广大市民传授急救、日常养生、心理调适等健康知识，促进市民健康素养的提升；也可以联合艺术类学院开发“镇江市非遗文化传承项目”，对镇江市的“香山号子”、“丹徒田歌”、泥塑、木雕、农民画、龙狮文化等非遗文化进行整理、研究和开发，并向广大市民进行介绍推广，促进市民继承和弘扬镇江传统文化。

7. 进一步推动产教、校企深度融合

接受继续教育的学生对实际操作能力提升的需求更为迫切，能力提升是继续教育的基本理念。地方高校一方面要深入基层，了解行业、企业当前的继续教育需求；另一方面要推动“校企平台”建设，以此作为校企实施继续教育合作的载体。平台的实训基地应当建立在企业并服务于企业应用型、技能型人才培养，通过“前校后厂”或者“送教上门”的教学方式实现教学内容和技能培训相结合、教学内容和工作实际相结合，让继续教育能够真正满足成人学生的学习诉求，符合社会发展和职业发展的需求。

（作者单位：镇江市高等专科学校）

基于镇江地方产业需求的现代职业教育体系构建研究

| 丁 俊 张 鸿 |

近年来，国家、省、市关于职业教育的政策文件密集出台，表明职业教育（简称“职教”）在社会经济高质量发展中的地位已上升到前所未有的高度。长三角一体化战略、南京都市圈发展规划及宁镇扬一体化发展的“叠加机遇”，为镇江经济高质量发展注入强劲动能，也对区域智力资源支撑和专业人才培养提出更高要求。基于此，优化职教布局、构建并完善区域现代职教体系，就成为政策主旨所向、区域发展所需、人才成长所望的重要课题。

一、镇江市现代职业教育体系建设概况和突出问题

现代职教体系是为适应当下经济社会发展需求、满足大众的职教需要形成的纵向职教层级贯通，横向与普通教育衔接流畅、与培训体系融合发展、与人力资源市场高度立交的教育系统。近年来，伴随职教改革深度推进，现代职教体系层级呈现上移态势，即以中等职教为基础、高等职教向本科职教乃至专业学位研究生教育推进。《江苏省职业教育质量提升行动计划（2020—2022 年）》明确提出，要探索培养专业硕士学位人才。镇江市虽未被列入江苏省首批职教改革试点城市，但一直关注职教改革创新趋势，开启了探索并实践区域现代职教体系的建设。镇江市政府于 2015 年 10 月发布了《关于加快发展现代职业教育的实施意见》，提出发展多层次教育，加

快现代职教体系构建；转变发展方式，激发现代职教办学活力；深化教学改革，提高现代职教培养质量；优化发展环境，提升现代职教保障水平；等等。截至2021年8月，镇江市有本科院校2所、高职院校4所、公办中职中专技校29所（其中普通中专22所、职业高中4所、技工学校3所），基本形成了镇江市地方现代职教体系纵向贯通的架构。

相较于江苏省现代职教体系建设整体水平，镇江位置靠后，除多头管理、体制不顺等共性问题外，突出问题集中于以下几方面：

（一）现代职教体系立项建设项目类型有限

从镇江现代职教体系建设项目构成看，从中职纵向延伸到高职较为顺畅，但从高职进入本科的通道却相对狭窄。开展中职、高职和应用型本科教育衔接试点的专业数较少，应用型本科人才培养规模与地方经济发展水平不匹配。职教生的纵向层级贯通受制，获得更高层次的学习机会和空间极为有限，严重制约了学生个人发展，不利于区域内高技术技能人才的职业成长和终身学习，一定程度上偏离了当前职教改革趋势。

（二）立项建设项目涉及专业布局不均衡

从历年立项的专业分布看，物联网、工业机器人技术、健康管理等代表新技术、新业态、新模式的新兴专业，以及飞机机电设备维修、飞行器数字化制造技术、新能源汽车技术、现代农业装备应用技术等体现区域特色的优势专业均位列其中，在一定程度上体现了立项建设项目的高质量和适应性。但占据主导地位的仍为会计、计算机技术、机械设计与制造等传统专业。从历年“3+3”项目招生专业看，专业设置严重重复。作为传统专业的会计、计算机应用技术、机电一体化等持续保持较大的招生规模。“大数据与会计”为镇江市多家中、高职院校所设专业，2021年该专业招生人数高达120人，这极可能导致生源过度竞争等问题，不利于区域职教资源合理配置，更遏制了职教服务地方经济的功能发挥。

（三）立项建设项目实施效果有待提升

（1）课程体系设置的衔接性方面。中职、高职和应用型本科课程体系对接的难题一直未能解决。针对不同层次学生，专业课程内容划分既要体现层次性和差异化，又要与其专业基础保持适应性和延展力，但实际很难达到或接近这个目标。以会计专业为例，同一门课程不同阶段的学生都在学，但存在错层差异及衔接中或重复、或空缺等问题，很难形成完善的课程体系设置。（2）不同教育主体的合作管理方面。缺乏沟通交流的常态化机制，政府、学校、学生、企业及多个牵头学校、合作学校，以及教育集团（联盟）之间，极易产生因多部门、跨地区等带来的沟通不畅、合作受阻、治理乏力等问题，项目管理中的真空和重复现象同时存在，实施效果并不理想，对人才培养质量也会产生不利影响。（3）立项项目专业人才培养质量方面。中职进入高职后达成高职人才培养目标尚难以得到保障。

二、基于地方产业需求优化镇江现代职业教育体系的对策建议

（一）优化现代职教体系培养目标，规划布局产业发展紧缺专业

结合镇江地方实际，现代职教体系建设需要从两方面予以优化。一是培养目标定位于对接地方需求培养高层次职业技术技能人才。镇江目前正处于经济发展新阶段，产业升级和经济结构调整不断加快，“十四五”规划对智力资源支撑和专业人才培养提出了更高要求，各行各业对技术技能人才的需求日益紧迫。现代职教体系建设优化，目标应定位于职业技术技能人才培养层次的提升，即从中、高职层次人才培养提升到高职、职业本科/应用型本科层次人才培养，有条件的还应主动探索和实践高等职业研究生教育，大力提升镇江职教发展质量和速度。二是满足产业发展整合要求，规划布局紧缺专业。随着地方经济社会全面信息化、数字化、智能化程度日渐提升，高质量服务业、先进制造业、高品质现代农业需要与此相匹配的技能强、业务精的各种层次专业技术人才，以及水平高、素养好的各层次专业管理服务人才。镇江职教的专业规划和布局，应逐步淘汰和压缩已趋于饱和的传统专业，匹配地方产业发展趋势，倒逼传统专业人才培养转型；要集中资源，重点培育产业发展紧缺专业，加大新专业新课程建设力度；由政府教育部门牵头产业、教育等多主体对区域人才专业、规格等需

求进行预判，提前规划专业布局。

（二）现代职教体系建设优化的多方保障措施

一要广泛吸纳社会力量深度参与现代职教体系建设。政府、行业、企业等社会力量在现代职教体系建设中的地位举足轻重。要构建政府主导、行业指导、企业参与，由教育主体实施的工作机制。政府负责宏观布局和优化，调动行业协会深度参与专业学科建设，出台优惠政策鼓励优秀企业主动承担现代职业教育，深度参与教育主体的人才培养。二要建立不同教育主体合作治理平台，提升项目治理效率。平台由政府教育部门牵头，搭载信息发布、政策动向、数据监控、质量控制等功能模块。对现代职教体系立项建设项目涉及的不同教育主体，要求提供有关合作治理的制度文件、过程性记录等，从政府层面加大合作治理监督力度。不同教育主体之间就人才培养与区域发展匹配度、专业课程体系设置、师资团队建设、人才培养质量等展开常态化研讨，并将其过程性文件作为项目验收的必要条件。三要强化质量控制，夯实现代职教地位。建立现代职教体系建设质量控制机制，深刻落实职教质量观，把促进人的全面发展、适应社会需要作为衡量质量的根本标准。针对现代职教体系建设项目，实行全过程质量控制。提高申报门槛，对立项项目进行事前、事中和事后评价。在项目实施过程中和项目验收阶段，由政府监管部门牵头通过招投标等方式引入中介机构评价项目实施绩效，实现项目质量控制的闭环监管。针对项目的教育主体实施动态化管理。利用大数据平台，引入家长、企业、行业等社会力量实施多元化评价。针对项目的人才培养质量，实施全覆盖控制。以职业能力评价为核心，从学生进入项目、受教育过程、就业质量、职业发展等方面实施人才职业成长过程全覆盖的质量评价。通过强化质量控制，加大事后监督评价，督促教育主体人才培养全域化关注。通过提质增效、提档升级，缩小镇江现代职教体系建设与全省水平的差距，协同宁镇扬同城化，比肩苏锡常都市圈，打造镇江现代职教体系亮点和差异化优势。

（作者单位：苏州市职业大学商学院、镇江市注册会计师协会）

产教融合视角下现代职业教育体系构建研究

| 陈 欣 吴立平 王玉辉等 |

习近平总书记在十九大报告中关于“完善职业教育和培训体系，深化产教融合、校企合作”的阐述，为职业教育（简称“职教”）发展完善指明了方向。在我国产业发展速度加快，新经济、新业态、新职业不断涌现的时代背景下，国家、社会、企业对人才的需求也发生了显著变化，越发呼唤大国工匠和工匠精神。职教在整个教育体系和经济社会发展中的地位日益突出，既迎来了发展的重大历史机遇，也面临诸多新的矛盾和挑战。从镇江发展现状看，全市共有高职院校 4 所、中职学校 10 所，数量和质量在省内并不突出，发展还不均衡，治理体系有待进一步完善，促进职教健康、快速、高质量发展的政策措施还不够健全；高职教育协同创新办学的对象数量有限，创新成果不多，转化率较低，总体效果欠佳，对学生职业能力培养的促进作用有限；等等。镇江市现代职教体系的发展和完善还需要我们系统设计，按照习近平总书记指示的产教融合、校企合作的方向去努力。

一、深化思想认识，推进职教社会认同

要加大对职教中工匠精神的宣传力度，积极营造培养工匠精神的微环境。通过加强宣传，组织开展“职教活动周”“职教工匠精神”等主题教育活动。定期举办职业院校师生、企业职工同台竞技的技能大赛，树立并宣传高技能人才典范。加大弘扬工匠精神的力度，引导学生树立正确的教育

观、人才观和择业观，促进学生对职教的认同，培养学生对“工匠”的自豪感，不断提高职教的社会吸引力。

二、强化统筹协调，加强政府宏观调控作用

要深入调研镇江职教产教融合的现状，紧扣校企合作的关键痛点、堵点，积极统筹协调行业和有关部门，推行有利于全市全面开展产教融合、校企合作的激励措施。探索建立政校企多方参与的合作指导委员会，制定规章制度，明确人才培养各方职责，同时保障各方利益，做到互惠共赢。充分发挥政府在产教融合、校企合作中的统筹规划和指导协调作用，创造并优化良好的政策环境。同时发挥政府信息灵活、资信度高、管理有力等优势，搭建产教融合、校企合作信息平台，促进校企双方的互动及资源整合。

三、探索办学模式，加快现代职教体系构建

一要统筹发展中等职教。根据全市中等职校办学特色，统筹整合中职布局布点，优化发展定位和差异化特色。完善中等职教与初中层次教育的接续，以及与高中层次教育的错位发展。二要创新发展高等职教。支持在镇高职院校内涵式发展，探索高职院校的联动发展、抱团发展甚至合并办学。探索建立五年制高等职业技术学院，发挥优秀高职院校的示范引领作用。三要探索发展本科职教。支持在镇本科院校与中职、高职院校共同探索上下衔接的高层次应用技术型人才的培养通道，逐步建立全市中等职教、高等职教、本科职教一体化培养机制。

四、创新融合模式，积极引导企业发挥主体作用

一要鼓励优秀企业家借助企业平台及品牌资源，以多种形式参与举办

职教。鼓励并支持各类投资主体，以多种出资形式举办或参与举办民办职教。推动企业与职业院校形成战略联盟，实行双向互动。支持职业院校与企业共同制订招生与招工方案，深化产教融合、校企合作模式改革。二要落实校企双主体育人责任，建立学校教师和企业师父双导师制度。支持以学生实训为主要目的，探索建立现代职业院校资产管理和经营机制，进一步开发和利用学校资本、知识、技术、管理等要素资源，通过独资或股份制合作等形式，探索工厂化办学、生产经营或培训活动，深入推进产教融合、校企合作。

五、共享优质资源，强化师资队伍建设

一要科学核定公办职业院校教师编制，提升职业院校师资队伍吸引力。实施职业院校教师入职标准，提升新教师队伍素质水平。鼓励职业院校扩大师资队伍来源，除吸引优秀高校毕业生外，还要吸引具有丰富实践经验和操作技能的企业骨干担任专业课教师或实习指导教师，同时探索柔性引才机制，构建一支优秀的兼职教师队伍。二要制定现有教师的轮岗锻炼制度。制定“双师型”教师培养的具体方案和推进措施，鼓励教师“走出去”。充分发挥合作企业的依托作用，明确培养学生、提升教师的双重任务，共建“双师型”教师培养培训基地。

六、推进教学改革，提升职教质量

一要强化专业建设与管理。职业院校要紧跟镇江产业结构转型升级步伐，聚焦品牌和特色，着重打造地方特色鲜明的专业和专业群。不断优化专业设置，强化支持地方重点产业和紧缺人才专业的设置，调整与地方产业相关度低、重复设置率高和就业率低的专业。二要深化课程和教学改革。通过改革教学流程、教学内容、教学方法等，使教学流程贴近企业业务实际流程，教学内容紧扣现实需求和实践前沿，推行项目教学、案例教学、仿真教学等教学方式方法。三要构建职教质量监测、评价和保障体系。完善学生学业水平测试、技能测试等制度保障，提升学生学习的内生动力。完善企业、学生和家长等各方主体参与的教学质量评价制度，提升教师提高教学质量的积极性。完善教学质量评估考核、职教质量年度报告制度等，提升公众对职教的关注度。

七、加强国际合作，提升职教国际化水平

一要引进国际通用的技能型人才职业资格标准，融入现有教学内容，改革课程体系。逐步引进世界知名职教机构、课程体系和职业资格认证，开展职教层面的中外合作办学。推动职业院校专业课程设置与国际对接，与产业对接。二要鼓励职业院校与国（境）外高水平职业院校建立友好合作关系。聘请合作院校高水平职教专家来校授课。加大与国（境）外合作院校教师交流和互培的力度，将职业院校教师、学生出国培训、交流、实习纳入政府培训项目。

（作者单位：江苏大学京江学院）

卫生应急培训基地“产学研训”平台建设研究

| 镇江市医疗卫生系统课题组 |

卫生应急，是指在突发公共事件发生前或出现后，采取相应的监测、预测、预警、储备等应急准备，以及现场卫生处置等措施，及时对产生突发公共卫生事件的可能因素进行预防，对已出现的突发公共卫生事件进行控制，以减少其对社会的危害性的一系列活动的总称。面对肆虐全球的新冠肺炎疫情，习近平总书记强调：要完善重大疫情防控体制机制，健全统一应急物资保障体系和国家公共卫生应急管理体系。卫生应急，作为一项综合性强、涉及面广、社会影响大、持续时间长的系统工程，需要完善的应急培训体系，通过“产学研训”结合，形成高质量的应急处突能力和整体救治效能，减少突发事件对社会、经济和人民生命安全的危害。“产学研训”相结合的培训基地建设作为卫生应急体系的重要组成部分，需要引起我们的高度重视。

一、卫生应急培训基地建设刻不容缓

如习近平总书记所说：“没有全民健康，就没有全面小康。”健康是人类的永恒追求，人类文明史就是一部人类同疾病和灾难作斗争的历史。卫生应急培训基地肩负着应急专业队伍建设、紧急医学救援、公共卫生事件处置、急性中毒医学救治、核与辐射医学救治、卫生应急救护方面的统筹指导和管理监督任务，是城市防范化解风险和应急素养能力提升，以及拓展与省内外应急管理教学、科研方面交流合作的主要承担者。其基本职能有三：

1. 预判和防范风险

卫生领域的危机与突发事件往往有一个酝酿、发生、发展的过程。卫生风险事件总是与公众健康息息相关，预判风险是防范风险的前提，也是成本最小、效果最好的应急处突方式。预防是最经济、最有效的健康策略，要通过卫生风险预判，强化公众预防意识，提升风险预防能力。平时要注意补短板、堵漏洞、强弱项，变被动为主动，避免事后被动，这既是全社会共同的责任，也是基地首要的职责。

2. 通过培训提升全民卫生应急素养

要增强城乡居民参与培训的主动性，帮助他们学会怎样应急处理卫生突发事件。要针对性别、年龄、受教育程度、职业、城乡和地区经济发展水平等的差异，规范卫生应急处突行为。应通过培训方式的转变，带动志愿者服务、参与社会治理，创新应急救护知识宣传和培训方式，以市民需求为导向建立应急培训体系，以立足职能、服务民生为重点发展培训基地。

3. 在全社会优化共享培训基地资源

无论是城乡群众应急救护能力培训，还是面向全社会开展的科普宣传活动，抑或现场社会性、群众性和长期性的急救，卫生应急效果都与培训方法息息相关，需要资源共享，早谋划、备资源、创载体、强队伍。研究如何科学有效降低事件危害，要通过具象化模块，模拟耳濡目染的日常性突发事件，传播紧急避险技巧、急症与意外应急对策，使城乡居民真实体验应急感知和场景处置，学会自救互救技术，防止情势恶化，减轻痛苦，减少并发症和后遗症，纠正“坐等救援”的错误观念。

我国当前正处于风险型、老龄化社会转型时期，各类事故隐患与安全风险交织叠加，对各级政府和全社会而言，建设卫生应急培训基地刻不容缓。

二、目前镇江卫生应急培训基地建设现状

我国是世界上灾害最为严重的国家之一，灾害种类多，分布地域广，突发事件与危机频度高、损失重、影响大。镇江卫生应急体系建设起步较晚，公众自救互救能力弱，专项应急培训更是欠缺。应急领域法律法规、培训体系与演练机制不完善，人们的急救意识、心肺复苏术（Cardio Pulmonary Resuscitation，CPR）理念及能力培养不平衡，社会经费保障机制不健全，卫生与应急部门协同及公共管理应急响应、联防联控、舆情判别与应对等机制不健全，应急管理教学、科研及学科建设仍有缺失，常态化防控、突发性处置仍以政府主导为主，公众自觉性、参与度不够，应急队伍稳定性和专业能力不高。卫生应急培训基地平台建设，不仅仅为当前全社会疫情防控急切所需，更为未来经济社会发展、产业发展和未来救援趋势所需。通过近年来的不断努力，镇江卫生应急体系建设取得了一些进展。

1. 实施全民自救互救素养提升工程

为落实《健康中国行动（2019—2030 年）》，江苏省推进“健康江苏”建设，在全国率先推出群众应急素养提升的有益探索。镇江急救中心在全省先行先试，通过供给侧结构性改革，拓宽主责主业，优化急救资源，聚力构建产学研训平台——全民自救互救镇江培训中心，面向社会提升公众应急素养水平，面向卫健系统提高专业认证课程培训规格，推广并接轨国际化、标准化理念，并确保基地组织体系、课程体系、教学方式、师资队伍体系、效果评估体系、支持体系等平台成功推进，五年来取得良好社会效果，荣获第六届全国急救中心急救技能大赛第二名、2019 年 AHA（美国心脏协会）挪度国际培训中心 ACLS（成人高级心血管生命支持）技能大赛华东赛区第二名和全国决赛第三名、2019 年度 AHA 中国地区银奖，被评为 2018 年度 ITLS（国际创伤生命支持）先进培训基地、国家健康促进与教育优秀实践基地等。

2. 建设卫生应急自救互救体验馆

2015 年 6 月，借助“健康镇江”民生项目，镇江市启动建成了我国第一个总面积约 3 000 平方米、以“卫生应急自救互救”为主题的体验馆，包括突发事件（自然灾害、事故灾难、公共卫生事件和社会安全事件）实景临摹和空间体验，辅以声、光、电效应与互动设施，集急救文化、应急文化、生命文化、中医文化、科教体验、社科普及“六位一体”之功能，为提升镇江市民自救互救素养服务。

3. 建立普及与提高相结合的国际认定资质基地

通过与人社、教育、街道等部门和地区合作，镇江成立“市民、社区、农民、校园”急救普及培训机构；引入美国心脏协会与国际创伤生命支持技术、国家灾难生命支持和应急救护志愿者等课程基地培训功能，以及标准化课程、导师、教学与管理，使公众普及和资质认证培训成为常态。培训中心开办普及班 420 期，培训 29 766 人次；开办认证课程班（学员/导师）198 期，培训 4 128 人。生源分布于全国 29 个省、直辖市、自治区，其中江苏、云南、河北、贵州、重庆学员培训的质与量均名列前茅。

4. 开展卫生应急“六走进”普及活动

近年来，镇江培训中心相继推出“全民卫生应急自救互救覆盖式系列培训”“镇江市中小学校园‘应急救护安全’工程”“‘双百讲堂’进社区走万家”“助力乡村振兴战略——自救互救‘十百千万工程’”“镇江应急救护文明志愿者规培工程”“‘镇有爱’·颂百年——急救普及进机关”等系列品牌，全市卫生应急知识培训 93 776 人次，进社区 667 694 人次，进学校 59 200 人次，进企业 10 817 人次，进农村 7 956 人次，进机关 8 649 人次，进家庭 2 896 人次；公共场所投放自动体外除颤仪（AED）95 台，组建“红细胞‘救’在您身边”——急救生命呵护志愿队 143 支、参与志愿者近 4 000 人，各类宣传 1 348 场，惠及民众达 84.34 万人次。

5. 推进卫生应急课题研究和省市县学术会议

“十三五”期间，镇江培训中心承担省和市级课题 12 项，市局级课题 8 项，承担应用性临床研究项目 5 项；发表期刊论文 42 篇（SCI 期刊收录

3 篇，其他统计源 24 篇）；获得实用型国家专利 3 项，市级二等奖 2 项；举办市级以上继续医学教育项目 28 项，其中省级以上 8 项。

三、加快基地“产学研训”平台建设的对策建议

卫生应急培训基地“产学研训”平台以服务提升为宗旨，以能力储备为导向，是卫生应急管理体系长期发展的必然选择，同时也是经济发展对公共管理提出的一项重要要求。促进卫生应急管理体系现代化、应急救援队伍“准军事化”，是加强应急管理部门能力建设的重要途径和关键举措；促进其产业化（产品、技术与服务）、培训化、教学化和研讨化，不仅仅可以补充与完善卫生应急管理体系，更能提升应对各种突发公共事件紧急医学救援的能力。为此，我们要从以下几方面去努力：

1. 强化基地认知思维，推动基地高质量建设

基地“产学研训”平台有其科学内涵：“产”即生产与产业，以其高质量发展提升教与学的水平；“学”即运用基地多元化优势，开展卫生应急理论与技能的教与学；“研”即课题研发，引进与推广新课程、新模式和新技术；“训”即集训与演练，向公众普及应急技能，为专业队伍传授认证课程，并注重演练和实地协调临危应对的响应能力。为解决社会民众的应急能力问题，要在战略上优化管理培训体系和运行机制，建立快速反应协作机制、应急管理组织间协调运行机制、信息沟通与交流机制，以及应急物资储备供应机制；在策略上，要强化紧急医疗救援指挥体系，提升专业队伍和基层能力建设，以及公众应急素养水平，推进网络信息化建设，提升医防协同能力；在保障措施上，要加强经费投入，规范管理培训专项，强化培训管理组织协调，完善应急制度、预案、流程，加强应急培训物资保障和质控考核。

2. 完善基地“产学研训”平台，助力基地高质量发展

培训基地“产学研训”平台，一要以组织架构为载体，以规范制度为保障，以“学”为核心，以“产”为动能，以“研”为引领，靠“训”拓

展，围绕卫生专业定位与应急基地发展一体化运行模式，促进急救中心社会和职业功能的延伸发展，提高急救资源利用率，实现教学相长的学术氛围和成才规律。二要提升卫生应急能力和专业认证课程水平。三要创新平台导师培养机制和“产学研训”复合人才培养模式。四要拓宽平台师资教学课程，满足卫生应急培训需求，“扩容”师资库，提升工作能力、职业水平和社会影响力。

3. 引入“人机料法环”理论，带动基地能力高质量提升

“人机料法环”，“人”特指实训基地涉及的所有策划者、组织者、讲解员、培训师生、应急管理者、公众及应急队伍，通过决策层、管理层和实施层互相作用；“机”主要指教与学、产与训所涉及的装备、工具、器械等硬件设施；“料”包括各种物料、配件、原料与培训教材等；“法”是遵循的规章制度，包括规范、流程、方案和教学制度；“环”指培训、教学与演练场所，包括技能站、训练场、理论授课室和田野外演练场等内外环境。实践证明，要提升平台应急处突能力，必须针对以上五要素加以完善、监督和控制，有效促进“产学研训”协同发展，优势急救资源最大化利用，这不仅仅能够拓展和促进平台服务的社会功能和内涵发展，更能实现平台的经济社会效益，促进镇江的经济社会发展。

（课题组成员：黄晓云　吴　敏　邓　慧　赵　峰　倪鸿昌　郦黎明　谢东宇　赵向东　刘碧俊　杨　生　邱　晨　刘　敏）

二、高效能治理

镇江市域社会治理法治化路径研究

| 中共镇江市委办公室课题组 |

贯彻落实十九届五中全会精神，在全面依法治国背景下提升市域社会治理水平，并形成具有镇江特色的法治化路径，是亟待研究的新课题。

一、镇江市域社会治理法治化存在的主要问题

本课题组选择丹阳市、丹徒区、镇江经济开发区为样本，通过调研，发现镇江市域社会治理法治化过程中存在的主要问题是：

（一）市域社会治理“低组织化”

市域社会治理的“低组织化”现象，是指在社会治理过程中出现或存在的离散化、无序化和原子化现象。新中国成立之初，国家凭借强政治动员实现对社会的整合与改造，社会治理被置于一个高度“整体性”的社会结构之中。国家能够迅速动员一切力量实现对社会事务的治理，并对治理对象进行有效的控制和支配。在法治中国建设背景下，社会治理体制向法治化转型，社会治理对象由高组织化转向低组织化。与此相应，社会治理过程中的“低组织化”也显露出来。一方面，农村社会加速原子化和空心化，作为乡村共同体的村集体组织对农民的影响力日益减弱；另一方面，大量农村人口向城市转移，城乡社会流动性和异质性不断增强，社会结构不断分化，国家对新的社会主体缺乏有效整合。这一“低组织化”同样表现在镇江市社会治理的方方面面，给镇江市域社会治理法治化带来了

巨大挑战。

（二）市域社会治理主体“碎片化”

主体“碎片化”是指社会治理主体缺乏协同机制、多元主体分散管理和各自为政的治理现象。主体“碎片化”根源于政府管理体制中的条块关系，社会治理面临着纵向治理层级和横向管理部门的复杂协调，造成了基层权力执行和运作过程的碎片化。在条块分割的社会管理体制中，社会治理的职能分散在不同层级和不同管理部门之中。“条块”相互作用形成了一种“倒金字塔式”的社会治理体系，出现了以“块”为单元的属地管理和以“条”为线的部门管理两种分割的管理模式。

镇江市域社会治理主体“碎片化”现象的主要表现：一是“条块”之间彼此分割难以协调，治理任务被层层转移下放，基层政府承担了大量社会治理事务，造成了“基层治理力量薄弱”与“繁多的治理任务”之间的矛盾。二是“条块”关系的封闭性使多元治理主体缺乏互动和协调，导致相关治理领域的结构与功能失衡，社会治理事务高度依赖于行政力量，限制了法治因素在社会治理体系中的功能和作用。

（三）市域社会治理边际效应递减

社会治理边际效应递减，是指在社会治理过程中，随着资源投入的增加、制度创新及新治理技术的运用，效果并没有递增，因而没有达到预期治理目标。在依法治国的大背景下，为了确立法治在社会治理中的权威与机制，政府往往运用规章制度的约束力向基层社会下沉治理资源，推动社会治理综合体制改革，强化科层内部自上而下的监督和控制，并且强化“痕迹管理”“第三方评估”“一票否决”等治理技术或机制，以期达到社会治理的良好效果。但是，如果相关地方立法不完善，执法不严格，守法没有形成氛围，社会法治意识淡薄，法治思维与法治方法不能切入社会治理过程，就容易形成社会治理的形式主义，相关治理制度、考核机制等仍然被束缚而无法彰显其作用，不同程度地存在效应递减现象。

二、提升市域社会治理法治化程度的路径选择

提升市域社会治理法治化程度，从结构和功能的总体角度来看，要以维护社会安全和防范化解社会矛盾及风险为基础任务，以人民为中心，做好涉及城乡居民切身利益的民生工作，增强市域社会治理的系统性、整体性、协同性，以法治思维、法治方法等法治要素，着力化解社会治理体系不完善、功能发挥不充分和治理能力不足等突出问题。为此，要从以下几方面去努力：

（一）加强制度引领，建立协同高效的社会治理法治化体系

改善基层社会治理的组织架构，发挥纵向秩序的整合作用，巩固党委在市域社会治理中统合和协调者的地位，充分发挥其在维护社会秩序稳定中的作用。要按照市、县（区）、乡镇（街道）和村（社区）的垂直化治理体系，建立起高效联动、上下贯通的指挥体系和逐级应对与反馈的执行体系；完善横向业务架构，建立部门协作的社会治理体系，丰富基层社会治理的主体，建立横向秩序的扩展机制，筑牢社会治理的制度根基。市域社会治理应融入社会组织和社会公众等力量，打造一个人人有责、人人尽责、人人享有的市域社会治理共同体，将社会组织公益服务、社会公众的信息分享和需求意见表达，以及社会参与等内容纳入市域社会治理的总体架构中，构建多元共治的规范化机制。

（二）整合制度资源，构建市域社会治理法治化的能动机制

构建简约型基层社会治理机制，按照社会治理事务的属性，制定不同治理层级的社会治理事权清单，按照事权清单提供必备的治理资源，解决基层社会治理缺乏资源、行动能力不足和权责不对称等问题；构建能动型社会治理机制，着力解决社会治理“空壳化”问题，实施乡镇和街道管理体制改革，充实社会治理组织机构的人员，优化职能配置，充分利用城乡社区网格管理服务中心将微型治理单元串联起来，推动治理资源下沉到城乡社区，增加社会治理领域的政府公共服务购买事项，提升城乡社区想做

事、能做事的自主性和能动性；构建高效型社会治理模式，建立以结果为导向的监督、检查和考核体系，减少对基层社会治理过程的干预，以事权清单为基础推动城乡社区治理由虚转实，将基层社会治理从“痕迹管理”“应付检查”中解脱出来。

（三）发挥制度优势，推进市域社会治理法治化的方式转型

在社会矛盾风险增大、治理事务增加、公共服务需求增多和治理成本降低的条件约束下，法治方式是提升市域社会治理效率的最佳选择，也是推进社会治理现代化的重要趋势。它能够规范化、程序化地捕捉风险，发现问题和解决问题，促进公共服务供给制度化、精准化和高效化，更好地满足人民群众的需要。探索市域社会治理法治化的智能新模式，将法治方式融入市域社会治理的智能化流程、业务和机制中，充分利用大数据、人工智能和区块链等技术将乡镇（街道）、村（社区）、城市网格的管理服务中心和县（区）、市的社会治理信息系统与行政服务中心进行智能化改造并实现互联互通，建立数据汇集整合、开放共享的大数据信息平台，推动市域社会治理数字化和智能化转型；探索市域社会治理法治化的风险识别机制，探索应对非常规突发事件的关键技术和有效方法，推动非常规突发事件治理的常态化。在解决市域社会治理的突出问题时，应充分利用专业化和法治化两种工具。一方面，要充分发挥专业权威的作用，赋予专业机构解决社会治理难题的权威，建立专业权和行政权相配合的制度，增强社会治理过程的透明度和回应性，推动市域社会治理社会化、专业化；另一方面，科学利用城市拥有的地方立法权优势，因地制宜地完善社会治理的地方性法规，运用法治思维推动社会治理体制改革，以法治方式解决基层社会的矛盾纠纷，推动市域社会治理法治化。

（课题组成员：匡文虎　刘同君　陈文博　毛励竞　时昌金　王少寅）

如何将制度优势转化为治理效能

于　江　周培袁　彭智勇

村党组织书记兼任村委会主任的“一肩挑”制度改革，是农村普遍开展村民自治以来乡村治理结构的重大调整。作为一项制度安排，村党组织书记、村委会主任“一肩挑”的依据何在，又如何发挥其制度优势在基层真正实现有效治理？这值得我们认真思考和探索。

一、对“一肩挑”制度改革内在逻辑的科学解读

（一）制度逻辑——党是领导一切的

党的十八大以来，党的领导地位和作用被提到前所未有的认识高度。党的领导是中国特色社会主义最本质的特征和中国特色社会主义制度的最大优势，越来越清晰地从思想认识层面进入制度设计环节。党的十九届四中全会通过的《中共中央关于坚持和完善中国特色社会主义制度　推进国家治理体系和治理能力现代化若干重大问题的决定》首次提出“党的领导制度体系”概念，并且明确：坚持和完善党的领导制度体系，是坚持和完善中国特色社会主义制度、推进国家治理体系和治理能力现代化的前提和保证。2021 年 7 月发布的《中共中央　国务院关于加强基层治理体系和治理能力现代化建设的意见》，明确将“坚持党对基层治理的全面领导”作为工作原则，要求“把党的领导贯穿基层治理全过程、各方面”。20 世纪 80 年代之后，我国乡政村治格局逐渐发生变化，传统的“国家—社会”二元治理结构转变为

"国家—政党—社会"三元结构，"一肩挑"改革正是这种变化的微观体现。

（二）历史逻辑——新时代新课题

一个时代有一个时代的课题。以乡村振兴战略的实施为界点，乡村建设成为各级党组织和政府的发展目标，并由省、市、县（区）、乡（镇）、村五级书记抓落实。村党支部是各级党委和政府在基层的最佳抓手，村党组织书记成为乡村振兴名正言顺的领头羊。在这一意义上，"一肩挑"体制更有利于村庄发展与党的建设真正联系起来，实现良性互动，把党领导下的乡村振兴战略落到实处。

（三）实践逻辑——以"有效性"彰显"合法性"

在实践层面，"一肩挑"几乎是与《中华人民共和国村委会组织法》相伴而生的。十九大以后，为了更好地落实乡村振兴战略，党内外政策条例、法律法规都支持"一肩挑"改革。但基层的认识并不统一，持肯定论者认为"一肩挑"有利于解决"两委"干部之间的矛盾，实现党组织对基层社会的统合；持质疑论者却认为，农村党组织书记在长期的一元化领导体制中习惯于搞"家长制"和"一言堂"，严重损害了党的形象，降低了党在群众心目中的威信，从而使党的领导的权力的合法性受到怀疑。问题的解决依赖于实践的有效性，大量实践证明，过去的"家长制"和"一言堂"是领导作风问题，与"一肩挑"体制之间并没有必然联系。只要选对了人，再加上民主集中制组织原则和党内外监督职责的正常履行，问题就不难解决。所以，在厘清对制度的科学认知的基础上，要更加注重在实践中发挥好制度的治理效能，实现乡村善治和乡村振兴目标，这样就能真正彰显"一肩挑"制度的合法性。

二、"一肩挑"在镇江市的运行现状

（一）"一肩挑"带来了乡村"两委"领导的新气象

镇江市于 2021 年 2 月底完成了本届村（社区）"两委"换届工作，全市共配有村党支部书记 475 人，除个别村党组织书记为下派人员不能兼村委会主任外，“一肩挑”的有454人，占比为95.6%。而换届之前，“一肩挑”的比例约为49.7%。实行“一肩挑”以后，乡村“两委”“一把手”呈现出明显的新气象：

1. 年轻化比例和文化水平提高。目前，全市村党组织书记年龄为46~59周岁的占71.8%，与换届前相近；60周岁以上的占2%，比换届前降低10个百分点；45周岁以下的占26.1%，比换届前增加9.6个百分点。学历上，大专以上学历的占69.7%，比换届前提高3.2个百分点；初中以下学历的约占2%，比换届前降低1个百分点。

2. 待遇改善激发了干事创业热情。2020年镇江市出台了《关于推行村党组织书记专职化管理的指导意见》，在职级管理、待遇保障、鼓励激励、考核评价等方面有了明确规定，“两委”“一把手”有了“准体制人”身份，在体制内的认同度高，在处理村务时更容易获得上级资源支持，同时也拥有了更多干事创业的热情和动力。

3. 弥合了“两委”边界，降低了矛盾风险。“两委”“一把手”村党组织书记、村委会主任的产生，既有上级党组织的认可，又有基层党员和村民的群众基础，原有的二元权力格局重回一元，加之“两委”班子成员交叉任职，很大程度上消除了两个“一把手”和两套领导班子的权力之争，“两委”班子必然更能将上级党组织的意图传达给党员和村民，也更能将群众需求及时反馈给上级领导。加强党的领导和实现乡村善治有了坚实的体制保证。

（二）运行中出现了一些难题

1. 责任叠加带来的能力危机。村党组织书记、村委会主任“一肩挑”，作为书记要管党务，作为主任又要抓行政，繁重的工作任务如何统筹兼顾并把它做好，成为“两委”“一把手”面临的棘手问题。在我们的调查中，很多人反映上任之后会议多，布置的任务多。最多的时候，一周7天几乎每天都在开会接受任务。无论是市里组织部门、乡镇领导，还是基层普通群众，对工作的要求都很高。做的工作不仅上级领导要“看得上”，基层群众还要“通得过”，不仅要说好“普通话”，“土话”也要说得“溜”，“看得上”和“玩得转”才能算“双优”，这在现实中难度很大。而且党务、村务工作要求各异，需要关注的重点不同、采取的方法不同，所有工作集于一身，轻重缓急、先后左右如何摆放？很多人陷入“事情忙不完、能力跟不上”的困境。

2. 权力叠加带来的监督难题。以往的党政分工体制下，村党组织书记和村委会主任客观上形成结构性监督，“一肩挑”制度下，班子内部如何对书记、主任进行日常有效监督是一个新的问题。调研中，一些基层干部直言监管一直缺位，基层有可能出现书记、主任的“一言堂”。村党组织书记、村委会主任的产生虽然需要经过党内和村民大会两次民主选举，但候选人提名一般都要经过上级批准，使得一些干部往往更容易“向上看”，强调“对上负责”而忽略了“对下负责”，不把广大党员和村民的监督放在眼里。但仅靠上级部门的单向监管，很难做到全面及时有效。

3. 理解差异带来的认同困惑。众所周知，基层群众自治制度是中国特色社会主义制度的重要组成部分，是我国《宪法》规定的一项基本政治制度。经过多年的实践，很多人已经认为这是乡村社会治理的起点。而“一肩挑”制度把党组织和村组织融合起来，通过权力运用加强对基层的控制，这会不会在某种程度上影响到村民自治？这种理解上的差异带来了人们对“一肩挑”制度认同上的困惑。

4. 人员调整带来的消极因素。实行“一肩挑”制度以后，镇江市有241名原村党组织书记、村委会主任离岗或转岗，“两委”干部调整涉及大约600人。这部分原来在乡村治理中有一定话语权的人员，在既有权益不可避免地受损时会不会成为后续治理中的消极因素，这需要我们持续关注。

三、多措并举、多点发力，“一肩挑”制度优势的治理效能

（一）合理分工，完善乡村治理主体

“一肩挑”制度说到底，是从治理主体角度对乡村治理结构的一次改革。针对改革后工作跨度大、任务重、要求高的现实问题，一要从组织角度关心乡村治理工作。乡镇党委和政府要改变工作方式和工作机制，坚持为基层减负；要以工作实效为导向，利用共享数据资源，破除形式主义、

表面文章、过度留痕、重复工作给基层干部造成的压力，优化督察检查机制，及时听取基层意见，既帮助村干部扛起责任，也帮助他们解决问题。二要建设分工明确、执行有力的“两委”班子。“一肩挑”不是让书记村主任一个人挑担子，而是让全市 475 名村党组织书记、村委会主任身后的 5 328 名“两委”干部一起挑。要把村党组织书记、村委会主任，以及村党组织副书记、副村委会主任、文书、监委会主任等干部按照岗位“定权责”“定目标”“定等次”，激活“两委”班子整体工作动力，形成团结、高效的治理。三要坚持党的领导，探索多元治理模式。“一核多元”的社会治理模式已成趋势，乡村治理也要在坚持党的领导、建好自治组织、引入社会力量等方面一齐发力，尤其要引导健康优质的社会组织在农业科技、商贸流通、养老助残、文化法律等服务方面发挥更大作用。

（二）选育结合，保障“双优”人才供给

人才一直都是关乎乡村振兴战略大局的核心问题，也是“一肩挑”制度持续发挥效能的关键。“一肩挑”人选要锚定“双优”干部要求，从选、育两方面做好文章。选才方面，要继续拓宽人才供给口径，本地原“两委”干部、致富能人、大学生、退役军人、上级选派人员、机关事业单位离退休人员等，都是高素质村党组织书记、村委会主任的潜在人选，很多人都做出了不俗成绩。对村级治理人才设置准入门槛时还应结合地方需求，不宜一味追求“年轻”“高学历”等外在指标，要选出农村切实需要也愿意为基层服务的人才。要注意选才程序合理合法。“一肩挑”人选广受瞩目，不管是原村党组织书记兼村委会主任，还是原村委会主任兼村党组织书记，都要做到合法合规。育才方面要以干部“留得住”“干得好”为目标，从三方面着手：第一，“源头育”，联合相关高校做好村干部定制工作；第二，“干中学”，让年轻干部从小事做起，在一线学习，通过干事创业获得村民的认可，获得组织的信任，建起“两委”班子的梯队；第三，“老带新”，安置使用好退出岗位的老村党组织书记、老村委会主任，让他们发挥好“顾问”“助手”作用。

（三）多维建构，健全权力监管体系

要实现对“一肩挑”权力的有效监督，建构以村级组织内部权力制约为基础，村务监督委员会、党员及群众问责监督和党政部门监督相互补充的多维监管体系。一要完善治理组织内部监督机制。制定“两委”工作条例，根据相关法律法规明确“班子”和“班长”的权力关系、职责权限和权力运行程序，发挥领导集体对“班长”的监督制约功能。加强对“两委”公章使用的审批管理，实行印章专人保管、使用登记、“联章联签”制度。凡村级重大事项均由村党组织和村委会联合盖章或联合签批。二要加大力度，普遍设立村务监督委员会。目前，镇江市仅 147 个行政村（占 30%）设立了村监委会。监委会要定期列席“两委”重要会议，专项评议“一肩挑”工作，并探索建立监委会定期向乡镇党委政府述职制度。三要保障党员及村民群众问责监督的权力。在传统“三公开”“三资管理”的基础上，可以运用数字技术推广“阳光工程”，使各级各类涉农文件、规章、制度“上云端”，将各类事务流程“可视化”，建立电子投票方式，将党员群众和村民的选举权、罢免权落到实处。四要拓展党政部门监管的渠道。在乡镇建立村级重大事项汇报制度，探索建立由纪检监察机关牵头实施的村级专项巡察制度、由财政部门牵头的日常村级审计制度等。

（四）解放思想，推进多路径试点

“一肩挑”制度的根本目的是助力实现农业农村现代化，建设产业兴旺、生态宜居、乡风文明、治理有效、生活富裕的美好乡村。在具体工作方法上要放开思路，允许乡村结合自身特点进行有益试点。关于党的领导与村民自治如何完美融合的问题，可以参考城市社区网格化治理方式，以党员为主干力量，在自然村层面建立新的自治节点，既保证行政村级的“向上看齐”，也充分保留村民自我服务、自我管理的空间。尤其对于合并村来说，这更有利于有效开展治理工作。面对干得好的村党组织书记、村委会主任干不长就调走的问题，可以设置多种激励方式，打破年龄限制，选派一些有见识、有胆识、有知识的老同志服务乡村；可以尝试选派退二线或退休的老同志“一肩挑”，让他们继续在基层发光发热。

（作者单位：中共镇江市委党校）

“美丽镇江”之城市精细管理研究

| 江苏科技大学课题组 |

习近平总书记指出：“城市管理应该像绣花一样精细。”通过调查研究，我们认为镇江城市的精细管理要体现在“五个聚焦”、取得五个明显成效上：聚焦“短板弱项”，市政基础设施建设取得明显成效；聚焦“城市顽疾”，项目化整治取得明显成效；聚焦“多元参与”，保洁市场化探索取得明显成效；聚焦“重心下移”，“放管服”改革取得明显成效；聚焦“美丽宜居”，常态长效新机制探索取得明显成效。

一、镇江城市精细管理存在的问题

（一）协同机制尚未健全

自2008年成立城市管理协调管理委员会以来，镇江积极推进城市文明创建，城市协同治理格局初步形成。但是，涉及城市管理的相关政府职能部门之间的协同性不强；一些地方建筑红线和道路红线之间的“三不管”地带仍然存在；垃圾填埋场、公厕等环卫设施选址落地和建设实施合力不强，进展缓慢。

（二）法治保障尚不完备

镇江市城市管理地方立法相对滞后，重点领域无法可依、无章可循的现象仍然存在。如生活垃圾处置缺乏刚性约束和有效激励，相关主体参与积极性不高，垃圾分类管理推进困难重重。

（三）要素投入尚不充分

这集中表现在人员、经费和设施配置等方面。按照《江苏省城市管理执法规范化建设标准（试行）》，执法人员配置比例不低于常住人口的万分之五。2019 年，镇江市区常住人口 123.49 万，按编制执法人员应为 618 人，但实际只有 226 人，不足规定人数的 50%。镇江市城管经费主要指标普遍低于省内兄弟城市，如每平方米道路养护费，南京为 5.845 元，扬州为 6.30 元，淮安、南通等均超过 5 元，而镇江仅为 3.216 元。按照省社区设施配置新标准，镇江市达标社区 185 个，达标率仅为 72.5%，设施不足已成为社区治理突出短板。

（四）基层城管能力尚不充足

这突出表现为基层城管多为应急式被动末端管理，智慧化和精细化水平不足，城市“顽疾”治理回潮率居高不下，如车辆乱停、占道经营等现象时有发生。随着城管执法重心下移，基层城管执法能力更显不足。

（五）城管社会化、市场化程度不高

这突出表现为在镇江市环卫保洁作业、广告泊位、停车泊位等领域，社会参与度不高。相比而言，南京、扬州、南通等城市从环卫保洁到市政设施养护等多领域都已有社会力量参与进来，并引入了市场机制。

二、镇江城市精细管理的对策建议

要深入贯彻落实党的十九届五中全会精神，践行“人民城市人民建，人民城市为人民”的理念，坚持“共建共治共享”原则，系统谋划，统筹推进城市精细管理，做到管理职责、管理制度、管理对象、管理手段及考核评价 5 个精细化，用绣花功夫推进城市治理，实现“美丽镇江”建设愿景。

（一）加快构建协同化城市治理体制

城市精细管理的关键在组织领导，相关政府部门职权要清晰，管理职责要明确，应形成职责清晰、密切配合、协同推进的城市精细管理机制。

1. 完善城市管理协调委员会。要通过城市管理协调委员会的组织架构和职能分工，协调推进“美丽镇江”建设和城市精细管理。要进一步明晰城市治理各主体权责，保障公众参与城市治理，推动城市管理由政府单向管理向政府与公众双向互动转变，探索“政府主导，公众参与”的城市治理模式。

2. 优化调整城管执法条块职责。城市管理是复杂的巨系统，涉及众多职能部门。要厘清城管条块职责，推动“权责不一”向“权责统一”转变，构建“横向到边、纵向到底”的城管权责体系，理顺城管部门与其他政府部门及属地政府的权责关系，还要理顺行政管理和行政执法的关系。

3. 稳妥推进城管执法下移。依照国家城管执法综合体制改革中对市、区、街道（乡镇）三级政府责权的最新划分和规范标准，稳妥推进权力下放后的衔接。

4. 探索城市治理网格化模式。借鉴南京“网格化社会治理”、扬州“网格化精细化社会治理”等工作模式，完善镇江市此前的“街长制”及目前长效管理网格化考核等做法，探索城市管理、社会治理等“多网合一、一员多用”的城市治理模式。

（二）加快构建法治化城管保障体系

管理制度的法治化是推进城市精细管理的重要保障。新修订的《中华人民共和国立法法》赋予了地方立法权。应发挥地方立法在城市精细化管理中的法治保障作用，建立健全城市管理地方性法规体系。可借鉴南京经验，加快制定《镇江市城市治理办法》作为城市协同治理的地方性“龙头”法规；同时建立健全城市管理地方性法规体系，让市政设施建设、环境卫生和垃圾管理、市容市貌整治、城管执法等重要事项均有法可依。严格落实行政执法“三项制度”，全面落实行政执法责任制，完善城市管理法律顾问制度。

（三）加快构建规划引领的源头治理机制

学习借鉴南京、扬州“一张网、五个统一”的基层网格化治理经验，以镇江市国土空间规划、“十四五”国民经济和社会发展规划为依据，结合违建治理，尝试在全国率先编制地方违法建设相关法规——《镇江市预防违法建设规划控制导则》，坚持标本兼治，预防为先，严控源头，统一城市规划管理。要在土地利用规划、建设用地规划、建设工程规划等环节予以管控，打通堵点，破除困局，推进事后处理向源头治理转变，实现城市治理体系和治理能力现代化。

（四）加快构建常态化城管投入机制

城市精细管理需要和谐的内外环境和基本要素做保障，涉及法律、环境、人员、经费等诸方面保障。

1. 配齐城管执法力量。按照国家和江苏省城管执法人员配置标准，逐年增加人员，尽快配齐全市城管执法人员，着力解决人员短缺突出问题。

2. 确保城管执法人员相关待遇。对分流到街道的城管执法人员，以及新补充的城管执法人员，可参考南京、扬州等地做法，确保其参公编制。同时，依法保障一线执法人员的教育培训、薪酬待遇、职业发展和执法权益，注重对一线城管执法人员的心理干预和关爱。

3. 给足城市管理经费。建立并有效落实城管经费逐年递增保障机制，向街道和基层社区倾斜。根据“经费—编制—事权”匹配原则，赋予街道城管资金使用自主权。可参照南京、扬州做法，适当提高设施管养、环卫保洁、停车等城管服务收费标准。

4. 补足市政设施短板。科学编制镇江市主城区“十四五”市政基础设施规划，严格遵守国家和省市市政设施配置标准，建立民生市政设施优先落地和设施投入增长保障机制。通过新建、改扩建和功能提升等多种途径，稳步提高城市社区设施达标率。借鉴扬州做法，探索城市道路市场化管养服务模式，每年列出计划性养护项目，申报列入政府年度预算，以便解决部分老旧道路大中修缺乏资金的问题。

（五）加快构建智慧化城管服务平台

城市精细管理离不开科技支撑。要利用数字城管、智慧城管平台，对城市各类问题进行细致研究、精准预测、有效管理，制定城管执法统一规范及考核评价标准，推进城市管理手段、管理对象、考核评价的精细化，实现城市的有效治理。

1. 全力推动“智慧城管”建设。结合城市新基建发展，力争在城管基础设施重点领域寻求突破。在镇江“数字城管”基础上，加快推进“智慧城管”建设，力争尽快上线，实现城市管理手段的精细化。学习借鉴扬州“智慧城管”的“一库一端一平台五应用”和南京“智慧城管”的经验，实现城管执法、公众服务、应急指挥、智能管控、决策分析等功能的精细化管理，以及对全区执法人员的统一指挥调度和考核管理，实现城市治理效能进一步提升。

2. 制定城管服务作业及考核标准。在城市精细化管理标准基础上，参照国家、省和先进地区城市管理服务要求，加快制定或修订符合美丽镇江建设要求的《环境卫生作业质量监管考核办法》《市政设施管理与养护标准》《市容市貌管理服务标准》等城管服务单行标准和相应的考核评价标准，保障城管服务作业过程的标准化、规范化和精细化。

（六）加快构建城管社会化、市场化机制

坚持城管的“共建共治共享”原则，积极吸引社会力量、社会资本和广大市民参与城市精细管理，努力营造城市治理良好氛围。

1. 稳妥推进城管服务市场化。科学合理划分政府与市场边界，政府主要履行法规颁行、标准制定、监管考核等行政管理和行政执法职能，市政设施管养、停车服务、交通疏导、违章整治等城管服务领域可以学习借鉴南京、扬州等地经验，尝试通过政府采购的形式公开招标，实行市场化运作。

2. 激发社会组织和市民参与城市治理的热情。学习借鉴南京成立建筑垃圾资源化利用协会经验，发挥协会作为政企之间的“黏合剂”的作用，促进建筑垃圾处理行业健康有序发展；学习扬州通过“互联网+垃圾分类”数据平台将垃圾分类积分与市民卡绑定，以积分兑换商品鼓励市民积极参与垃圾分类的经验，依法规范社会参与城市治理的范围、权利和渠道，健全城市管理志愿者服务机制，形成多元共治、良性互动的城市治理模式。

3. 在全社会营造良好的城管执法舆论环境。学习借鉴扬州市经验，邀请新闻媒体全程跟踪参与高风险和敏感性城管执法活动，在全社会营造良好舆论氛围，及时回应社会关切，正确引导社会预期。充分保障市民的知情权、参与权、表达权和监督权，化解城管舆情风险。与公安、住建、交通等多部门协同，强化城管执法舆情监测、研判、预警和应急处置，提高舆情应对能力。

（课题组成员：刘清生　张友志　陈玉亮　任鹏远　王山水　阚　为　杨艳平）

打造市域治理“镇江样本”研究

| 李吉权 林 海 |

镇江基层社会，既有经济比较发达的村和社区，也有经济比较薄弱的村和社区；既有城市化进程较快、各方面关系比较和谐的村和社区，也有城市化比较滞后、矛盾纠纷比较突出的村和社区。怎样从包罗万象、千头万绪、纷繁复杂的日常事务中找到切入口，提升基层社会治理能力，这需要我们认真研究和探讨。

一、镇江基层社会治理存在的问题

（一）社会变迁使得各类矛盾频发

1. 补偿、保障标准差异引发的矛盾。很多年前，特别是 20 世纪 80 至 90 年代，基于当时的经济、物价水平，对失地农民的补偿、保障标准不高。为获得城镇户口，进而取得相应的公共服务待遇或者工作岗位，有的农民甚至主动放弃农村户口。现在失地农民有每亩地 11 万~12 万元的补偿，而且他们被纳入了社会保障，每月有 800~900 元生活补助。两相对比，早期失地农民会形成巨大的心理落差，进而产生各类矛盾。

2. 村集体资产或收益分配引发的矛盾。随着国家“三农”政策的不断出台和村集体资产的充实，村民对集体资产及其收益分配的关注度提高，部分迁出人员谋求户口回村，参与利益分配；婚迁嫁娶、人口流动，导致原住人口与新村民就村集体资产收益分配产生矛盾；有的村民未进行征地拆迁导致待遇不高而产生不满情绪，诱发各类邻里矛盾和与村委会之间的矛盾，进而妨碍村集体的开发建设。这些都不利于集体资产的保值增值，制约了乡村振兴。

（二）基层社会治理出现了一些问题

1. 村和社区自治属性逐渐弱化，部分村和社区产生了治理乱象。1954 年《中华人民共和国宪法》就规定，村和社区实行群众自治。为杜绝基层乱象，目前，村和社区统一施行经济上的“村账镇管”，特别是城市社区，书记、主任事实上已经变成由镇、街道委派。从短期看，这能够加强对基层的管理和控制，杜绝权力寻租等一系列问题，并防止基层自治脱离法治、制度轨道而可能形成的无序化和无政府乱象；但从长远看，不利于扩大基层自治，会带来经济发展、乡村振兴的内生动力和发展活力不足，也不利于中国特色社会主义法治体系的构建。目前，治理乱象多发生在征地拆迁尚未全部完成的地区，以及由传统农业村演变而来的城镇社区。在牵涉到公众利益的一些议题上，居民意见不一致，诉求多元化。一些居民出于私利的考虑而反对某个议案，过激言论时有，过激方式偶发。村民自治的能力素养有待提升，尚缺乏科学合理的议事、决策机制，难以弥合分歧形成统一，自治作用的发挥也未完全在法治轨道上运行，产生了一些矛盾和不稳定因素。

2. 党组织的作用发挥不到位。无论在农村还是在城市，党员普遍老龄化。党组织换届选举和日常组织活动时，参加的大多是老年人。社区管理、志愿服务等工作，年轻人参与度不高。在传统农业村，得益于熟人社会，村支书有一定威望，党员对党的组织生活和各类活动参与率较高。但在城市社区或由传统农业村演变而来的城镇社区，住户大多数是外来人员，这会给党组织的建设发展、日常运行都带来一些不利影响，使党组织作用的发挥不够到位。

3. 治理模式亟须优化。一是基层干部配备不足、能力不足，不太重视后备人才的选拔与培养。调研中发现，2009—2012 年，当时按照一村一社区配备的大学生村干部已大部分离开村和社区，进入更高层级的工作岗位，基层党组织、村社区委员会年轻后备力量不足，且基层对年轻同志、优秀同志的吸引力逐年降低，很难找到合适的后备人选。根据面积、人口，基层村和社区工作人员普遍为6~10人不等。一些基层干部反映，过去5~6人足够开展工作，但随着城镇化进程加快，产业发展、人口激增，外加上级部门下派的工作任务日益增多，原定人员已经不能满足工作需求。现在矛盾调处方式变了。在以往的传统熟人社会中，居民诉求主要依托村委会、居委会，矛盾比较容易解决也能及时解决，派出所、镇（街道）司法等相关职能部门的工作压力相对较小。过渡到现在的陌生人社会，传统的基层自治、基层民主及矛盾调处方式显著改变，变成了依托110、12345及各类政府服务热线，如某新兴社区每年12345工单、信访件等达到4 000余件，相关职能部门压力加大。

二是矛盾调处不及时，不利于基层问题的源头防治。基层村、社区普遍反映，上级及职能部门对基层无法化解的矛盾纠纷初期不重视，闹到上访或发生极端行为并产生一定不良后果时才会引起各方重视，但矛盾积怨已久化解甚难，基层干部疲于奔命，效果很不理想。

三是基层单打一、上级部门有效整合不够，联系不密切，限制了工作合力。调研发现，无论城市还是农村，最受基层干部诟病的是“属地管理”——“属地管理”是一个大箩筐，什么都往里装。一些职能部门、上级部门以“属地管理”为挡箭牌，借此推卸责任；基层村、社区乃至镇、街道掌握的资源、拥有的权力有限，许多问题超出其能力和职权范围。这既造成基层干部过重的工作压力和负担，也造成一些矛盾问题久拖不决、激化升级，到头来反向追责基层干部，一定程度上挫伤了基层的积极性。矛盾纠纷虽然有公安调解、司法调解、人民调解、法院调解、村（居）委会调解等多个渠道，但呈现各自为战、各行其政现象，尚未有效地整合和联动，未发挥各自优势形成工作合力。

四是上级政策要求与本地实际脱节。从调研情况看，一些基层为了应付考核、检查，不得已机械执行或变通执行，产生了额外工作负担，没有形成应有的工作成效，更为重要的是，造成了新的矛盾，形成了新的问题。

有些项目的满意度考核不实，挫伤了基层积极性。对 12345 政务服务热线模式，基层意见较大：单纯以对基层的满意度是否 100%进行考核，基层交给属地政府和村、社区调处的一些矛盾、问题根本无法化解，有些甚至无解。基层希望对群众投诉、诉求的合法性、合理性进行甄别，不能一转了事。

五是经费紧张、来源单一导致物业服务、公共服务水平不高。传统农业村路灯、道路、水利、灌溉等公共基础设施均由村委会负责维护，征地拆迁后建设的农民集中居住区和城市老旧小区很多由镇、街道和村、社区成立的公益性物业公司负责打理，经费来源主要是向居民收取的物业费和通过县、区级城建集团以奖代补形式获取的运维资金。居民小区业主委员会在基层治理中可发挥一定作用，但从总体上看，运行不尽规范。有的业委会负责人借公谋私侵吞业主利益，因取证困难无人追诉而惩治无力；有的业委会负责人把业委会当作与房地产开发商、物业公司、村（社区）博弈的阵地，提出一些不合理的要求，表达诉求方式也不理性，缺乏与房地产开发商、物业公司、村（社区）协商合作达成共识、谋求各方最大公约数的方式和途径。

三、提升基层治理能力，打造“镇江样板”的对策建议

（一）把加强党的领导贯穿于基层自治全过程

要发挥镇、街道及村、社区党组织和政府“把方向、纠偏错”的重要作用，在基层自治尚未健全完善的情况下，镇、街道党委，村、社区党组织，以及政府、村和社区“两委”，包括公安、司法部门，要引导村（居）民自治形成一套依法、科学、有效、稳妥的合作与运行模式，确保在法治、政策的轨道内开展基层自治，并将已经健全、完善的制度、体制、规则作为开展基层社会治理的基本准则，引导基层群众遵守自治规范，提升自治能力。

（二）政府有的放矢强化基层自治属性

正确处理好村、社区自治组织与政府、部门工作职能之间的关系，不

能把村和社区“两委”定位为镇、街道政府的工作站和派出机构；要正确认识“属地管理”原则针对对象是政府，不适用于村委会、社区居委会自治组织，牵头镇、街道和职能部门按照政府职能、自治职能两条线的原则，重新厘清权力和责任清单，把原本应当由职能部门、科室负责的工作压实到位，不得随意下放，确保履职尽责，切切实实为基层村、社区减负，促其轻装上阵，踏踏实实地组织村、社区群众开展基层自治、共治、共建、共享。

（三）统一待遇政策，整合社会矛盾调解力量

要对一系列征地拆迁、社会保障、福利待遇等涉及基层人民群众切身利益的政策进行细致、全面梳理：一方面，调整结构、简化政策，让人民群众看得清、看得懂；另一方面，排摸出风险隐患和明显不公平、不合理的部分，结合财力状况，做适当的调整，从根本上消除产生矛盾纠纷的土壤。推广基层创造的“五老说合团”“周秀琴模式”等先进经验，整合老党员、老同志等各类资源，深度挖潜，形成以街道为指挥中心，村和社区、公安派出所、街道司法所等机构联动的矛盾调处机制。

（四）发挥市域治理指挥中心工作实效

要在“智慧镇江”总体框架下，按照共建、共享、共治理念，推动资源整合、信息传递、综合运用，把市域治理指挥中心服务向基层延伸，实现政务数据三级联通、执法调度三级联动、应急指挥三级响应，依托现代治理手段打造市域治理“镇江样本”。

（五）通过乡村振兴促进公共服务提质

要把发展经济作为基层村、社区的第一要务，把乡村振兴战略与公共服务提质结合起来，充分调动基层人民群众主观能动性，盘活村集体资产，提升村集体收入，进而提升公共服务水平，实现国家治理体系和治理能力现代化背景下的“乡村善治”。

（作者单位：镇江市人民政府办公室）

更深层次推进政法领域执法司法制约监督体系研究

——以党委政法委执法监督为视角

朱 海 邱 勇 周 健等

党委政法委执法监督是党对执法司法工作领导监督的重要内容，也是执法司法制约监督体系建设的重要组成部分。中央政法委对加快推进执法司法制约监督体系改革和建设做出了全面部署，提出要构建权责清晰统一、监管有效、保障有力的执法司法责任体系，进一步提升执法司法质效和公信力，这无疑为新形势下进一步加强党委政法委执法监督指明了方向。

一、执法监督的重要意义

执法监督，既包括对政法单位各级党员领导干部违法违纪行为的监督，也包括对政法单位适用于执行法律过程与结果的监督，系党委领导、管理政法工作的重要形式。在新形势下进一步加强和改进党委政法委的执法监督工作，具有十分重要的意义。

（一）执法监督是贯彻落实党对政法工作绝对领导的重要抓手

党委政法委执法监督，是落实党对政法工作绝对领导的重要载体；是支持和监督政法单位依法行使职权，检查政法单位执行党的路线方针政策，以及重大决策部署和国家法律法规贯彻情况的重要途径。离开执法监督，党委政法委领导和管理政法工作就缺乏具体的切入点和抓手。党委政法委执法监督工作具有很强的专业性、制度性和稳定性，只有切实强化执法监督工作，领导、监督和支持政法单位依法履行职责，党委政法委的职能才会越来越实。因此，必须把加强和改进执法监督工作放在更加重要、更加突出的位置，持之以恒抓紧抓好。

（二）执法监督是满足新时代人民群众司法需求，促进严格执法、公正司法的重要途径

随着中国特色社会主义进入新时代，人民群众对民主、法治、公平、正义等有了新的更丰富的要求。客观上，少数政法干警执法不严、司法不公，甚至利用手中权力牟取私利、收受贿赂，与新时代人民群众对政法工作的新要求、新期望有较大差距。这些都充分说明了加强和改进新时期党委政法委执法监督工作的重要性和必要性。只有加强党委政法委执法监督，及时发现政法单位执法司法存在的突出问题，进一步健全党对执法司法工作的领导监督机制，推动政法各单位之间加强相互制约，才能积极促进严格执法、公正司法，让人民群众在每一个案件中都感受到公平正义。

（三）党委政法委执法监督具有其他监督无可比拟的优势

在构建执法司法制约监督体系过程中，党委政法委执法监督相比纪检监察监督，其对象更集中，仅限于政法单位执法司法活动；相比检察机关法律监督，手段、方式更加灵活；相比政法各单位的内部监督，更加客观、中立；相比政法单位之间的相互制约，更加权威、更有效果；相比人大监督和社会监督，对象、方式、后果不相同，特别是在监督后果的运用上更有力度。

（四）执法监督是加强过硬政法队伍建设、打造政法铁军的重要举措

不容忽视的是，政法队伍中出现了一些害群之马，有的吃拿卡要，有的徇私枉法，还有的与黑恶势力相勾结，甚至充当黑恶势力的“保护伞”，极大地影响了政法队伍的形象和执法司法公信力。根据中央政法委“长安剑”刊文通报，在第一批政法队伍教育整顿期间，全国有近 2 万名政法干警主动向纪委监委投案，立案审查调查涉嫌违纪违法干警 49 163 人，被采取留置措施的有 2 875 人，综合运用“四种形态”处理处分违纪违法干警 178 431 人。这些数据说明，加强和改进党委政法委执法监督工作，及时预

防和纠正执法司法过程中存在的瑕疵和突出问题，是建设信念坚定、执法为民、敢于担当、清正廉洁的政法铁军的重要措施。

二、党委政法委执法监督在镇江市的实践

（一）执法监督的具体方式

1. 执法检查。在实践中，镇江市采取明察暗访、社会调查、核查案卷、开展谈话等方式开展执法检查。市委政法委专门制定出台了从源头切实解决执行难问题的实施意见，明确了公安、检察、司法、财政等 29 家成员单位支持法院切实解决执行难问题的具体职责；牵头召开综合治理执行难问题联席会议，研究解决推进不动产处置、重大敏感案件清场等疑难问题；组织开展“执行难”专项检查调研活动，提出意见和建议，极大推动了执行工作的有效运行。

2. 案件督办。镇江市建立和落实专人负责、窗口接访、请示报告、每月例会、存档备查、责任倒查等配套制度，严格按照“属地管理、分级负责、归口办理”的原则，定期开展督查督办，确保所有信件有下落、有回音，真正形成涉法涉诉信访闭环，2019 年以来共处置涉法涉诉信访案件 300 余件。在政法队伍教育整顿期间，市委政法委专门印发《全市政法队伍教育整顿涉法涉诉信访线索处理制度》和《全市政法队伍教育整顿问题线索办理工作规程》，详细规定接收、登记、移交、反馈、上报、备案、统计等工作流程，共处置涉法涉诉信访问题线索案件 800 余件。

3. 案件协调。在案件协调过程中坚持“三不”原则，即一般不对案件定性，不对案件有关程序和实体处理提出明确意见，不代替政法单位依法履行职权。严格案件协调的程序与方式，牵头开展案件的协调会商工作，先后协调处理了 10 余件重大敏感案件，进一步统一了执法思想，明确了工作责任，实现了法律效果、社会效果和政治效果的有机统一，保证了相关案件的依法稳妥处理。

4. 案件评查。镇江市组建了 87 人组成的镇江市涉法涉诉案件评查专家

库，逐步构建起“两级三查”的评查工作体系。2020 年，针对全市来访 480 批次、来信 267 批次涉法涉诉信访案件开展“回头看”工作，并筛选出 45 件重点案件进行评查，发现执法程序瑕疵问题案件 22 件，均严格要求落实整改。在政法队伍教育整顿期间，对 287 件重点案件开展了评查，问题主要集中于：一些案件法律文书不规范，如有的文书未填写单位、未加盖印章，个别案卷未按规范要求装订；个别单位和干警法律时效意识不强，未在法定时限内办结案件；个别案件未依法履行告知义务；等等。针对这些问题，相关政法单位进行了切实整改，推动了一批执法不严格、不规范问题的有效纠正。

5. 报告备案。政法单位要就重大案件和影响公正廉洁执法的突出问题，制定出台重要执法办案规范性文件、推行重大执法改革、开展专项执法活动等，在规定期限内向党委政法委报告备案。镇江市注重这项制度的贯彻落实，将此作为常态化开展执法监督的重要抓手：2021 年上半年专门制定出台了严格执行防止干预司法“三个规定”的实施办法，设专章规定备案通报的具体内容，明确了政法单位每季度、每半年及全年应当向党委政法委报告备案的相关事项。

（二）执法监督面临的问题与困境

1. 有片面思想认识，监督理念不强。一些从事执法监督工作的同志认为，监督就是“找茬”，既觉得不好意思，又觉得困难重重，在工作中心存顾虑、患得患失、畏首畏尾、缺乏勇气。少数政法干警把党委政法委的执法监督与本单位本部门的执法司法活动对立起来，以强调独立行使执法司法权、反对办案干预为借口，消极应付执法监督，没有认识到党的监督不仅是政法部门依法独立行使职权的保障，而且是保障政法部门公正执法、防止司法腐败的需要。

2. 职责权限不明，内外关系不顺。在我国现行的执法监督体系中，除了党委政法委执法监督外，还存在多主体多形式的监督模式，彼此之间的职权分工、边界界定往往并不清晰。目前，党委政法委执法监督的依据基本上是党内法规、党内规范性文件和工作惯例，还没有具体的法律予以规范，这使得执法监督的职责定位没有进一步明确，监督效力有待提高。

3. 程序规范欠缺，监督质效不佳。执法监督案件大多数源自上级或本级党委领导等的批示或群众来信来访，部分是通过开展专项行动发现的问题线索，在开展执法检查、案件协调等具体监督过程中，缺乏操作性强的工作程序规则。尤其在运用大数据信息化资源开展执法监督方面还比较滞后，信息化监督手段未有效使用，党委政法委与政法各单位之间仍存在信息壁垒，执法司法信息尚未做到及时完整共享。

4. 机构配置不优，人员素质参差不齐。地方党委政法委在实际工作中往往承担多重牵头协调职能压力，机构挂牌多、维稳任务重、工作压力大、人员编制少等情况普遍存在，面临着叠加履职、人少事多等现实问题，对新形势、新任务要求还不能适应。有的基层执法监督人员的法律政策水平不高，缺乏执法司法实践经验，案件协调能力较弱，在工作中难以做到使人心服口服，这必然影响党的执法监督的公信力和权威性。

三、完善党委政法委执法监督的路径选择

（一）统一思想认识，树立正确理念

党委政法委的执法监督是执法干预与执法支持的有机统一，它既能遏制执法司法中的腐败因素，又能消除影响执法司法公正的外界干扰。解决当前客观存在的执法司法腐败等问题，在现行体制机制下光靠执法司法机关的内部力量是难以奏效的，必须加强党对政法工作的领导和监督。从这个意义上讲，党委政法委的执法监督工作只能加强不能削弱，政法机关应当主动接受党委政法委的领导监督，不能把执法监督工作看成“越权”或对政法机关行使职权的“干扰”，而应视作保障执法司法公正和规范的一道坚实屏障。

（二）明晰职责权限，理顺监督关系

一方面，要理顺党委政法委执法监督与人大权力监督、政协民主监督、检察机关法律监督、社会舆论监督等的关系；另一方面，要处理好坚持党

的领导与政法机关依法独立行使职权的关系。要明确各级党委政法委对政法工作的领导和监督并不是随意地直接干预办案，而是对政法机关行使职权所进行的评价、指导与规制，是对执法司法活动中贯彻党的路线、方针、政策情况的监督，是对执法质量进行的政策评价而不是单纯的法律评价，是政治领导而非简单的业务指导。

（三）完善工作机制，细化操作流程

积极推行通过个案监督发现、执法检查确认、专项调查分析、专项治理解决的“四合一”一体化执法监督体系，有针对性地制定事前防范、事中督促、事后检验的操作规则，并充分运用大数据、区块链等新技术手段，加快提升执法监督智能化、信息化水平，进一步完善线上执法司法流程，优化节点监控、风险提示、瑕疵预警等智能监测功能。进一步加强与相关部门的工作协作，积极探索建立和完善党委政法委与纪检监察、组织部门的沟通协调机制，充分履行协查、协管职能，不断强化执法监督的结果运用，真正把党管干部的要求落到实处。

（四）强化人员配置，提高队伍素质

以执法监督机构的单独设立为原则，不断优化干部素质、知识和年龄结构，把政治素质好、法律水平高、司法实践丰富、案件协调能力强的干部配备到执法监督队伍中来，并为他们提供理论培训和实践锻炼的机会，不断提高他们解决实际问题的能力和水平。根据实际需要，积极组建专兼职结合的执法监督工作队伍，可在党委政府有关部门、司法机关，以及人大代表、政协委员、法学人士、媒体记者及群众代表中选聘一批人员组成，实行统一领导、分组负责、动态管理的工作模式，发挥多元监督优势，形成强大监督合力，进一步增强执法监督的针对性和实效性。

（作者单位：中共镇江市委政法委）

镇江市深化综合行政执法改革的问题及对策研究

| 周培袁　房　元　朱伟俊等 |

深化综合行政执法改革是纵深推进“放管服”改革的重要举措，是提升基层治理现代化水平的重要路径。为深入推进综合行政执法改革，2019年，党中央、国务院先后提出了关于深化文化市场、农业、市场监管、交通运输、生态环境保护等5个领域综合行政执法改革的指导意见。江苏省委、省政府提出以构建“集中高效审批、分类监管服务、综合行政执法”基层政府治理架构为目标，以权责清单为边界，以信用监管为核心，以网格化管理为基础，以“双随机、一公开”为抓手，以大数据为支撑，以综合行政执法为手段，以线上线下相结合的制度链为保障，建立健全权责统一、权威高效、适应经济社会发展要求的行政执法体制，为建设“强富美高”新江苏提供有力保障。镇江市近年来积极推进综合行政执法改革，努力建立健全多个领域权责一致、保障有力的综合行政执法体制。如何推动镇江市综合行政执法改革向纵深迈进，需要我们认真加以研究。

一、镇江市探索综合行政执法改革的实践

近年来，镇江市持续推进行政执法体制改革，推动市域治理现代化指挥中心建设，积极探索构建“大数据+指挥中心+综合执法”新模式，进一步提升行政执法规范化、精细化、智能化水平。

（一）完成了综合行政执法机构的组建

镇江市按照一个领域设置一支执法队伍的原则，整合分散于各机构的

执法职权，深入推进部门内部、部门之间、领域之间的综合执法改革，初步完成城市管理、生态环境、交通运输、农业、文化市场、应急管理、市场监管等七大领域综合执法队伍建设。在城市管理领域，由市城管局向丹徒、京口、润州、镇江新区、镇江高新区下沉300名事业编制。在安全生产领域，由市级向镇江新区、镇江高新区下沉6名行政编制，实现了人、财、物、责、权、利的整体配套。各板块均由镇（街道）统一组建综合行政执法局，配备不少于6名具有行政执法资格的人员及相应执法装备，并按一定比例配置执法辅助人员。在自然资源、劳动保障监察、水政等领域，各自整合了一支综合执法队伍，机构级别、名称待中央、省统一部署后再行统筹确定。另外，对诸如节能监察等事业单位执法队伍进行了清理规范，使民政执法、财政监察、宗教执法、统计执法、医疗保障稽查等执法职能统一回归机关。

（二）建立了“大数据+指挥中心+综合执法”的市域治理新模式

2001年以来，镇江市委机构编制委员会办公室、市大数据管理局等相关部门联合推动市域治理现代化指挥中心建设，构建全省首批“大数据+指挥中心+综合执法”新模式，镇江成为全省首批打造新模式的城市之一。一是率先搭建了“一体化”数据平台。以大数据为支撑建立综合行政执法信息情报体系，依托指挥中心数据共享平台，有效打破部门信息壁垒，打通数据渠道，实现全市域数据一体化。镇江市在全省率先实现包括公安系统在内的数十亿条信息数据的相互关联、有机融合，构建了强大的综合监管数据库、行政审批数据库、城市运行数据库，从根本上提高了对执法一线的感知能力和预警能力。二是全力打造“一体化”指挥体系。市级指挥中心已实现对七大领域执法的实时指挥调度，与镇江新区、镇江高新区及所属镇（街道）指挥中心互联互通，与丹阳市、扬中市正在加强沟通对接，全面增强了行政执法的精准性、有效性、规范性。指挥中心有效联通各领域执法平台，强化对行政执法的全过程监督和实时指挥调度能力，县域指挥中心也在不断完善，“市管大事、县管难事、镇管繁事”，上下贯通、信息共享、反应迅速、指挥有力的一体化指挥体系全面建立。三是注重运用

“一体化”先进技术。通过“云移物大智网”等新技术、新手段，全面提升执法一线的监测预警、感知反应和统筹协调能力，实现“一屏汇万事、一网管全城”。充分利用互联网、物联网、大数据等信息技术，推进行政执法信息一体化，打破“信息孤岛”，实现信息资源共享。深入推进智慧型综合执法，使综合行政执法逐步由高成本执法向新型监管方式转变，逐步实现政府治理能力现代化。

（三）实现了权力下放与基层一线执法水平提升

结合行业特点和镇江市实际情况，将镇（街道）原有零散的执法力量集中起来，实行“一支队伍管执法”，切实提升执法效率。一是明确执法责任。认真梳理行政处罚、行政强制、行政检查等与执法、监管相关的行政权力事项，出台职责分工文件，从审批、监管、执法环节进一步厘清综合行政执法队伍和主管部门的权责边界，避免出现监管与执法推诿扯皮等问题，确保行政执法权集中高效行使。二是加强权责管理。按照权力清单标准化要求，制定公布综合行政执法主体的权力清单和责任清单，统一规范执法权力事项“名称、编码、依据、类别”，向社会公开具体职责、执法依据、处罚裁量基准、执法程序和监督途径，由各领域综合执法主管部门牵头建立综合行政执法职责清单。依法界定各级政府执法权限，确定市区、县域、镇（街道）各层级各执法主体及其执法范围、职责，精简行政执法事项。以清单形式确实无法明确责任边界的，进行具体案例补充，通过分解案例处置环节，进一步明确责任，切实保障行政执法规范化。三是规范园区执法。积极向省政府争取相对集中行政处罚权改革授权，赋予省级以上开发园区相关行政处罚权及强制权，解决现行法律法规对开发园区行政执法主体资格定位不明确问题。

二、综合行政执法改革存在的问题

（一）指挥中心作用有待发挥

市域治理现代化指挥中心虽然已经建成，但距离实现“情报主导、信息支撑、联合指挥、合成处置”的一体化指挥处置体系的目标还有很长的路要走，指挥中心“中枢”和“大脑”的重要作用有待进一步挖掘。

（二）各级权责配置有待优化

科学、规范、高效且符合镇江实际的行政执法体系还未完全形成，特别是市、县、镇（街道）及行政执法部门之间的执法职责仍需系统界定。综合行政执法机构的设置，有的是按行业领域设置，有的只是单纯设置一个机构，部门内的执法队伍只是单纯的名称整合，没有真正实现“一支队伍管执法”。

（三）行政执法程序有待规范

在执法实践中，仍有少数执法人员把当事人看成取缔、整治的对象，对管理、执法、服务三者间的关系认识不到位，背离了为人民服务的根本宗旨，存在忽视执法程序的行为：执法时不出示证件、不告知其执法依据、不听取当事人的陈述和申辩，执法后不告知当事人有要求听证、行政复议和行政诉讼的权利，等等。

（四）监督评估考核有待加强

内部监督不够完善，有的甚至流于形式，致使行政执法队伍着装不规范、违规使用执法车辆，甚至利用职务之便牟私利等侵害群众利益的行为时有发生。外部监督大都为事后监督，较难达到规制、约束目的。执法人员评估考核存在不足，未严格按照工作职责、评估标准进行考核，缺少执法人员互评和人民满意度评价，等等。

（五）执法能力水平有待提高

对行政执法人员的公共法律知识和专业法律知识培训不够，致使行政执法人员对行政处罚自由裁量权尺度把握不准，易受主观影响，从而对相对人利益造成损害。综合行政执法集中了不同行业、不同编制、不同水平的执法队伍，且多数为打乱后重新配置，导致各执法队伍专业水平参差不齐。

三、深化综合行政执法改革的对策建议

要坚持问题导向、目标导向、效果导向，不断健全执法制度、规范执法程序、创新执法方式、加强执法监督，全面提升执法效能，构建权责统一、权威高效且具有镇江特色的综合行政执法体系。

（一）完善指挥中心系统功能

一要强化组织领导。更好地发挥综合行政执法改革工作领导小组作用，进一步加强对综合行政执法改革特别是市域治理现代化指挥中心建设的领导。完善综合行政执法改革联席会议制度，定期召开会议，分析研判、商讨解决疑难问题。二要强化数据归集。要整合各类政府部门服务热线，集成机关执法各类问题来源，将所有案件线索归集汇总，提高信息整合的及时性、有效性和广泛性。以“建设全时空大数据平台、汇聚海量全域数据”为目标打造“数据超市”，实现数据全量汇聚，“一个平台管数据”“一个号码管受理”“一个 App 管服务”。三要强化分析研判。实时更新办件情况、各类案件占比情况等数据，借助大数据技术分析研判社会治理的“痛点”，进行精准“点穴”，提高执法的精准度和预见性。四是强化监督管理。通过数据留痕等技术手段，实现执法时间、地点、行为，以及具体事项可追溯、易监管，使行政执法行为更加规范，使执法工作状态实现“实时、可视、可控”。

（二）深度优化权责清单制度

厘清和压实各方责任，合理划分综合行政执法部门与相关业务主管部门的职责权限，做到“职责明晰、权责对应”。一是进一步理顺权责关系。按照设区的市和市辖区只设一个执法层级的要求，推动执法权力真正做到“应放尽放”。强化县级行政执法职能，进一步整合优化相关部门行政执法事项，实行跨领域跨部门综合执法，减少执法层级，让行政执法更加贴近基层。二是进一步厘清执法权限。全面梳理、精准赋权，建立健全权限管理收放相济制度，及时跟踪评估下放权限承接情况。制定“属地管理”主

体责任和配合责任清单，进一步厘清市、县、乡在行政处罚、日常监管等方面的职责边界，努力构建科学、规范、高效的行政执法体系。三是进一步推进职权划转。以各执法单位“权力清单”为基础，研究制定具有较强操作性、针对性的刚性划转标准，切实避免部门的“选择性”划出和“挑肥拣瘦”式划入，做到“职权划转有序、执法监管有界”。在划转过程中，同步调整职责下沉部门编制，将事业编制充实到基层一线，并明确下沉人员编制关系和组织关系、调动晋升、工作考核和日常管理等事项，确保人员“沉得下、管得住、用得好”。

（三）持续加大执法监管力度

完善事前、事中、事后监督管理。通过权责范围、依据适用、执法流程等控制实现事前控制；通过执法动态监督、案卷抽查监督等手段实现事中监督；通过考核评价与案卷评查等方式实现事后考评。实现对执法主体、执法人员、执法行为、执法过程的全面监管。一要改进执法程序。在依法依规、充分保障执法对象合法权利的基础上，通过劝说、监督、指导等非强制方式引导执法对象自觉守法，和谐处理执法者与执法对象的关系。二要加强监督评估。严格执行行政执法公示、执法全过程记录、重大执法决定法制审核等制度，着力构建权责明晰的监管执法体系。加强内部监督，探索实施不同部门交叉互审的监督办法。将指挥中心、执法机构、执法人员、网格员履职等纳入评估范围，围绕执法信息数据汇聚、事件线索发现、流转交办处置、执法结果反馈、执法行为规范、执法办件效能等内容开展综合监督考核。三要强化执法保障。强化基层综合行政执法配套衔接，建立执法经费保障机制，切实保障行政执法机关依法履职所需的执法装备和场所，相关经费列入财政预算。

（四）全面加强执法队伍建设

要始终把执法队伍思想建设放在首位，不断提高执法人员政治觉悟和理论水平，进一步提升专业水平和业务能力。一要提高专业化门槛。坚持精简、效能、统一原则，以高标准、严要求组建综合行政执法队伍，按合理比例保障执法监管一线编制数，吸纳具有公共法律知识或专业法律知识的人才充实基层一线。二要落实专业化管理。健全综合行政执法队伍管理制度，制定综合行政执法人员行为基本准则，严格队伍管理，打造规范化、专业化、职业化的综合行政执法队伍。强化正向激励，对从事行政执法工作人员实行差别化优待，提升执法人员积极性和主动性；明确退出机制，不符合条件的，取消相关资格和相应待遇。三要加强专业化建设。加大对行政执法人员的公共法律知识和专业法律知识培训力度，注重培养能够承担多专业领域执法“一岗多能”的复合型执法人员。加强对基层相关执法工作的指导，尤其是针对下放的行政处罚权力事项，开展更有针对性的行政执法业务建设。

（作者单位：中共镇江市委研究室、江苏科技大学）

数字政府平台驱动下的“智慧镇江”政务数据共享整合研究

| 景国良　王长宝　张海洋等 |

党的十九届四中全会要求创新国家行政管理的方式，提高行政效能，建设人民满意的服务型政府，其中“推进数字政府建设”已成为推进地方政府治理体系和治理能力现代化、提升政府行政效率和履职水平的必然要求。推进数字政府建设是坚持和完善中国特色社会主义行政体制的重要内容。镇江城市治理体系要随着社会发展进步而不断改革调整，治理能力要根据日益复杂的社会状况不断优化提升，完成政府数字化转型的任务势在必行、迫在眉睫。

一、镇江市政府数据共享中存在的主要问题

镇江市政府近年来积极探索和采取可行性措施提升政府决策能力，在诸多方面虽然取得了一些成绩和突破，但政府内部正确的数据意识还没有建立，有关的数据信息平台建设还很滞后，政府决策主体结构不平衡，政府各部门合作意识不强，仍然存在一些问题和不足。

（一）政府小数据意识盛行

数据的采集范围既有个人的、企业的、非营利组织的，也有来自政府各个不同部门的。政府每个职能部门都有其内部的数据集，由各部门在社会治理过程中采集并存储而得。部门不同意味着数据的类型、所产生的价

值大小和可利用之处不同，因此，在数据流通与分享方面便产生了阻碍因素，有的部门独占自己的数据资源，不愿公开和分享。

（二）政府共享数据平台建设滞后

镇江市的信息网络质量落后于经济高速发展所带来的巨大需求，大部分用户宽带速率都在 2Mbps 左右。信息基础设施落后将直接限制云计算、物联网、智能工业等新一代信息技术的应用。物联网发展投入不足，云计算平台建设滞后，各大云计算供应商提供的架构与传统应用程序不一致，导致多数政府的业务应用迁移遇到障碍。政府对迁移存在的困难和云计算安全认识不足，也使得云计算平台建设和使用一再搁浅。

（三）政府数据共享主体结构单一

长久以来，无论是解决公共危机、突发事件还是提供公共服务、公共产品，几乎都由政府一手包办。传统政府管理思维的局限性和以行政为主导的行为程序，导致社会组织和个人无法在公共危机和公共服务中发挥积极有效的作用；地方政府对社会组织、企业和个人实力不信任，并很少给予其适度发展的空间和保障。政府在当下社会治理过程中可能会面临一系列尖锐、突发的公共问题，这严重挑战其治理能力，且仅靠政府部门单一主体决策肯定势单力薄。

二、镇江“数字政府”数据共享整体框架设计和实施路径

“平台驱动的镇江数字政府”应充分挖掘政府各级部门管理与服务中的业务共性，实现技术融合、业务融合和数据融合，形成跨层级、跨地域、跨系统、跨部门、跨业务共享的“数字政府基础设施”。

（一）数据共享整体框架设计

整体框架包括“1 基座、2 中台、3 服务端、4 平台”，以及在数字政府基础设施上形成的 N 应用。其中，“1 基座”，即“基础安全底座”，为整个平台提供安全保障；“2 中台”，即负责对外服务的服务中台和对内服务的协同中台，合称为“政务中台”或通用能力平台；“3 服务端”，即三

类使用者的访问入口，包括面向公众的服务端（To C）、面向企业的服务端（To B），以及面向政府内部决策、办公和监督/监管的服务端（To G）；“4 平台”，即“政务服务平台”“协同办公平台”“政务中台”“公共数据平台”。“N 应用”，即基于数字政府基础设施，面向对外办事和对内办公的问题和需求不断创新开发的各种应用程序。

按照“大平台微应用”的“数字政府”设计思路，将“互联网+政务服务”这一大系统的通用业务功能组件化形成公共服务中心、政务综合管理中心两个业务共享服务和一个共享支撑服务。政务服务数据标准化、数据治理工作依托“数字政府”的数据中台，形成不同的政务服务主题库和客户关系模型、事项关联模型、智能搜索等政务服务数据挖掘模型，以支撑政府门户、公共服务 App、智能终端、内网门户、办公 App、电子督查、决策、展示大屏等应用系统的快速搭建。

（二）平台驱动下的数据共享实施路径

1. 服务牵引。“平台驱动的镇江数字政府”建设强调以服务为导向，其中协同办公平台和政务服务平台承担为政府、企业和公众提供服务的责任，集中反映治理需求，是整个数字政府建设体系的核心枢纽，牵引着其他部分的运转。

2. 政企共创。“平台驱动的镇江数字政府”必须是政府与企业共同合作的成果。数字政府任何创新的出发点都是要解决具体的政府治理问题，满足政府治理的需要。政府和企业必须坐在一起共同研究，通过“干中学”模式逐步摸索出具有本地特色的数字化治理方案。

3. 业务迭代。以突发的新冠肺炎疫情为例，政府应该充分利用政务在线应用和政务中台技术，在很短时间内相继开发出疫情联防系统、健康码、复工平台、精准扶持、精准补贴退税等诸多应用程序，需求随着疫情的发展不断延伸，应用程序也不断开发、更新。

4. 能力组装。要支持业务快速迭代，就必须要提供可以“组装”的能力模块。在面对紧急情况时，政府要在一天内完成某个应用程序开发，“中台”能力储备就发挥了关键性作用。

三、加快建设“平台驱动的镇江数字政府”的对策建议

（一）加快技术发展与应用，实现政府数据资产的技术支持

一要加快单项技术突破。在难以实现整体技术同步发展的情况下，镇江市政府应制定相应的鼓励政策和奖励措施，对实现各分支技术突破的镇江地区高校、企业和相关政府部门给予奖励，实现由点到面的技术发展路径。二要实施镇江政府决策数据共享技术应用示范工程。选择医疗、金融、食品安全等具有一定大数据基础的政府决策科学性提升重点领域，实施数据共享应用示范工程，带动和促进政府决策其他领域大数据技术的应用。三要充分激发企业的技术优势。通过有效的政策引导，拓宽政企合作方式，发挥企业的技术创新优势，达到利用“数字政府”为政府决策服务的目的。

（二）加快信息化基础设施建设，保障政府数据资产的平台支持

一要加大政府资金投入。未来政府决策对数据资产的依赖将越来越大，市政府必须加大资金投入，加快基础设施规划和建设，这样才能为数字政府相关信息技术的研究和应用提供平台保障。二要充分利用市场的杠杆作用。大数据时代的基础设施建设是一个庞大且持久的工程，仅靠政府一己之力很难完成，因此需要鼓励社会多方资源投入。应充分利用市场的杠杆作用，加快数据共享基础设施建设。最终，市场将共享政府丰富的数据资源，以此实现巨大的经济价值。三要整合已有的大数据共享基础设施。政府对原本存在的不够完善或者孤立的数据基础设施进行整合，并在可行的范围内对其进行升级和调整，构建“智慧镇江”数据资产共享系统的主体框架。

（三）培养数据科学专业人才，强化政府数据资产的智力支持

一要推进人工智能、大数据相关专业人才培养。大数据时代，数据采集、云计算、物联网等相关专业人才的需求量将越来越大。因此，着手推进镇江地区高校和科研机构开设相关专业、培育大数据技术人才也是政府的工作重点之一。二要加大人才联合培养力度。联合培养模式下接受教育的学生，不仅知识面更广，而且实践能力更强，能满足社会对复合型人才

的要求。政府在推进高校人才联合培养过程中，还应注意到多种培养方式的选择和组合。三要实施技术人才引进。政务数据共享的发展在目前还是新鲜事物，数据分析和数据科学专业人才匮乏，人才储备薄弱。政府可以通过优厚的奖励性政策吸引人才，一方面可以帮助政府打开大数据使用的僵局，另一方面有利于带动和培养一批新的技术人员。

（四）推动社会公众参与决策，丰富镇江地区政府数据资产结构

一要完善以“微博”“微信”等社交媒体为主的分布式信息发布技术，为公众参与提供实时互动的全新信息空间，加强与公众的实时沟通。产生数据的过程实际就是用户与政府交流的过程。一方面，用户向政府表达自己的意见和喜好；另一方面，政府通过数据搜集和分析了解用户的需求，从而改善服务。二要促使移动终端尽可能发挥最大效益。随着手机、便携式电脑、可穿戴设备等移动设备的逐步普及，人们将能够随时随地与政府进行沟通，甚至得到政府部门的在线回复和反馈。三要将数据采集工具分发给个人，个人可借助“数据众包模式”轻松完成采集任务。这样数据采集覆盖面更广，连续性和真实性更强，并能大大提高公众参与政府决策的热情，同时为相关部门提供连续真实的数据。

（五）打破原有利益割据，实现跨部门融合协作

一要建立数据共享开放平台。不仅要实现数据的从无到有、从少到多，还可进一步发展为地方政府部门之间的监督平台、公众与社会组织对政府的监督平台。二要制定数据共享使用规则。无规矩不成方圆，没有具体的数据使用规则，开放和共享也无从谈起，因此一套完整的数据开放、使用规则必不可少。三要完善相关的制度和机制。建立政府数据开放和共享机制，要按照开放、保障安全、价值导向、质量保障和权责利统一的原则，建立数据开放和共享的相关法规和制度，明确政府数据共享机制的责任主体，深化政府间、政府内部各个部门间的合作交流，打破科层制模式下的数据壁垒和部门保护主义，为提升决策水平清除障碍。

（作者单位：江苏科技大学）

生态环境执法司法联动问题及对策探究

谭凤兰　汪祥胜　叶　朋

生态环境问题是全球性问题，对生态环境的依法治理是综合性治理体系。就执法和司法两个环节而言，两者互为关联互动的前提和基础。存在的问题主要是行政权与司法权各自在自己的体系内进行“活动”，彼此既不能越界又需要相互联系。在我国，行政权与司法权的行使都在党的统一领导之下进行，因此，生态环境的行政执法与司法的关联互动是完全可行且必须进行的，只有这样才能更好地做好生态环境保护工作。

一、镇江生态环境执法司法联动现状

1. 执法环节与司法工作的联动

第一，行政机关负责人出庭应诉率还有待进一步提升。行政机关负责人出庭应诉便于及时解决实际问题，是法治政府建设的要求，也是司法改革的要求。据镇江中级人民法院统计，2020 年上半年，镇江市行政诉讼中行政负责人的出庭率为 99. 15%，这表明还存在 0. 85%的人不出庭。已出庭应诉的仍存在以下问题：一是负责人中“一把手”少、分管领导多；二是应诉时不表态、不发言，走过场现象普遍。这说明出庭应诉也未达到理想状态，需要提升效率，做到“一把手”出庭应诉，发声表态解决问题。

第二，对司法案件的配合执行和经验总结还有待加强。在行政诉讼中，行政机关败诉属于正常现象。据统计，2020 年上半年镇江全市法院审结行政案件279件，其中一审194件、二审85件，行政机关败诉率为6.2%。行政机关对于调解书执行配合尚可，但对于生效的行政判决不是很积极主动配合执行，甚至有故意推诿等行为。败诉之后，行政机关也缺乏针对性的经验总结，如对拆除违法建设中因程序违法而败诉的案件缺乏有效的经验总结，也缺乏与法院的进一步沟通联系，未找到预防败诉的有效措施。

第三，对司法建议和检察建议的落实还有待加强。行政机关对待司法建议和检察建议，与本单位息息相关的，能积极回应和落实，见效很快；共性或者牵涉多家行政单位的问题，往往无人牵头落实解决、相互推诿，或者等待上级领导出面牵头解决。

第四，“两法”衔接有待进一步完善。行政法和刑法的“两法”衔接是自上而下进行的，目的在于及时有效地处理行政领域的违法犯罪行为。在“两法”衔接过程中，一是在案件移送上，行政机关出于本部门利益考虑，存在不移送或者选择性移送的情况。二是在案件处理上，有以罚代刑的情况。特别是一些专业性明显的领域，实际发生的案件并不少，但是移送司法机关的少，进行行政处理的多。三是行政机关与司法机关的信息通道不顺畅，特别是当下，网络发达但是网络平台的作用尚未发挥，同时移送受理工作的具体衔接机制也有待优化。

2. 司法环节与执法工作的联动

第一，行政机关负责人出庭应诉状况有待改善。司法机关对个别不出庭或主要领导不出庭情况，以及走过场的情况，尚无有效制约手段，只能有待行政机关负责人的认识的提高来解决。

第二，司法建议反馈需要加强落实。行政机关对法院或者检察院提出的司法建议不能做到及时、全面反馈并真正解决问题。调研发现，镇江法院系统2020年上半年提出的针对行政机关的司法建议合计23条，及时反馈的有14条，但反馈存在敷衍和推卸责任的情况。相关人员反映，2021年的司法建议反馈情况与2020年基本相似。

第三，行政机关与检察院在公益诉讼中的联系有待加强。自从《中华人民共和国民事诉讼法》《中华人民共和国行政诉讼法》修改以来，公益诉讼的范围和案件数量有所扩大和增加，但镇江 2020 年上半年的公益诉讼案件统计为零。行政机关对实际情况最为了解，可以为公益诉讼案件提供案源，但与检察院联系合作不多，没有形成合力做好公益诉讼工作。

二、生态环境执法司法优化联动的路径选择

1. 加强党对生态环境执法司法联动工作的领导

中国共产党的领导，作为中国特色社会主义最本质的特征和我国社会主义制度的最大优势，体现在我国经济社会发展的方方面面，当然也体现在生态环境保护方面。近年来，中央、省级生态环境保护督察已经明确指出，镇江市“环境监管能力弱，环境监管执法不到位”。要改变这种状况，各级党委的重视是关键。在镇江市委的统一领导下，各层级领导带头，转变各自为政的僵化认识，降低各自的身段，主动对接，狠抓生态环境保护工作。在不违背各自职责权限的前提下，不拘泥于各自的身份、地位，为更好地开展生态环境保护积极工作。特别是各相关对口部门的领导，更要站在工作的高度主动对接联动。

2. 进一步完善现有生态环境执法和司法关联互动机制

第一，进一步落实行政诉讼中行政机关负责人出庭应诉制度。一是法院在审理案件过程中，把行政负责人是否出庭应诉作为衡量行政机关法律实施效果的一个标准并及时将情况反馈给政府考核部门；二是行政机关自身也应当对出庭应诉进行考核；三是对于出庭应诉的难点问题，双方可以考虑通过定期举办研讨会等形式积极进行探讨，寻求最佳解决方案。

第二，进一步加强“两法”衔接。“两法”衔接对应的是行政机关与检察院的关联互动。要理顺衔接关系，完善衔接机制，强化沟通协作。可以充分运用现代信息技术和大数据功能，加强彼此的信息共享，促进双方更好地开展工作。

第三，及时反馈并有效落实司法建议和检察建议。司法机关对行政机关行政执法等工作提出建议，一般都是发现行政机关存在一定的行政执法

的问题和一定的司法风险，一旦引发诉讼可能败诉才提出的。因此，行政机关要认真对待司法建议，积极整改纠正问题，主动反馈、解释，寻求最佳解决方案，以免进入司法程序之后被动应付以致后续工作难以开展。

第四，进一步提高环境行政执法人员的执法能力。生态环境问题涉及面广、专业技术性强，对执法人员的要求高，执法人员不仅仅要有法律知识，更要有生态环境方面的专业知识。据镇江市司法局掌握的信息，镇江市、区两级生态环境局中具有行政执法资格的执法人员合计 294 人，在各个执法主体中人数最多。但执法人员中存在业务不熟悉、执法不规范，甚至有意包庇、纵容违法行为等情况。因此，要加强对行政执法人员的专业培训，提升其业务能力和综合素质，以保障生态环境执法得以真正落实。

3. 进一步完善司法机关的生态环境司法行为

第一，重视和落实行政机关负责人出庭应诉制度。作为审判机关的法院，有权要求行政机关落实负责人出庭应诉的规定。这样做，有利于加强法治政府建设的力度，能够提升行政机关负责人的法律意识和法治观念，也能够有助于行政案件的妥善解决。对不遵守规定的行政机关，法院可以采取出具司法建议书的形式建议整改，并将情况反馈给政府相关考核部门。

第二，要求行政机关进一步促进“两法”衔接。检察院有权要求行政机关进一步落实“两法”衔接的相关规定，细化衔接的程序和具体衔接的流程。为了保障衔接的实效性，检察院还可以与行政机关保持密切联系，可以派员进驻刑事案件高发的行业领域，对行政机关的衔接行为进行指导；还可以采取制定规则、要求行政机关限时移交等具体措施。

第三，进一步加强公益诉讼工作。近年来，公益诉讼案件有所增加，特别是环境资源案件，与“长江大保护”整体环境相关的长江采砂、水污染等案件备受关注。提起公益诉讼的主体，可以是检察机关，也可以是其他社会团体和个人。行政机关与检察机关要密切合作，加强沟通和联动，共同做好公益诉讼工作。建议在此基础上进一步推进生态环境民事诉讼和公益诉讼工作，鼓励和引导律师参与公益诉讼活动等。

第四，监督和检查行政机关对司法建议的落实情况。建议建立监督机制，敦促行政机关切实重视和落实司法建议，这既对行政机关自身有益，也是对司法权力的尊重。针对现实生活中诸多环境污染违法行为得不到监管或执法不到位的情况，检察机关应当探索建立环境执法专门监督机制，即当环保部门执法不作为或者执法行为不到位时，检察机关在调查核实的基础上，应当依法向环保部门提出检察意见，环保部门应当及时办理或者纠正，并将办理或者纠正情况书面告知检察机关；不采纳意见的，应当书面说明理由。

4. 进一步完善生态环境执法司法关联互动的其他相关制度

第一，由镇江地方人大出台生态环境保护的相关规定。建议镇江市人大借助《中华人民共和国长江保护法》出台和国家提出“长江大保护”的契机，及时跟进，将生态环境监测作为镇江市生态环境立法的项目。在初期，可以考虑作为政府规章进行制定前的调研，在条件成熟之后再考虑作为地方性法规出台，进一步推进镇江的生态环境建设。在关联互动方面不宜进行地方性立法，可以考虑使用联席会议方式，在地方党委的召集下，权力机关、行政机关、司法机关等共同商讨，以会议纪要的形式发布，全市需共同遵守。

第二，政府和司法机关建立生态环境信息共享制度。在现有信息制度的基础上，搭建平台共享生态环境的监测信息、举报信息、执法信息、检察信息、审判信息等。信息共享、互通有无，才能及时发现案源，及时严格执法、公正司法；才能真正建立生态环境保护部门、公安机关、司法机关等多部门相互协作、相互监督的联动机制。

第三，构建全市生态环境应急体系。生态环境危机随时可能发生，及时应对、处置得当才能损失最小化。要强化区域环境安全危机防范意识，建立市生态环境应急中心，加强环境应急能力演练，进一步提高全市的环境安全突发事件处置和应对能力。

5. 落实生态环境责任追究机制

《中华人民共和国环境保护法》第 6 条规定，地方各级人民政府应当对本行政区域的环境质量负责，国家相关文件中也强调建立生态环境损害责任终身追究制。建议市人大要行使监督职权，必要时应当启动质询程序进行问责，涉及犯罪的则提交司法机关处理。

6. 进一步加强宣传教育，努力提升公众的生态环境素养

生态环境执法司法的联动，需要广大人民群众的积极配合。建议通过新闻发布会、“世界环境日”法制宣传、典型案例发布、公开庭审等各种途径对大众进行宣传教育，推动公民践行良好的生态环境行为规范和大众生态健康活动的开展，提升公众的生态环境意识与健康素养。

（作者单位：江苏科技大学马克思主义学院）

论市场监管“软行政”促解消费维权之“疑难症”

| 戴 苏 |

近年来，超市、美容院、校外培训机构、健身房、汽车服务行业等商家向消费者发行贵宾卡和包月年卡，收取预付款后“跑路”事件时有发生，监管部门很难找到发卡负责人，持卡消费者也就很难得到赔付，他们的消费维权难题，被基层执法人员称为维权“疑难症”。借助于大数据，以指导、建议、劝告、提醒、约谈等非强制性手段，谋求相对人的同意或协力，同时强化信用责任，防范各种危害市场交易安全和消费者权益的风险，从而实现特定目的的“软行政”之法，有利于破解此类维权“疑难症”。本文试对此加以研究。

一、镇江市预付卡消费争议概况及其行政调处之特点

据笔者调查，2019 年 7 月至 2021 年 6 月两年中，镇江市由“12345”政府热线受理的 405 153 件问题反映中，消费类投诉有 12 174 件，其中预付卡投诉 2 731 件，“跑路”事件发生后无法退费的有 2 518 件。市消费投诉举报中心“12315”热线、投诉窗口、网站共受理各类消费投诉举报 15 824 件，其中涉及预付款消费 701 件、预付金额 1 405 582 元，经行政部门调解退费 101 件、退费金额 205 460 元，仅占总预付金额的 14.6%。

数据显示，镇江市预付卡消费争议的行政调处呈现三个方面特点：一是“12345”政府热线和镇江市消费投诉举报中心是预付卡消费争议后申请

行政权介入的主要渠道。二是办卡容易退费难，遇商家“跑路”时维权更难。两年中，“12315”受理的共701件预付款消费案几乎均经过行政部门调解程序（包括无法联系的商家），调解成功退费案例101件，占比仅为14.41%，调解成功率较低，主要原因是涉及的绝大部分商家“失联”。三是部门职责不清，执法强制力不足。在法律依据方面，层级较低、规范分散，缺乏统一性，实施行政处罚依据事实认定较难。如国务院办公厅《关于规范校外培训机构发展的意见》规定，不得一次性收取时间跨度超过3个月的费用，这个规范性文件不能作为行政处罚依据，且文件没有明确是由市场监管部门还是教育部门对此进行监管。再如《单用途商业预付卡管理办法（试行）》，适用于从事零售业、住宿和餐饮业、居民服务业的企业法人，不包括个体工商户，领取非营利教育机构资格证的发卡机构也不在规制范围之内。在证据采信方面，投诉举报材料往往只是一张表格式的卡片；即使通过公安部门找到当事人，也大都资不抵债，即使采取强制措施，也无助其退费。

二、预付卡消费维权“疑难症”之“病源”

（一）法理层面效率与安全原则的冲突

预付卡消费是一种契约，自愿原则处于基础和核心地位。不乏有消费者为了享受优惠，主动要求一次性交费。事实上，大部分预付卡消费都能按约履行，仅有少数商家“跑路”，但却备受关注。从商法理论探析，预付卡消费又区别于普通民事行为。商事活动效率优先，预付款融资可解决经营资金不足的困窘，弊端在于交易风险转移到消费者身上，效率与安全的价值冲突在预付款消费中体现得尤为突出。

（二）立法层面市场监管中公权与私权边界难以划分

《中华人民共和国消费者权益保护法》是规制预付款消费的唯一一部法律，但偏重事后救济的作用，对“跑路”事件不具有事前预防的功能。职能部门的相应规章、规范性文件和政策措施对预付卡消费做出规制，但某些规定值得商榷。如《单用途商业预付卡管理办法（试行）》，规定发卡企业应在开展单用途卡业务之日起 30 日内办理备案，并规定了相应罚则。备案只是行政确认。政府既要尽可能减少对经营的不必要行政干预，又要防控对消费者的不利因素，维护交易安全和市场秩序。预付卡消费领域的立法，需要妥善处理好公权与私权边界，平衡公私权，突出综合治理，多维度防控权利冲突，而这方面我们确实还需要继续摸索。

（三）执法层面主管部门和市场监管协调配合不到位

预付卡消费争议牵涉到很多部门，不同部门都有自己的管理规定。如国务院办公厅《关于规范校外培训机构发展的意见》中，对校外培训机构发卡做出了规定，但没有明确违反规定由谁去查处和如何查处。教育部门与市场监管部门各执一词，各有其法理根据。《单用途商业预付卡管理办法（试行）》亦未对市场监管部门的监管职责做出明确规定。预付卡发行与商家促销、广告宣传、订立格式合同、价格行为、商家之间竞争等多有联系，加之商务、教育、民政、人力资源和社会保障、交通运输、文化和旅游、卫生健康、体育等主管部门的多头管理，致使执法维权复杂化。特别是有重大社会影响的“跑路”事件发生后谁来牵头善后，因没有明确规定，也就无法形成统一有效合力。

三、以市场监管“软行政”的创新之举解消费维权之“疑难症”

近年来，一些地区和部门为解消费维权之难，采取了诸多创新措施：建立风险警示制度，发布消费提示和警示，曝光损害消费者权益的案例；建立售卡单位登记备案制度、预付卡销售台账制度，归集经营者单用途卡发行、兑付、预收资金等信息；建设协同监管平台，对销售预付卡的单位进行分类监管；对经营者设置信用门槛，建立严重失信主体名单，实行负面清单管理；建立预付卡保证金制度；等等。尽管一些具体做法还值得商榷，却从另一方面反映了执法理念从“硬”到“软”的转变。硬性执法体现为监管的单方面性、强制性和无偿性，尽管能够快速、便捷、有效地实现监管目的，但容易造成对公民权利的侵害，滥用行政权力还会带来人力与物力资源大量浪费等问题。为此，必须在总结各种创新方法的基础上，不断规范消费预付卡市场监管的“软行政”行为。

（一）以“比例原则”作为预付卡监管的基本准则

“比例原则”，是指行政权力的行使除了要有法律依据外，还强调目的和手段相称，行政主体必须选择对公民侵害最小的方式进行。在消费预付卡市场监管中，必须全面体现“比例原则”。一是制定法规和政策时应包容审慎。预付卡一次性收费的时间限制要考虑对基本民事权利的保护和尊重；备案制度不能成为变相审批；对营业自由的限制不能由地方政府规章做出，而应由地方法律明确。二是突出行政指导和政策提醒。行政指导不同于行政强制，发行预付卡不能强制要求订立格式合同，当事人订立合同可以采用书面形式、口头形式或者其他形式。《江苏省预付卡管理办法》要求建设具备业务管理、资金监管、信息披露查询、异常监测预警等功能的预付卡管理服务平台，并与一体化在线政务服务平台、公共信用信息系统等平台对接。这一平台的使用将全方位发挥政策提醒作用，值得在全国范围推广。三是健全“风险控制”制度。法律层面应扩大纳入保证金适用对象范畴；明确先行赔付的情形；确立风险金、第三方资金存管、抵押、保证人担保等选择制度。在确保安全价值的同时，也要维护资本效益这一价值目标，赋予当事人“风险控制”选择权，亦体现民事活动的“意思自治”。

（二）以“激励相容”推动预付卡消费维权社会共治

诺贝尔经济学奖获得者里奥尼德·赫维茨教授认为，一种制度安排，如果能使追求个人利益的行为正好与集体价值最大化的目标相一致，这就是“激励相容”的制度安排。为实现“激励相容”，一要畅通双向互动的消费信息沟通渠道。要开展预付卡发行风险预警和风险评估机制，建立客观公正的风险指标，重在信息公示，不带评比推优色彩。二是建立预付卡消费评议机制。对群众反映意见大、评分低的市场主体，要督促其整改，形成市场监管与社会协调互联、与公民自治互补、与社会组织良性互动的模式。要注重发挥消费者协会、民营协会等社会团体在联系群众、反映群众诉求方面的重要作用，建立联系沟通机制。三是实行首诉调解程序。首先接受投诉举报的单位，应第一时间调解矛盾纠纷，涉及违法行为时要及时移送相关职能部门。商务、教育、民政、人力资源和社会保障、交通运输、文化和旅游、卫生健康、体育等主管部门，凡接投诉都须及时调解，有效化解矛盾，节约司法成本。调解中预付卡发行方态度，可作为立案处罚裁量的重要依据；调解坚持处罚与教育相结合的原则。

（三）以信用监管增强预付卡消费维权“软实力”

一是完善信用责任规范制度。政府规章和规范性文件要明确经营者信用责任，未如实上传或者提供预付卡信息的，依法记入信用记录，特别要对预付卡“跑路者”规定信用责任。信用责任规范须体系化，信用立法应体现在消费维权方方面面。二是进一步推动预付卡消费“信用数据公开”。市场监管部门之间、市场监管部门与社会组织之间，数据要互联互通、实时交互、完整共享，亟须加强消费信息归集和公示，既要从省级层面建立机制（含督查机制），也要从省级层面做好软件接口改造，还要增加市、县自主运用的功能，同时统筹处理好众多平台软件之间的关系。三是实行诚信推定制度。市场主体在领取营业执照时需承诺预付卡消费期限，或承诺超过期限保证按约定履行，一旦违约将被追究信用责任。具体承诺至少应包含以下内容：承诺在经营场所显著位置和网站、网店首页等进行预付卡风险提示；承诺并公示预收资金用途和管理方式；承诺改变资金用途需提供一定形式的担保；承诺退款的条件和方式公平公正。四是建立推广消费信用报告制度。监管关口应前移，以数据处理分析作为软行政物质载体。政府要大力引导并普遍推行消费信用评级工作，市场监管部门应在促进消费信用产品的推广中发挥主导作用。

（四）以多部门联合硬性执法拧紧市场监管“安全阀”

倡导“软行政”并不否定硬性执法之作用和地位，“软行政”重在预防和引导，硬性执法是“软行政”的有益和必要补充。硬性执法会限制行政相对人权益，使用上应慎之又慎，适用于严重破坏市场秩序之情形。例如：

强制办卡或变相强制办卡行为；各种不正当竞争行为，包括违法促销、虚假广告宣传、霸王条款、价格欺诈等行为；利用发卡从事集资的行为；利用网络从事不正当竞争的行为；等等。市场执法必须开展专项行动，加大案件查办力度，严厉查处重大违法行为。

（作者单位：镇江市市场监管局）

审计助力镇江乡村振兴战略的路径研究

| 曹　敏　杨博霞　李　雯 |

根据镇江市和各辖市区乡村振兴总要求与乡村振兴审计“全面监督、纲挈目张”特点，加强乡村振兴审计监督服务能力，完善乡村振兴审计监督体系，是审计有效服务新时期镇江市乡村全面振兴战略的必然要求。

一、乡村振兴审计监督开展情况与存在问题

（一）所做的主要工作

近年来，镇江市开展了全市范围内乡村振兴相关政策及资金审计，以及高标准农田专项资金审计，共查出涉农专项资金滞留闲置、超范围发放惠农补贴、“三资”管理中集体权益主张不力、高标准农田建设管护不到位等问题150余个，涉及金额9.5亿元，追责5人，出台制度10余项。同时，镇江市审计局协同其他重点审计项目，加大乡村振兴相关领域的审计力度，发挥审计作用。

（二）存在的主要问题

乡村振兴审计存在的主要问题表现如下：

1. 审计理念不够创新。对实施乡村振兴审计监督的重要性、全面性认识不够深刻，用政治眼光分析审计发现问题的能力不足，工作内容主要围绕微观领域，工作开展更多依赖传统思维和路径。

2. 审计资源统筹尚待加强。国家审计与乡镇、部门内部审计协同作用

和互补优势未能有效发挥，国家审计对乡村振兴审计全覆盖机制还不完善。

3. 审计能力有待提高。审计队伍在运用地理信息系统、大数据处理等方面缺乏技术优势，对“三农”工作、产业发展和生态文明建设的深刻内涵理解不够深入。

4. 审计效能还要提升。乡镇内部审计独立性不强，项目质量还有较大提升空间。国家审计对各级地方政府整体乡村振兴工作审计画像不全面不精准，各审计结果共享运用不够全面。

二、审计服务乡村振兴战略的重点工作

（一）产业振兴审计

审计关注乡村产业项目要立足于城乡融合发展、乡村实际和资源禀赋，壮大特色产业，帮助农民分享产业增值收益。密切关注农民技能培训、农民回乡创业、农民就业扶持等政策执行情况。高度关注产业振兴中的耕地“非农化”，保障农产品供给安全。关注农业科技服务，关注农村生产经营体系建设实效。加强涉农领域的金融风险审计，保障乡村优势特色产业信贷和保险支持力度。

（二）生态环境保护审计

关注领导干部落实耕地保护制度、保护农村自然生态系统主体职责的履行情况，促使领导干部贯彻绿色发展理念，真正推动乡村落实生态补偿机制，实现经济发展和生态保护双赢。重点关注村庄规划、垃圾收集清运、村庄日常生活污水治理等直接影响农村人居环境的重点任务完成情况。审计披露污染防治工作推进不力，以及厕所改造、污水处理设施等工程劳民伤财、脱离实际等情况。

（三）民生保障审计

重点关注农路、农桥、灌溉渠、高标准农田等农村基础设施建设成果，推动乡村再电气化改造，助力农村用能清洁转型。关注农村基础设施管护和村庄环境保护常态化有效结合等情况。关注城乡基本公共服务均等化的落实

情况、乡村文化基础设施改造建设情况，以及农村社会保障政策的落实情况。

（四）乡村治理审计

探索开展村级负责人经济责任审计，坚决披露侵害农民群众利益的违法违规行为。拓展关注农村集体经营性建设用地增值收益分配和土地征收公共利益用地认定的公平合理。让乡村财务政务更加公开透明，推进人民群众对集体经济资产和村务管理的监督。完善以村民自治制度为重点的基层民主政治队伍建设，完善村委会职能转变，逐步提高农民自治、法治、德治思想认识。

三、提升审计能力更好服务乡村振兴战略

（一）提升思维认识

1. 加大农村调查研究力度。目前，镇江市农业生产经营方式、农村经济结构、乡村治理模式、农民思想观念正处于快速转变期，同时农村地域性差异较大，各地经济、社会发展水平不一，乡村振兴审计必须重视实地调查研究。在问政于民、问需于民、问计于民基础上，制订乡村振兴审计计划和审计实施方案，履行好审计监督服务职责。

2. 加大政策研究力度。增强对审计工作政治属性的认识，主动对标中央和省、市各项乡村振兴重大决策部署；全面深入学习镇江市“十四五”规划纲要发展思路、主要目标、重点任务和实施路径。认真研究中共镇江市委、镇江市人民政府《关于乡村振兴战略的实施意见（2015—2022）》提出的战略性目标任务；深入学习新时期生态文明建设理论，全面准确理解共同富裕，深入理解推进产业强市“一号战略”。

（二）提升统筹能力

1. 做好审计项目计划和实施。一是加强审计项目计划统筹。加强各级审计机关审计计划衔接，确保审计工作始终围绕中心、服务大局。二是加强审计项目实施统筹。大力推广“上审下”“交叉审”“一拖 N”等审计组织方式，拓展审计覆盖面。三是注重审计人力资源统筹。协调人员组织方式，对人力资源的配置和运用进行优化，提升审计组整体效率。

2. 做好部门高效协同。一是审计与其他部门高效协同。加强审计监督与人大监督、政府督查、纪检监察、司法监督等有效沟通，做好与组织人事、财政、金融监管等部门的联动，进一步完善信息沟通协作机制，提高线索移送立案办案效率，推动党和国家监督体系形成长效监督合力。二是国家审计与内部审计、社会审计高效协同。探索国家审计乡镇延伸试点，加强村镇审计力度，强化村镇财政收支审计工作，关注村镇领导干部任职期间经济责任履行情况。继续改进和实施国家审计与内部审计协同机制，就内审指导和监督成果等方面实现信息共享，提升内审工作规范化水平。优化社会审计资源统一调配的协审工作机制，对社会审计报告严格把关、有效利用，实现国家审计、内部审计、社会审计的“三向协同”。

（三）提升创新能力

1. 推广数字化审计服务模式。推广完善“数据分析+现场核查”数字化审计模式，探索构建各级审计机构集约共享、高效协同的审计管理一体化平台，全力推动相关小型数字化管理应用系统上线运行，搭建审计现场小型局域网，实现文件信息共享、扫描打印软件硬件共享、数据库信息共享等功能。采集数据“广”，完善对财政、农业农村、生态环境、自然资源等相关主管部门和单位审计数据的采集与定期报送机制，促进数据规范使用、资源共享。分析数据“精”，建立数据分析和指标预警模型，在对业务财物数据及跨部门领域的数据进行归集的基础上，积极探索开展在线实时联网审计。数据安全“强”，加强信息安全风险防控，探索形成市、县、镇一体化的网络安全监测预警体系，提升网络安全服务响应、应急处置和支持保障能力。

2. 推进地理信息技术与审计的深度融合。结合具体审计事项需要达到的目标，选择利用合适的地理信息技术。通过常用的地图软件，将自然资源和规划局、农业农村局等部门提供的土地利用现状图斑叠加到卫星影像图上，将退耕还林、基本农田图斑与地理图斑叠加比对，确定退耕还林的林地现状和被侵占的基本农田面积。将国土监测图斑和耕地地力保护补贴发放情况联系起来，检查是否合规；将谷歌地图软件历史图像功能、面积测绘功能和棚膜补贴申报信息联系起来，查看温室大棚、简易大棚新建情况；将农机作业监测系统与ArcMap中的耕地休耕轮作矢量图进行比对分析，查看秸秆打捆、高效植保、保护性耕作、深松深翻及秸秆全量还田等农机作业轨迹是否存在重复作业、地类不符合作业要求等问题。

（四）加强人才培养

强化党建引领作用，落实从严治党主体责任，完善审计组临时党支部制度，促进机关党建与审计业务高度融合。创新干部选育机制，探索镇江市审计机关干部双向交流实施办法。重视审计研究型人才培养，大力引进专业型审计干部，探索构建源头培养、全方位培养、跟踪培养的干部培养机制，灵活运用集中整训、以审代训、专题培训、审计讲坛等方式全面提升审计干部的政治理论素养和政策研究、审计业务、学法用法、信息化技术等各方面能力。大力开展廉政教育，完善审计现场纪律监督，严格遵守审计“四严禁”“八不准”规定，做到廉洁自律、依法依规审计。培育积极向上的审计文化，坚持知行合一、求真务实、善于创新、善作善成，提振审计干部干事创业精气神。

（五）提升审计效能

1. 加强审计成果提炼。积极探索开展乡村振兴研究型审计，紧盯经济社会发展、民生保障、生态环保、风险防范、领导干部履职尽责等方面存在的薄弱环节和突出矛盾，增强对审计发现的共性问题和苗头性、倾向性问题的研究分析能力。探索对审计成果进行跨领域、跨部门、跨层级、跨年度的深度提炼，更好地集合集成各方面经验智慧。针对审计发现的突出、普遍问题，审计部门通过编制风险清单、典型案例集等形式，有效发挥审计的警示作用，提高工作能力，规范日常管理。

2. 放大审计成果运用。认真总结实践经验，紧扣新形势、新要求不断创新成果运用方式、渠道、内容等，健全审计成果分类、归并、共享机制，有效利用审计成果，“一果多用”。对审计发现的热点、难点问题进行综合分析，注重从体制、机制和制度上查找问题，深入挖掘案件疑点线索，对已发现的重大违规违纪问题及时进行取证移交，提高审计查处问题的及时性，以综合报告、审计信息等形式上报市委、市政府，为政治经济决策提供参考建议，扩大审计影响，发挥审计成效。适时对经济责任审计成果会商研判机制进行优化升级，推动将审计结果作为组织部门任用领导干部的参考依据，促进审计成果在干部大监督格局中的充分运用。

3. 完善审计整改体制。在工作机制上，抓好一个“严”字，完善各地审计委员会办公室组织实施、各地各有关单位牵头参与、各责任单位具体落实的条块结合的审计整改责任体系。在责任落实上，突出一个“细”字，严格落实审计整改报告、问题挂号销号、整改结果公告等制度，优化跟踪督查、联合督查等机制，着力破解“屡审屡犯”问题。在问题整改上，强调一个“快”字，要把审计查出的问题列出清单，详细说明问题表现、法规依据、整改时限等要素，促进有关责任单位逐项逐条彻底整改。在确保成效上，注重一个“长”字，对有关乡村振兴资金项目的问题要做到举一反三，加强沟通，要求被审计部门有针对性地建立健全各项管理制度，实现整改长效化。

（六）做好示范引领

1. 充分发挥乡村振兴优秀审计项目示范效应。集合全市审计资源，打造乡村振兴优秀审计项目样板工程，综合反映镇江市审计机关履职能力和履职成效，探索乡村振兴审计未来发展走向，激发全市审计系统对乡村振兴审计工作创先争优热情。

2. 旗帜鲜明释放容错纠错正效应。审计机关在开展乡村振兴相关审计工作过程中既要强化权力运行的制约和监督，聚焦权力运行和责任落实，也要认真贯彻落实“三个区分开来”的重要要求，全面、客观、辩证、审慎地看待发现的问题，积极推动有关地方和部门建立健全并配合落实好容错纠错机制。在进行乡村振兴领导干部经济责任审计时要坚持问题防范和容错纠错并举，根据乡村振兴进展积极探索推进，进一步细化审计容错纠错的原则、范围、程序、方式。审计既要从主观上查动机、从客观上查原因、从决策上查程序、从政策上查界限、从总体上查结果、从法纪上查行为，也要以是否有利于推进全面深化改革、促进乡村经济高质量发展作为审计评判的重要标准，客观、全面、公正地对领导干部给予评价。

（作者单位：镇江市审计局）

让党的建设和思想政治工作同频共振

镇江高等职业技术学校、京口区委党校联合课题组

2020年4月，教育部、中央组织部、中央宣传部等八部门发布《关于加快构建高校思想政治工作体系的意见》，强调要以习近平新时代中国特色社会主义思想为指导，全面贯彻党的教育方针，坚持和加强党的全面领导，坚持社会主义办学方向，以立德树人为根本，以理想信念教育为核心，以培育和践行社会主义核心价值观为主线，以建立完善全员、全程、全方位育人体制机制为关键，全面提升高校思想政治工作质量。高职院校如何贯彻落实这一精神，用党建最新理论成果武装学生头脑，增强学生思想政治工作的实效性，是当前需要研究的新课题。

一、高职院校党建与思政教育一体化建构存在的主要问题

（一）传统思政教育滞后的影响

在我国，国家将职业教育与普通教育划分开来以后，社会上不少人认为成绩不好的学生才上职业院校，对职业教育的歧视一直不同程度地存在，无形中增加了职业院校思政教育的难度。传统教育方式和教育内容也成为高职院校思政教育的阻碍。为了避免教学内容出现偏差，许多老师都愿意选择比较传统的、较为保守的思想政治教育方法和内容，新的思想、新的方针政策往往不能及时传达到位，开设的思政课程“毛泽东思想和中国特色社会主义理论体系概论”及形势政策课、学生党课等，也存在拘泥于课

本内容、理论联系实际不紧的问题，且仍采用简单灌输或者对上级会议精神、方针政策照本宣科的教学方式。我说你听的落后教育观念、缺乏创新性和灵活性的教学方式，弱化了新时期高职院校思想政治工作的吸引力、感召力。

（二）一体化育人的理念不明

高职院校党建与思政教育一体化育人，不仅仅是教育主管部门的责任，更需要学校党建工作者和思政教师共同努力，只有这样才能创新育人工作方法。在高职院校党建与思政教育一体化构建中还存在理念上的误区，主要是对高职院校党建与思政教育一体化的重要性认识不足，工作上各顾各。党建工作主要限于基层党组织，其任务由上级党组织决定和部署，须严格按照上级党组织的要求和指示执行，学生的思政教育基本不在考虑之列。思政教育主要依赖教师的思政课，注重完成规定的教学任务，在正常情况下，教学内容一般不会轻易改变，教学团队本身也难以改革创新。

（三）一体化育人融合不深

高职院校党建与思政教育是相互促进、密不可分的，但两者实际上由不同部门管理。党建由党组织管理，思政教育由学工部门管理，思政课教学由教务部门管理，在具体的工作上各有其侧重点，“政出多门”很容易“各司其职”，导致步调不一。工作领域脱节严重影响学生中的党建和思想政治工作。学生对党的认识和对党建理论的学习不到位，就会出现政治信仰和理想信念的偏差，有的学生入党动机不纯，难免会出现功利性行为，组织上入了党不等于思想上也入了党，这便会严重影响高职院校党员的整体素质。由于党建工作本身的严肃性，因此许多高职院校领导为了保证不出差错，往往将党建与行政工作一起部署，而二者的混同并列又往往导致人们对党建工作的忽视。工作领域脱节还导致党建与思政教育缺乏针对性和互动性。虽然两者涉及的对象和群体有紧密联系，但从教育实践看，学生党建工作的开展通常仅限于课堂、会议和讲座等，思政工作也只停留在情境和表面等传统模式上。现实生活中，学生宿舍、社团活动和校园网络等都是重要的教育场所和平台。党建和思政教育应当深入学生的生活与校园文化环境，正确引导学生的思想和行为，否则将会导致工作成效不理想。

二、高职院校党建与思政教育一体化建构的路径

（一）以政治建设为统领

要坚持党对学校工作的全面领导，不断加强党的建设。校党委要全面负责学校党的建设和思政教育工作，履行从严治党和认真办学的双主体责任。要全面加强党的领导，保证社会主义办学方向，坚持立德树人，提升“三全”（全员、全程、全方位）育人水平；要深化“三教”（教师、教材、教法）改革，提升人才培养质量；要加强师资队伍建设，着力提升教师素养；要开展培训与合作，推进智慧校园建设，提升学校信息化水平；要营造良好发展环境，保障学校和谐稳定。要严格落实党建工作责任制，进一步发挥党组织的政治核心作用；要切实履行政治责任，把握教学、科研管理等重大事项的政治立场和政治方向；要保证办学质量，促进学校各项事业高质量发展，办好人民满意的高等职业教育。

（二）以思想建设为基础

弘扬马克思主义学风，稳步推进“两学一做”学习教育常态化、制度化，认真开展党史学习教育，以“三会一课”和主题党日等形式切实抓好师生的学习教育活动。引导师生和党员深入学习贯彻习近平新时代中国特色社会主义思想，深入学习和理解党中央治国理政的新思想、新思路、新方略，统筹兼顾，同向推进党课、思政课和专业课，充分挖掘各类课程的“党建元素”和“思政元素”，全面推进“课程思政”建设，形成党建与思政教育一体化效应。

（三）以组织建设为保障

加强党的组织建设，不断优化基层党支部的设置，在各个系部、教研室建设总支、支部；在学生社团、宿舍、班级、实习基地建立党建活动基地，推广“导师+支部”“项目+支部”“团队+支部”等模式，切实发挥党支部在组织、教育、管理党员，宣传、领导、引领师生等方面的主体作用，

不断提升基层的组织力和战斗力。配齐配强党支部书记，大力推进“党建+学术”“党建+业务”“党建+思政教育”等各类“双骨干”“双带头人”培养工程。

（四）以制度建设为重点

进一步坚持和完善党委领导下的校长负责制，完善高职院校党委议事规则和决策程序。要加强基层党组织建设，完善党员发展教育管理，完善党委委员联系一个党支部等制度，规范组织管理，健全工作机制，探索建立党建与思政教育一体化的各项规章制度，进一步明确思政教育的主体与客体、思想与行为、内容与方法、活动与载体，发挥党建和思政教育工作的创新精神，用党建最新理论成果引领思政教育工作，营造制度化教育环境，提高思政教育制度化水平。

三、高职院校党建与思政教育一体化建构的实施策略

（一）丰富教育内容

要以理想信念教育、公民道德教育、素质教育为依托，融合引进党建研究新理论新成果，坚持师生两个主体，将师德师风融入教学科研全过程，贯彻到教书育人的各个环节。在年度教师考核、评先评优、职称评审、岗位晋升等考核中，以思政工作成绩和课堂教学质量为首要标准，解决“培养什么人、怎样培养人、为谁培养人”这一根本性问题。培养学生的爱国主义和集体主义精神，加强健康教育和心理疏导，引导学生珍惜时光、好好学习，把我们党在革命、建设和改革中付出的艰苦卓绝努力、取得的重大战略成果作为生动教材，丰富思政工作素材。

（二）搭建协同平台

各级党组织要牢牢抓好思政教育阵地建设，切实加强课堂教学、宣传思想阵地、网络思政、专家讲座、学术论坛及各种学生社团活动的管理，掌握好思政工作的方向和主动权。要以党的理论创新成果引领思政教育工作，有组织、有计划、有步骤地开展党建与思政一体化创新理论研究，促

进党建与思政教育工作有效融合，创建符合高等职业教育特点的党建和思政教育的品牌，不断丰富校园文化活动中党建思政工作的内涵。

（三）拓展形式载体

要有机整合现有课堂、社团、网络、宿舍、顶岗实训基地等党建和思政工作载体。要通过“互联网+”的形式，利用新媒体、新技术，让党建和思政工作“活”起来。要加强学生各种社团建设和管理，使学生社团成为高职院校党建和思政工作的重要载体。实训基地也要融入党建和思政教育的特点，既成为培养学生技术技能的基地，又成为党建和思政教育的校外载体。

高职院校学生是未来社会的劳动者，是地方经济社会的生力军。面对百年未有之大变局，针对新情况新问题，我们一定要发挥党建引领作用，确保高校党建与思政教育同向同行、协同创新，形成同频共振的大思政格局。

（课题组成员：张伟斌　于咏梅　姚金荣　居忠诚　虞　旦　陈　璐　邓　涛）

党建引领高职院校治理能力建设研究

沈　霞　江志堃

我国目前正处于积极推进国家治理体系和治理能力现代化的重要时期，《国家职业教育改革实施方案》强调职业教育要从“管理”走向“治理”、从封闭走向“共治”。高职院校的治理，是相关利益主体在多元共治理念指导下，完善相关制度体系，科学合理配置资源，协同参与重大事项决策，努力推进教育教学改革，促进人才培养质量提升，更好履行高职院校的职责和使命。加强高职院校治理能力建设，就是以实现高职教育高质量发展为目标，完善高职院校内外部利益主体多元共治的治理体系，提升主体治理能力和协同共治能力。作为职业教育治理体系基点的镇江高职院校，如何充分发挥党组织的领导核心作用，以高水平党的建设引领治理能力建设，成为必须回应的时代命题。

一、镇江高职院校治理能力建设现状

（一）外部治理主体的作用正积极显现

多年来，政府作为高职院校的主办方，特别是省级和市级政府，治理主体作用的发挥已众所周知。此外，行业和企业在高职院校建设和发展过程中有着不可或缺的作用，它们和政府一起，构成了重要的外部治理主体。校企合作、产教融合成为高职院校最突出的办学特色，镇江高职院校普遍实施了校企协同育人。校企双方立足技术技能型人才培养要求，在培养方案的制定、教材的编选、教法的研究、教师的聘用、教学效果的评定等方面，共同参与研讨、共同实施。部分高职院校通过设置理事会、专业建设指导委员会等形式，吸收政府、行业、企业参加，实现聚力合作、协同育人的目标。

（二）内部治理主体作用在多方面得到发挥

高职院校内部治理分别由党委、行政、专家教授和师生等主体共同实施。镇江高职院校一是建立和完善了“党委领导、校长负责、专家治校、民主管理”的内部治理结构，同时通过健全和完善校内规章制度，强化实施细则，进一步明晰了各内部治理主体的职责，保障了各自权益。二是根据教育部的统一部署和要求，全部完成了章程制定工作，并获得了教育厅的核准。为了保障章程落地落实，学校都组织了学习、研讨，以章程为依据，通过“废、改、立”等方式对内部管理制度进行了梳理，或废止，或修订，或新设，一系列贴合高职院校改革、建设和发展需要的规章制度应运而生。三是随着学校由“管理”向“治理”的转变，“校—院”以分层管理、按级负责为实施原则。学校层面相继出台了党委会议事规则、校长办公会议事规则、“三重一大”决策制度等。二级学院层面突出党政联席会议作用，同时积极引导广大教职工和学生参与到决策工作中来。内部机构实行层级式、线性化的组织管理模式，设立了产教融合处或对外合作交流处等强化校企合作、产教融合职能的处室。四是在管理的执行方式上，积极推进项目化、精细化、自主化管理模式。对学生管理工作者和后勤保障人员倡导“走动式”服务，将管理的触角直接深入教室、宿舍、食堂等师生工作、学习和生活区域。同时根据高职教育实验实训工作的要求，在项目化管理中强化教学质量和效果的导向。依托网络技术，院校扩展了管理空间，有效提高了治理效率与效能。通过教学管理、科研管理平台等，实时采集人才培养过程中的数据，建立和完善校本数据平台，实现对人才培养工作的分析、监控、预警、激励等功能，以确保人才培养质量。五是内部监督保障机制得到了健全和完善。校级层面设立了“校领导接待日”，建立了校领导、中层干部与党外代表人士联系交友制度，实行了校院两级督导，不仅督教，而且督管、督学。班级设置了学生信息员，职能部门强化相关政策的落实，注意发挥特殊群体的建言献策作用，主动接受社会的监督与评价，实行信息公开制度，及时向社会发布办学信息；通过理事会制度，保障行业、企业、社会组织等对高职院校的治理进行评价与监督。

（三）治理能力建设方面的主要问题

一是目标取向有所偏离。虽然明确了高职院校内外部治理主体职责，但真正转化为共识和实践还需要主体各方加强协调和沟通。受现今社会崇尚学历、轻视技能培养的影响，高职院校教育教学中更多注意拓展学生的学历空间，而弱化了学生的职业技能训练，对于产教融合、校企合作的深度和广度明显重视不够，偏离了培养高素质技术技能型人才的目标。二是治理机制失衡。这主要表现为外部治理主体未能在平等的基础上协同参与高职院校治理工作，政府始终占据主导地位，学校在办学过程中实际上不具备独立的财权、人事权和经营权，办学自主权没能很好地落实。行业、企业和社会组织参与的主动性和积极性不高，参与的广度、深度、持久度都值得关注。受“泛行政化”影响，“专家治校、教授治学”一定程度地存在于制度层面。三是保障机制缺失。上位法数量不足，下位法缺乏依据，有关机构和组织出台相关政策、条例指导高职教育的改革和发展，某种程度上使高职院校治理更多地依据政策和条例，而缺少稳定的法律保障和支撑。章程对高职院校治理的指导作用未能充分发挥，校内对章程的知晓度低，依章程治校的意识也比较淡薄。

二、镇江高职院校在党的领导下加强治理能力建设的路径选择

（一）运用党组织的政治领导力，对院校治理实施全面领导

一要突出党对院校发展战略规划制定的领导。高职院校党委应积极响应国家部署，结合院校实际，针对师生员工、政府、行业、企业和社会组织等内外治理主体，制订学校发展规划，在重视技术技能型人才培养的同时，还应更多地关注服务社会能力、科研创新能力、教师的专业技能发展

和院校治理能力的提升。二要突出党对院校业务工作发展的领导。要坚持和完善党委领导下的校长负责制，扎实推进党建工作与学校中心工作深度融合，从而使党的领导贯穿办学治校全过程，将党的政治优势、组织优势转化为治理优势。三要突出党对院校治理的领导。校党委要结合院校发展历史、办学经验、“三风一训”等，将其作为院校治理理念的载体，让参与治理的内外主体都能沉浸其中，自觉地将治理的意识转化为行动和效能。

（二）运用党组织的治理力，完善院校治理的制度机制

一要健全和完善党的领导制度体系。全面落实高职院校党委“管党治党、办学治校”的主体责任，切实发挥高职院校党委的领导核心作用，筑牢党建引领高职院校治理的思想基础，发挥章程在高职院校治理中的制度作用，提升协调各方、治校理政的能力，强化高职院校与外部各治理主体的责权关系，有效引导各主体积极参与高职院校建设、改革和发展。二要健全和完善党政决策机制。从顶层设计的角度，明确和实施“党政协同、权责统一、界限清晰”的治理模式，细化党委会、校长办公会等的职责范围和议事规则，建立健全决策执行的考核体系、指标体系和评价标准。三要健全和完善监督机制。切实保障师生员工的知情权、参与权、表达权和监督权，营造风清气正的校园氛围，充分激发师生的智慧才干，团结带领广大师生听党话、跟党走，办人民满意的高等职业教育。还可通过委托各治理主体构建第三方治理质量评价机制，进一步强化依法治校的监督职责。

（三）运用党组织的组织力，提升院校治理的实际成效

一要始终坚持党管干部、党管人才，努力建设一支具有现代管理和现代科技知识、强有力的干部队伍和教师队伍。进一步创新师生党支部的设置，把党支部真正建设成为师生信赖的组织，从而更好地发挥党组织在院校治理中的主导作用，提升院校治理的现代化水平，实现最优治理效能。二要提升各级干部的贯彻执行力，突显院校治理的有效性。按照系统完备责任体系建设的要求，逐级压实工作，责任到位，扎实推进，落实治理任务。同时注意让外部治理主体共建共享发展成果。三要提升党员师生的发展创新力，激发基层党员强大活力，积极探索和创新院校治理的体制机制。

要坚持党建与治理同部署、同落实、同考核，形成党建与治理两手抓两手硬的鲜明导向，以此调动广大党员的积极性，提升高职院校治理实效。

（四）运用党组织的聚合力，强化院校治理的协同力

一要聚焦队伍保障，实现组织协同。党委作为内部治理结构的主导力量，必须围绕实现共同发展目标，积极营造民主和谐的氛围，使各治理主体有效互动与合作。注意发挥党组织优势，整合校内政治力量，使之成为促进党建工作和院校治理工作深度融合的骨干力量，确保既定任务目标保质保量完成。既要通过加强政治思想淬炼和业务能力的培养，促进干部成长为学校治理的中坚力量，又要通过健全完善干部职业发展规划，实现严管与厚爱、激励与约束相统一，将任务目标的实现度作为校院两级领导班子、领导干部年度考核的重要内容，强化干部的责任担当。二要聚焦主体权利，实现治理协同。党委要统揽全局、协调各方、协力发展。要正确处理党委与行政、书记与校长、集体与个人、正职与副职关系，兼顾操作实施与评价监督、资金投入与绩效产出、上级规定与学校实际、硬件提高与软件提升、改革创新与长期坚持等各方面关系，用全面辩证的思维、科学合理的方法推动院校治理能力建设。要充分调动校外主体的积极性和主动性，积极争取地方政府在资金投入、人才招引等方面的政策扶持，争取行业主管部门的了解和支持，实现“政行企校”合作机制的顺畅运行；要善于发动企业尤其是骨干企业协同参与高职院校建设和改革，真正形成校企命运共同体；要凝聚校友力量，在打造教师学生校友共同体过程中推进学校人才培养、科学研究、社会服务和文化创新，实现协同治理、协同发展。

（作者单位：镇江市高等专科学校）

深化机关作风效能建设研究

苏建全　章绮天

机关作风效能建设，目的是不断提高机关的行政效率、工作能力和公共服务质量。本文以镇江市机关作风建设为例，探索如何进一步深化和提升机关作风效能建设。

一、市机关作风效能建设的主要做法和存在问题

（一）主要做法

镇江市自实行机关作风效能建设以来，已形成健全的领导体制和工作机制，组织体系的立柱架梁已经完成。相关部门建立了目标考核网上运行机制，制定了市级机关作风效能目标年度考核实施细则，要求所有机关制定每年工作要点和"首问、牵头负责制"。开展了刀刃向内的监督问责，着重对形式主义、官僚主义和营商环境问题进行专项督查，紧盯违反中央八项规定的问题，加强检查督查，对需要追究责任的问题线索定期移送市纪委、监委。相关部门出台了《关于加强机关作风效能建设暗访督查的实施办法（试行）》和《镇江市机关作风效能建设社会监督员管理办法》。组建了由136人组成的社会监督员队伍，形成了社会监督员组织网络，加强对他们的业务指导以提升监督质效；每两年重新考查，不断加强队伍建设。充分运用网上评议系统，每年调整充实由3万人组成的评议人员库。对收集的评价意见建议及时处理、定期反馈。扎实推进"十佳服务品牌""十佳服务

先锋岗”“十佳效能标兵”的创建和评选，创建情况纳入目标考核。这些做法对机关作风改进、效能提升起了一定作用，但问题也客观存在。

（二）存在问题

1. 思想深层次触动不到位。少数干部正确政绩观树得不够牢，没有将以人民为中心的发展思想一以贯之，思想认识上有偏差。部分机关干部站位低、境界低、标准低，不能自觉把工作放到全市大局中思考谋划推进。责任意识不够强，少数机关干部在其位不谋其政，在其岗不尽其责。

2. 权责边界不够清晰。体制机制系统性不强。简政放权方面，仍有不少职能未赋权到位，企业有时需要跑两级政务服务中心才能办成一件事。权责交织，职能不清。如近年来时有发生的非法倾倒固体废物问题，因属地和环保、城管、自然资源等部门权责交织，形成“谁都该管，谁也不管”的局面。地方性法律法规滞后，立法工作还存在一些不完善的地方。

3. 数字化信息共享不够充分。各自为政情况不同程度地存在，信息共享不够。市大数据共享交换平台数据资源总量较低，数据资源开放不够。数字应用场景是全省制定的营商环境考核指标之一，但囿于数据不通畅，镇江市数字应用场景创新治理手段不够。

4. 形式主义、官僚主义顽疾犹存。表面文章仍然存在。机关各部门的自我设计、自我循环、自我陶醉现象尚存。有的工作过多强调属地责任。上面千条线，下面一根针，一人多岗、人员混岗现象较普遍。有的考核工作过分求创新、求亮点，一些基层单位将精力放在做虚功、拼花样上，内卷竞争无谓消耗。

5. 基层减负存在“隐性包袱”。考核标准简单化，以有无工作记录、领导批示等作为考核评价标准；热衷材料、数字政绩；存在“盒子管理”“留痕管理”。督查检查相应减少，但“实地考察”“专题调研”增多。一些地方和部门在推进减负过程中存在打折扣、搞变通现象，推进方法变相增多。

6. 营商环境法治建设存在短板。一是依法行政不力。一些项目不经论证盲目上马，没有审批手续仓促开工。二是法治意识不足。将严格依法办事与提高服务效能割裂和对立起来。三是法治保障不强。对涉企知识产权侵权违法行为查处惩治力度不够。

以上问题究其原因，说到底是部分党员干部不适应新时代要求，宗旨意识淡薄，价值观念缺位，权力观扭曲，责任心缺乏。

二、深化机关作风效能建设的对策建议

作风建设既是攻坚战，也是持久战。深化机关作风效能建设要正视作风问题的顽固性和反复性，强化系统思维，坚持动真格、出实招，推动作风不断好转、效能持续优化，为推进镇江市“三高一争”新实践提供坚强保障。

（一）聚焦践行党的宗旨

1. 从思想源头上提高认识。一要树牢正确政绩观。始终坚持人民至上，把实现好、维护好、发展好最广大人民群众的根本利益作为一切工作的出发点和落脚点。二要敢于争先。把“比学赶超、争先进位”的导向一以贯之，将“不甘平庸、不甘落后”的信念熔铸于心，把力所能及的事干到最好，以处处荣光争得城市荣光。三要勇于担当。将“不找借口”作为工作准则，多说“交给我”“我来办”，少说“不知道”“没办法”，重实干、求实效、问实绩。

2. 从干事担当上提升能力。一要强化标准意识。工作标准高低，直接决定工作成效的好坏。强化标准管理的理念，严格遵循标准、执行标准、坚持标准，采取“项目式”管理、“工程化”推进的方式抓好各项工作的组织实施，彻底克服“不求过得硬、只求过得去”的应付心态。二要讲究工作方法。对于全面工作和复杂情况，方法对路才能够纲举目张、有条不紊，要注重提升驾驭全局的能力和处理复杂问题的素质技能。三要提升工作效率。始终保持时不我待的奋斗姿态和只争朝夕的精神状态，把心思和精力集中到抓落实上，不让一天闲过、不让一事拖拉，更不能坐等观望、推脱等靠。

3. 从干部素质上多下功夫。一是提升“想干事”的境界。要居安思危

不懈怠、精益求精不敷衍，使每一项工作、每一项服务不仅仅成为放心的“免检产品”“过硬产品”，更成为经得起评判的“满意产品”。二是增强“会干事”的本领。不仅愿干事，还要会干事，尤其是要有把握全局的战略眼光、统筹兼顾的组织才能、科学果断的决策能力、深入实际的工作作风和扎实的知识基础。三是坚守“不出事”的底线。深入抓好党的宗旨观念、党性党风党纪、廉洁从政、艰苦奋斗等方面的教育，引导广大党员干部牢固树立正确的事业观、工作观、政绩观，讲党性、重品行、作表率，永葆共产党员政治本色。

（二）聚焦政府职能转变

1. 抓住“治理效能”的“痛阻点”。一要打破数据壁垒。加快推进公民、法人、电子证照等基础数据库建设，坚决破除少数部门“本位主义”思维，强力推进数据共享交换平台与部门业务系统横向对接，尽快实现各地各部门监管系统全接入，监管数据共享使用，真正形成并联通办“一张网”。二要明晰权责清单。特别是对机构改革后存在“真空”的领域和长期以来矛盾问题突出、群众反映强烈领域的相关部门权力进行梳理、规范和明确，从源头上禁绝推诿扯皮现象。三要深化基层减负。建好用好基层减负观测点，“一竿子到底”了解基层干部群众的真实感受，确保减负“不走样”“不打折”。继续强化发文、会议、督查考核等总量和频次“硬约束”，持续做好“整合”“瘦身”和“提质”的文章。

2. 抓牢“营商环境”的“关键点”。以打造“镇合意”服务品牌为抓手，深化拓展“3550”改革成果，优化“一门帮办”“一窗受理”“一网通办”等有效措施。参照“招商地图”做法，建立统一政策发布平台。出台“亲”“清”政商关系“正负面”清单，进一步放开民营企业市场准入，落实平等待遇。狠抓窗口作风建设，开展营商环境专项监督，用好政务服务“好差评”结果，以服务效能“硬措施”打造营商环境“软实力”，更好彰显城市温度。加大企业知识产权保护和破产案件清理力度，深入推进涉企矛盾纠纷联动化解。全面优化执法环境，加强对执法行为的监督。适时为企业开展法治体检，帮助企业有效预防和化解法律风险。

3. 抓准“电子政务”的“快捷点”。对现有机关工作流程进行调整，建立各类电子管理系统，搭建与社会公众的互动平台，实现资源共享，降低行政成本，提高机关绩效。在各部门普及电子政务应用，形成政府机关“一网式”协同办公环境，提高机关办公效率和质量。全面推行网上审批和网上联合办公、并联审批。

4. 抓好“落到实处”的“着重点”。一是行动要快。做到见事早、判断准、出手快，对已经部署的工作跟踪问效、一抓到底。二是工作要细。想得更细，抓得更实，既是科学的工作方法，也是求实的工作作风。做好一项工作，必须抓住主要矛盾，突出工作重点。三是步调要齐。横向协调无障碍，既各司其职，又密切配合，主动承担，不推不拖，全力支持。把握正确舆论导向，自觉维护团结，做到减少杂音，增加谐音；减少空谈，多做实事。

（三）聚焦构建制度体系

1. 构建更完善的机制。在广泛调研的基础上，集思广益、征求意见，制定《关于健全市机关作风效能建设长效机制的实施意见》，从领导机制、考核机制、监督机制、社会评议机制、问题解决闭环机制等方面进行统一规范，用制度建设提升治理效能。同时，注重强化前瞻性思维，实施意见要对作风效能建设 3~5 年的工作具有指导作用。

2. 健立更顺畅的体制。压实各部门单位党组（党委）的主体责任，要切实把作风效能建设作为党的建设的重要内容来抓，纳入中心工作中思考、谋划和推进。推动作风效能建设向基层延伸，对各市、区作风效能职能进行统一，市效能办也要注重加强与各市区效能办互联互通，增强跨市区协作处理作风效能问题的能力。

3. 强化更严密的监督。充分发挥社会监督员作用，加强队伍建设和人员业务培训，挖掘培养骨干力量，重点交办专项任务，增强监督的针对性和指向性。建立社会监督与党内监督、人大监督、政务监督、新闻舆论监督等信息互通平台，构建信用监管体系，“攥指成拳”形成监督合力。

4. 实现更精准的考核。形成规范、长效、科学的目标管理导向机制、日常工作推进机制、全程监督制约机制、综合考评奖惩机制，用好考核“指挥棒”。对考核主体单位没有发挥作用、有发生扣分事项被通报查实而不执行的，对考核主体单位进行扣分。

5. 建立更优化的评价体系。健全社会公众满意度测评体系，突出服务对象特别是到各部门单位办事的人员的评议主体地位，广泛征集社会各界、各层的意见，使社会公众的评判真正成为改进作风、提升效能的重要标尺。突出优化营商环境，将企业法人代表单列，真实反映企业对机关作风的意见建议。

6. 细化更合理的奖惩办法。充分发挥考核结果鼓励先进、鞭策后进的导向作用，提取部门考核奖基数的一定比例与处室、个人考核挂钩，进行差别化发放，拉开奖励差距，不搞“皆大欢喜”；对于影响项目落户、影响投资环境的单位、处室和个人，降低考核等次，减发或直接取消绩效奖励。对于市级层面难以解决的相关问题，及时梳理汇总，形成有内容深度、有解决方案的调研性材料，积极做好建言建策。

7. 树立更典型的榜样。强化正向激励，优化“三个十佳”评选方法，将开展“三个十佳”的做法作为鼓励激励有效措施，不断拓展创建内涵，提升创建品质。标兵评选注重实绩、注重一线、注重效能，坚持评优对象向经济、基层一线和急难险重岗位人员倾斜。充分运用“三项机制”调动广大干部积极性，不断提升工作精气神。

8. 拓展更深度的宣传。坚持开门改作风，通过镇江民生频道“马上就办”栏目、政风行风热线等媒体和载体，广泛宣传机关作风效能建设，努力提高社会公众对作风效能建设的认知度，鼓励社会公众积极有序参与。深化党务政务公开，做好权力网上公开透明运行工作，切实保障群众的知情权、参与权和监督权。注重发现和树立机关作风效能先进典型，利用各类媒体大力宣传创新做法、优良作风和先进事迹，充分发挥先进典型的示范表率作用，营造比、学、赶、超的良好氛围。

（作者单位：中共镇江市委市级机关工委）

面向治理现代化的机关内部办事数字化转型路径研究

| 田敬新　姜　帅　荆　杰　陶迪明 |

加快数字化发展，建设数字中国，已成为推进国家治理体系和治理能力现代化的必由之路和迫切任务。政府治理作为国家治理体系的关键环节，必须坚持“整体政府”理念，紧扣政务管理和服务内外两个维度，加快机关内部办事数字化转型，切实提高机关部门施政履职能力水平，为推进国家治理体系和治理能力现代化夯实基层基础。

一、数字化转型是政府治理体系和治理能力现代化的必然选择和强大动力

在全面深化改革和信息技术革命两大时代脉络交织的背景之下，政府数字化转型围绕变革传统的政府运作和创新政务信息化建设模式，主要在政务公共服务“一网通办”、城市智慧治理“一网统管”及机关内部办事“一网协同”三个方面聚焦发力。

（一）“有形之手”助力“一网通办”，实现政务服务“数据多跑路”

“一网通办”是政府治理从以部门管理为中心转向以用户服务为中心的重要标志。浙江“浙里办”、广东“粤省事”、上海“随申办”等均瞄准“一件事一次办”，聚焦政务服务标准化、规范化、便利化，通过业务协同、数据共享、流程再造，推动政务服务标准化、网络化、自动化，实现了政务服务“统一受理、统一办理、统一评价、统一事项服务、统一数据支

撑”，从而让“数据多跑路、群众少跑腿”。

（二）“智慧大脑”赋能“一网统管”，实现城市治理“能感知会思考”

通过大数据、云计算等现代信息技术构建“一网统管”，让城市成为一个生命有机体，为创新城市治理提供新载体和新动能。“一网统管”基于政务大数据、物联网、人工智能、视频云、融合通信等基础平台和事件受理分拨、联动处置、统一监管等智慧应用，能够实现城市运行体征监测、态势感知、监测预警、趋势研判、指挥调度、人机协同等，为经济调节、市场监管、社会治理、公共服务等提供决策支撑。

（三）“刀刃向内”催发“一网协同”，实现机关内部办事“最多跑一次”

多数地区对政府内部治理还缺乏系统思维和整体观念，特别是在部门业务协同、内部办事方面还存在一定程度的“灯下黑”现象。近年来浙江等地推动“最多跑一次”跑进机关内部，在充分释放信息技术红利、冲破部门利益壁垒、推进一网协同办事方面进行了有益探索，实现了政府职能、服务方式、机关效能的整体性变革，切实提升了机关内部办事的便利度、顺畅度和机关干部的获得感、满意度。

二、机关内部办事数字化转型的现实意义

机关内部办事“最多跑一次”（简称“机关内跑”）源于浙江的政府服务“最多跑一次”，是“最多跑一次”改革的“外转内”和再深化，极大促进了机关内部办事的标准化、规范化、信息化和高效化。

（一）推进机关内部办事数字化转型是政府治理体系和治理能力现代化的必然要求

政府数字化转型是政府主动适应治理现代化的必然选择，通过技术创新、制度革新重塑政府的业务模式、管理模式和服务模式，既着力解决政务公共服务便捷度不高、企业群众获得感不强等问题，又努力破解机关内部长期存在的管理职责不清晰、协作效率不高、办事推诿扯皮等问题，全面提高政府现代化治理能力。

（二）推进机关内部办事数字化转型是全面深化改革的应有之义

在政府内部深入推进以数字化转型为取向的机关办事改革，能够以“小切口”撬动“大改革”，冲破传统观念束缚，重塑内部治理结构，破除部门利益藩篱等难点问题，有效推动政府职能、治理方式、运行效能的整体变革，完全契合全面深化改革的内在要求。

（三）推进机关内部办事数字化转型是打造整体政府的关键一招

机关内部办事的数字化转型就是要将数字化治理与机关内部业务场景和管理要素紧密结合起来，围绕数据共享、应用整合、业务协同、服务融合目标，借助数字技术手段打破部门条块分割、各自为政的利益壁垒，突破条线垂直运作、部门内部循环的传统模式，形成数据资源高效利用、工作高效协同的数字化治理新格局。

（四）推进机关内部办事数字化转型是改进机关作风的根本保证

通过机关内部办事数字化转型，建立“事项明晰、流程透明、时间可限、全程闭环、责任可查”的数字化管理模式，能够使机关干部与办事事项产生数字化连接，进行全生命周期监督管理，确保每件办事事项落责到人、人尽其责、失职追责，推动机关作风效能大提升、大飞跃。

（五）推进机关内部办事数字化转型是打通“放管服”改革“最后一公里”的重要举措

政务服务质效与机关内部办事效率息息相关，机关内部职责不清、效率不高、推诿扯皮等问题将在一定程度上影响政府形象和信用。推进机关内部办事数字化转型，蕴含着政府内部权力边界和运行管理机制的调整，对打通机关部门协同“中梗阻”，推动政务服务改革走深走实、行稳致远有着积极意义。

三、机关内部办事数字化转型的短板弱项和瓶颈障碍

相较于城市治理精准化、政务服务高效化，机关内部运行管理仍面临着一系列难点、痛点、堵点，亟须来一场数字化效能革命，真正打破机关

部门间自我封闭、各自为政的办事壁垒，破除推诿扯皮、拖沓懈怠的作风积弊。

（一）缺乏行动自觉，难以破除部门利益藩篱

数字化治理思维并未成为机关部门共识，一些机关部门仍未破除部门利益和本位主义，贪恋审批权、签字权的“搁几天”和“过一手”，导致机关内部办事还在疲于“往返跑”、忙于“走流程”，缺乏主动意识、大局意识、服务意识，难以跟上数字化的时代快车。

（二）缺乏管理监督，机关内部办事效率低下

在政府内部管理中，传统治理模式下的权责交叉、管理真空、流程烦琐等问题较为严重，导致机关内部办事审批环节多、自由裁量权大、公开透明度低，加之处于机关作风效能监管盲区，机关干部遇到内部办事拖沓敷衍、推诿扯皮的情况时，往往投诉无门，难以督责问效。

（三）缺乏系统谋划，“数字鸿沟”现象较为突出

信息化建设缺乏顶层设计、统筹协调，地区间、部门间发展极不均衡，未能将信息化手段与业务需求深度融合。一些部门一个业务场景建设一个应用系统；一些部门信息化建设从未“破冰”；一些部门应用系统建设时贪大求全不实用，功能繁复，用户不愿用，最后仍使用微信、QQ 办公；一些部门还存在路径依赖，习惯于手写签批、线下办理，迟迟跟不上数字化转型时代步伐。

（四）缺乏共治共享，数据资源价值难以发挥

长期以来，政务信息化建设缺乏扎口管理和统一规划，业务带着应用跑，业务碎片化导致应用碎片化，形成大量信息碎片。而各部门或为“小农意识”、本位主义所囿，不愿开放信息；或为法规政策、技术标准所限，不能开放信息；或惧于安全底线、保密红线，不敢开放信息，也带来非常严重的数据资源部门化问题，形成大量信息孤岛。

（五）缺乏成熟平台，部门业务协同仍需探索

镇江市机关内部业务协同平台建设才刚刚起步，平台成熟度，以及应用广度和深度远远不够，且受制于长期以来政务信息化建设各自为政、条

块分割导致的管理割裂、资源散落、重复建设等问题，要真正构建互联互通、业务协同、数据共享的平台，推动机关部门间协同高效“一次办成一件事”，仍有大量基础性、瓶颈性工作需要破题。

四、机关内部办事数字化转型的路径思考与对策建议

政府亟须以数字化手段推进机关治理模式创新，推动机关部门梳理权责清单、整合内部事项、减少审批环节、精简办事材料，实现内部事项跨层级、跨部门协同办理，以“最多跑一次”“只进一扇门”的扎实成效，切实提升政府行政效能、优化营商环境。

（一）强化统筹协调，完善顶层设计

1. 凝聚思想共识。深刻认识机关内部办事数字化转型是一场刀刃向内的自我革命，牢固树立“一盘棋”思想，坚决摒弃部门本位主义，打破传统僵化思维，将机关内部办事数字化转型作为深化政府职能转变、构建服务型政府、推动政府治理现代化的重要举措和为基层减负、力戒形式主义和官僚主义的重要抓手。

2. 加强组织领导。推进机关内部办事数字化转型，需要出重拳打破部门办事壁垒、下猛药去除运行管理沉疴，这既是技术革新，也是制度变革，必须建立强有力的领导体制，成立由改革、纪检、效能、信息化等相关机构共同参与的协调机构，强化组织领导、统筹协调、督促落实等职责。

3. 明确工作机制。要建立改革部门统筹推进、纪检部门全程监督、效能部门评价问效、信息化部门技术支撑的协作配合机制，形成工作合力，有力有序推进。要构建与数字化转型相适应的制度体系，及时清理不适应发展需要、制约机关行政效能的不合理制度障碍，打通机关内部办事“最多跑一次”的制度堵点。

（二）强化服务协同，打造整体政府

1. 重塑价值理念。要深刻认识到政府数字化转型是一项跨地域、跨层

级、跨部门的系统工程，必须牢固树立整体政府观，坚决克服“本位主义”和“部门主义”思想，将打造整体政府作为建设数字政府和服务型政府的出发点和落脚点，加快政府职能转变，推进政府协同治理，确保数字化转型过程中始终保持“整体政府”态势。

2. 加强业务协同。在政府职能转变层面，要构建整体协同联动、数据互通共享、流程整合优化、服务有机融合的协同管理机制，消除部门壁垒，打破利益藩篱；在政府及机关内部办事数字化转型层面，要以互联网大平台、大数据为支撑，建立跨层级、跨区域、跨部门的治理结构，为办事人员提供整体性、一站式服务。

3. 供给优质服务。一要锚定服务质量标准化，明确事项清单，制定服务标准，不断提升服务均等化、普惠化水平；二要锚定服务渠道多元化，利用移动互联网、大数据等信息技术，打通部门服务堵点，贯通部门服务链条；三要锚定服务内容精准化，深入挖掘分析数据，精准感知用户需求，优化服务资源配置。

（三）强化改革担当，推进流程再造

1. 摸清底数、标准先行，全面固化办事事项。根据部门“三定”方案，结合法律法规及相关规范性文件，围绕事项名称、适用依据、申报材料、办事流程、办理时限等内容，对部门间办事事项进行全面梳理，构建规范统一、责任明晰的部门间标准办事事项和办事指南体系。

2. 找准问题、精准发力，全面优化办事流程。坚持问题导向、需求导向、实效导向，紧盯机关内部办事多次跑、多头跑、时间长、环节多、签字烦等难点、痛点、堵点，进一步简化优化办事流程，做到“一件事、一张表、一次交”，实现办事流程标准化、规范化、高效化。

3. 全程留痕、追责问效，全面强化监督机制。建立机关办事“全程追溯、过程管理、实时监控、考评问责”的全生命周期管理体系，全面推行首问负责、限时办结、服务承诺和责任追查等机制，对机关办事效率不高、信息流转不畅、业务衔接不顺及办事人员反映强烈的问题，严肃追究有关单位和个人责任。

（四）强化数字赋能，助推政府善治

1. 建立大统筹机制。一要加强系统谋划，党信、网信、发改、工信、公安、大数据等部门要围绕政务信息化规划、建设、管理、运行、维护、安全等工作加强统筹协调，严防多龙治水、政出多门；二要加强资源整合，将物理分散的基础设施、信息支撑体系等各类资源，一体聚合成逻辑集中的信息化体系，促进信息资源共建共用、共治共享；三要促进互联互通，推动电子政务外网纵向贯通市县乡村、横向覆盖机关单位，电子政务内网实现机关部门按需接入，各部门业务专网向电子政务内、外网有序迁移，加速业务专网与电子政务内、外网的整合。

2. 强化大平台引领。牢固树立平台集成理念，深入打造聚合用户、业务、应用、数据的统一平台，促进业务协同、流程优化、资源整合、数据共享、生态厚植。一方面，依托一体化在线政务服务平台，全面整合各类政务服务资源，不断提升建设集约化、管理规范化、事项标准化、服务便利化水平；另一方面，深入推进党政业务综合平台建设，以统一用户管理、统一应用入口、统一信息门户、统一消息汇聚、统一数据管控、统一协同办公为导向，构建规范统一、上下贯通、整体联动、相互协同的多级政务办公平台，通过业务融合、管理融合、数据融合，切实提升党政机关运转效率和决策水平。

3. 盘活大数据资源。一要让政务数据资源池满起来，明确数据需求清单、责任清单和负面清单，建立标准数据目录体系和规范数据归集接口，加快构建各类基础数据资源库、重点资源库及主题库；二要让数据资源流起来，强化需求牵引，加快系统对接、信息联通，确保数据在部门间流通和社会间互通，真正让数据资源醒过来、跑起来；三要让数据资源真正活起来，完善数据采集、分析、评价、预测、预警和决策服务链条，切实激发数据要素活力，在机关管理和政府治理中做到用数据支撑、用数据决策、用数据管理。

4. 构建大安全体系。一要构建完备的保密管理体系，健全保密安全制度，落实保密工作责任，强化保密安全审查；二要严格落实信息安全制度要求，根据网络安全等级保护、涉密信息系统分级保护要求，配置相应安全设备，强化防护手段；三要增强网络空间密码保障能力，完善密码基础设施建设，加快推广国产密码算法应用，构建以密码技术为核心的新网络安全体系；四要推进信息化核心技术自主可控，落实信创长效机制，培育国产生态体系，实现信创应用与信息化建设同谋划、同部署、同发展；五要统筹兼顾信息安全与应用效率，既要严守保密防线和安全底线，又要谨防追求过度安全而牺牲系统效率和治理效能。

（作者单位：中共镇江市委办公室、镇江市政府办公室、中共丹阳市委办公室）

浅析企业合规第三方监管制度的构建

周绪平　金庆华　陈　浩

检察机关结合办案实际，督促涉案企业做出合规承诺并积极整改落实，将企业合规考察评估结果作为重要参考，依法做出不批捕、不起诉决定，或者提出轻缓量刑建议。这样可以促进企业合规守法经营，减少和预防企业犯罪，实现司法办案政治效果、法律效果、社会效果的有机统一。但涉案企业合规承诺的监管，不能由检察机关承担。如何建立一项独立于企业和检察机关之外的第三方监管制度，以监督、推进涉案企业履行合规承诺，就成为值得研究和探讨的问题。

一、企业合规第三方监管制度的基本原则

建立企业合规第三方监管制度，应遵循一定的基本原则，具体可考虑以下几点：

（一）随机性原则

为了保证涉案企业合规监管工作的公平性，对于第三方监管人的确定不应由第三方选任及管理委员会指定，也不应由涉案企业和检察机关指定，而应采取抽签的方式，在向社会公布的第三方监管人员名单库中随机选定，之后由第三方选任及管理委员会指派到涉案企业中开展监管工作。

（二）独立性原则

第三方监管人在监管工作中应保持相对的独立性，除在监管之初要与

办案的检察机关和涉案企业签订保密协议外，其工作不受涉案企业和检察机关的制约，只接受第三方及管理委员会的领导。有的地方检察院赋予合规监管人帮助涉案企业制订合规计划的职责，对企业刑事合规情况进行调查，协助检察院监督合规计划的执行。笔者认为，这样做会导致第三方监管人陷入既当裁判员又当运动员的境地，不利于第三方监管人下一步独立自主地对企业合规建设进行监管，监管结果的公信力也会受到质疑。

（三）尽责性原则

第三方监管人履职尽责的程度直接关系到企业合规的质量。在监管工作中，第三方监管人应秉持客观、公正的立场深入涉案企业，深度了解企业违规行为发生的环节、规章制度的漏洞、企业合规计划的可行性等问题，督促涉案企业切实履行好合规计划，防范企业经营管理中可能出现的法律风险，并拿出翔实可信的调查报告供办案单位参考。如果在监管中敷衍塞责、弄虚作假，要承担由此产生的职业风险和法纪责任。

（四）有效性原则

第三方监管人经过独立、公正、尽责的合规监管出具的合规监管报告，应得到办案检察机关的重视和采纳，对监管人认为涉案企业合规建设有效的，经办案单位考察验收合格，要依法依规对涉案企业及其负责人做出不捕、不诉、不判处实刑的处理意见。同时，监管人也要对其监管报告的真实性、合法性终身负责，如果隐瞒真相、弄虚作假，误导检察机关做出错误决定，则应承担被追责、被处罚的责任。

二、第三方监管人的选任和监督考核

涉案企业的合规计划是否真实、可行，能否有效执行，监管人所起作用十分关键。只有设计出公开公正、优胜劣汰的第三方监管人选任制度，选出一批专业性、公正性、责任心都很强的监管人，才能保证这项制度的生命力。

（一）人选条件

对涉案企业进行合规监管评估，是一项政策性、专业性很强的工作，涉及司法、执法、行业监管等多方面和多领域。因此，监管人应具备一定的政策、法律知识，了解企业经营和管理。具体人选既可为律师、审计师、会计师等专业人员，也可为与企业密切相关、具备一定管理职能的工商联、企业协会、企业联合会等社团组织。候选人员或单位应该有良好的诚信记录，而无违法犯罪记录，并具有一定的企业合规及法律风险防控的相关工作经验，具备承担独立监管职责的专业知识及技能。

（二）选任程序

选任好监管人是第三方监管制度落实好的关键。在程序设计上应秉持自愿、公开、公正、择优的原则。可成立由政法委牵头，检察、公安、法院、税务、市场管理等部门共同参与的第三方监管人选任管理委员会具体负责。委员会在选任前30日发布选任公告，明确第三方监管人的选任名额、选任条件、报名方式、报名材料、意见反馈方式等相关事项。待报名人数符合选任要求后，可就第三方监管需要涉及的知识和能力，组织参选人员进行书面测试和面试，从中择优选出拟任人员名单并向社会公示，公示无异议或者经调查异议不成立后，由监管人选任管理委员会做出选任决定、颁发证书，并形成第三方监管人名单库向社会公布。

（三）监督与考核

在选任监管人后，选任管理委员会要承担起对选任人员的监督职责，对他们加强工作纪律和廉洁纪律教育。经调查发现监管人在选任时弄虚作假、提供不实材料的；被选任后受到司法行政机关行政处罚或者行业处分的；借监管为名，随意干扰企业正常生产经营活动，或者实施收受财物、接受吃请等违反廉洁纪律行为的；有违反社会公德、职业道德，以及其他严重有损监管人形象、社会公信力行为的，应视情节予以教育、劝诫，或免除其监管人资格，构成违法犯罪的，移送相关部门处理。同时，管理委员会还应定期对监管人进行考核，考核胜任的予以续任，不胜任的免除其监管人资格并移除出第三方监管人名单库。

三、第三方监管的工作重点

（一）履诺调查

企业涉刑事案件后，为了减轻处罚，应在认罪认罚的基础上，承诺针对企业经营和管理中存在的隐患漏洞和刑事风险制订详细可行的合规计划。基于这一制度设计，第三方监管人监管的首要任务就是对企业是否履行合规承诺进行调查，应深入调查：是否组建了合规管理团队，确立了独立和权威的合规管理体系；是否建立了合规风险的防范机制，包括确定合规风险、进行合规风险评估、开展合规培训等；是否建立了合规风险识别机制，包括建立合规风险报告、合规审查、内部合规监测等；是否建立了合规风险应对机制，包括建立内部调查、纪律惩戒等机制，以预防刑事风险再次发生。如果发现合规计划浮于表面，针对性、可行性不强，应督促涉案企业规范、完善合规计划。

（二）督促履规

在调查确定涉案企业制订的合规计划规范可行后，督促企业全面、深入、务实地执行合规计划。监管人应深入企业逐条对照检查。对执行不到位的条款，敦促落实到位；发现不可行的条款，及时停止执行，提出合理的替代措施，并向办案的检察机关反馈情况。

（三）阶段报告

在履行监管职责过程中，应针对企业合规建设的推进情况，向办案单位出具阶段性监管报告，具体分为企业制规、履规、合规三种报告，以使检察机关及时了解、掌握企业合规计划的落实状况，有针对性地对企业合规建设的态度和效果进行评估。在最终合规监管报告中，监管人应秉持客观公正的立场，对企业合规建设和效果做出鉴定，对认真执行、确见成效、刑事风险大幅降低的企业，做出合规建设合格的鉴定，推动检察机关对企业从轻处罚；对执行不到位、成效不明显的企业，做出不合格的鉴定，供检察机关参考。如果发现企业曾隐匿或者新出现不合规行为，应及时向检察机关报告，并督促企业整改。

（四）协助验收

监管人出具合规建设合格报告后，应提请监管人管理委员会邀请办案的检察机关对企业合规建设情况进行考察验收。考察验收时，监管人应积极予以协助，帮助检察机关准确做出判断，并及时做出是否从轻处理的决定。

四、第三方监管工作的保障措施

（一）人力保障

加强第三方监管人能力水平建设，进而组建一批懂法律、知企业、会管理的监管人专业团队，对顺利开展第三方监管工作十分必要。监管人选任管理委员会应注重对监管人业务能力的考察，有针对性地帮助组建专业监管团队，定期邀请检察机关、法院及税务、工商和市场监管部门派员，加强对监管人政策、法律、税务、企业管理等诸多方面知识的培训，使其能够胜任监管岗位。

（二）经费保障

为保障第三方监管的独立性和公正性，经费来源由财政保障为宜。监管人选任管理委员会在确定监管人后，根据涉案企业合规建设的难易程度，与监管人进行协商确定监管经费，并在检察机关对企业合规建设进行考察验收后由财政予以支付。

（三）履职保障

监管人依法履行职责，独立提出意见，检察机关及涉案企业均不应干涉，监管人还应为其履行职责提供案情介绍、合规计划、人员状况、财务资料、涉税记录、涉法涉诉情况等全方位的支持与保障。监管人履职过程中的行为，除触犯纪规和法律，或弄虚作假误导检察机关做出错误决定，或严重损害涉案企业权益之外，不受相关部门的问责与追究。监管人选任管理委员会也应积极维护监管人的权益，及时帮助监管人解决履职过程中遇到的经费、培训、业务协调等方面的问题，对企业或者他人挟私对监管人进行打击报复的，要会同司法机关及时查处，为监管人依法履职尽责营造良好环境。

（作者单位：镇江市人民检察院）

关于整合“三山一湖一渡”景区管理的研究

| 周文娟　曹　玮　王　祥　王　斐　郑栖桐　王鹏然 |

镇江文化旅游资源丰富，其中，金山、焦山、北固山、金山湖、西津渡（以下简称“三山一湖一渡”）更是镇江旅游的金字招牌，每年的游客接待量在全市游客总量中举足轻重。中共镇江市委七届十二次全会提出了统筹整合“三山一湖一渡”大景区的要求，但目前“三山一湖一渡”在管理体制、运行模式、周边配套等方面都存在许多不足，需要从各方面加快推进。

一、现状及问题

（一）管理体制方面

近年来经过多轮调整，目前金山、焦山、北固山和金山湖的管理主体是市文化旅游产业集团（简称“文旅集团”），西津渡景区的管理主体是市城市建设产业集团（简称“城建集团”）；金山、金山湖范围内的社会事务由润州区管理，北固山、焦山范围内的社会事务由京口区管理，西津渡范围内的社会事务由市城建集团管理；景区内的寺庙由市民族宗教事务局（简称“民宗局”）管理；焦山轮渡由改制后的民营企业运营；市文化广电旅游局（简称“文广旅局”）负责旅游行业管理及风景名胜区的行业管理，包括规划、行政许可和执法职能。这样的体制存在以下问题：

一是上下关系不顺。风景名胜区的管理职能，国家和省级层面均在自然资源管理部门，镇江是全省唯一一个管理职能在文广旅局的城市。上下不对口导致上下沟通不畅，公文发放、事项报告、审批监管等无法进入常规系统。

二是多头管理，职责不清。镇江原有的风景名胜区保护条例规定，由景区管委会施行区块化管理。而随着管理体制的变化，目前无论是相关行政管理部门还是属地政府均无法承担区块化管理的职能。“三山一湖一渡”范围内存在大量未开发地带，以及滞留的居民和单位，执法的主体、界线、依据均不清晰，极易造成管理真空和资源闲置浪费。

三是景区资源整合困难。“三山一湖一渡”土地资源管理因分散在文旅集团、城建集团、交通产业集团（简称“交产集团”）、土地储备中心等主体手中而整合困难；文旅资源管理由文广旅局、民宗局、城建集团、文旅集团各自负责，项目落地困难；景区周边停车场由市交产集团统一管理，节假日期间各景区均存在不同程度的停车难。

（二）景区文旅资源整合方面

一是片区文旅融合的整体性较低。顶层设计和统筹不足，内外部旅游节点没有实现互通，缺少统一的整体品牌输出，景区、景点处于散、乱、小的状态，不能形成规模效应，影响力不足；“三山一湖一渡”景区之间衔接不畅，缺少旅游专线和内部旅游交通特别是水路交通体系，主要依靠公共交通，通达度、便利度不高；各景区文旅资源缺乏有效设计，导致景区之间相对独立、关联度低。

二是旅游产品的吸引力较弱。产品类型单一，观光类占比过多，缺乏互动型、体验型、主题型旅游产品，整体停留在门票经济的阶段，唯一互动体验类产品是魔幻海洋世界主题公园，但尚在建设之中；全天候、全季型、拳头型旅游产品不足，景区夜经济开发不充分，难以留住游客；旅游产品创意不够，在设计开发时，对景区内湖泊、山体、街区等资源的利用不够；依托 IP 开发不足，没有跟上时代、网络热点；对一些优势文旅资源挖掘不够。

三是景区内外基础设施配套不足。除西津渡外，其他景区附近吃、住、行、游、购、娱一体化水平较低，特色不鲜明，未形成梯次结构，无法满足市场的多样化需求，特别是高端商务旅游需求；缺少较大规模的游客集散中心，交通中转、旅游咨询等服务水平需要提升。

四是旅游营销成效不好。尽管举办了不少对外推介会，但是镇江旅游的品牌、形象、美誉度都未达到预期效果；新媒体特别是网络直播兴起后，运用新媒体、新模式创新宣传推广镇江旅游的成效不足；通过举办大型主题活动，宣传推介镇江旅游的案例不多。

（三）创建国家级旅游度假区方面

在创建国家级旅游度假区方面，主要问题是对创建的重要意义认识不足、行动不力。创建国家级旅游度假区是镇江主动适应旅游业发展进入3.0时代的重要抓手。镇江市旅游业发展还停留在2.0甚至1.0时代，度假型旅游产品较少，这与镇江市打造休闲旅游目的地城市、创建全域旅游示范区的目标不相符。现在旅游竞争日益加剧，在四批国家级旅游度假区中，镇江周边已有5家入选，分别为汤山、天目湖、阳澄湖半岛、宜兴阳羡和常州太湖湾，且周边许多城市也在抓紧创建。镇江市具有一定的资源优势，如果再不拿下国家级旅游度假区这块金字招牌，就必然会在竞争中落后。

二、整合镇江文化旅游资源，推进“三山一湖一渡”大景区建设的对策建议

（一）优化“三山一湖一渡”片区管理体制机制

全面加强景区建设和管理是镇江旅游做大做强的关键一招，而要这样做必须借鉴先进地区风景名胜区的管理经验和模式。杭州市2002年就成立了西湖风景名胜区管委会，赋予其区县一级政府的行政权限与公共事务管理职能，并创新性地将其作为一级独立的财政核算单位。管委会代表市政府在其管辖区域内实施统一领导、统一管理，全面负责西湖风景名胜区的保护、利用、规划和建设。扬州市于2005年成立蜀冈—瘦西湖风景名胜区管理委员会，下辖4个乡、26个行政村、1家AAAAA级景区、7家AAAA

级景区、17 家事业单位、10 家公司，总面积达 35.8 平方公里，总资产规模超 300 亿元，年营业收入 16 亿元。我们建议组建镇江市“三山一湖一渡”风景名胜区管委会作为市政府派出机构，采取“管委会+公司”模式，并将其作为一级独立财政核算单位。风景区内的行政管理职能一并纳入管委会实施统一管理；市文旅集团隶属于管委会管理，负责风景名胜区可经营性资产的市场化运营。

（二）进一步推动片区文旅资源整体融合

一是要重视“三山一湖一渡”景区之间的交通联通。建议在陆路设计上开通片区旅游交通专线及环金山湖新能源代步车线路，在水路设计上开通水上交通系统，串联各景区码头。二是要重视各景区文旅资源之间的联系。深入调研、整理片区各景区历史遗址、历史事件、历史人物故事、神话传说、历史诗词歌赋等素材，做到每一个景点都有一些小故事，每一个景点都能与其他景点相呼应，进一步提高景区的吸引力。三是要重视片区整体形象和品牌打造。整体对外输出旅游形象和品牌更易于宣传，便于游客记忆。建议结合镇江的历史文化、特色风貌，对“三山一湖一渡”景区的名称、宣传语进行改良升级。四是要进一步挖掘利用好宗教文化资源。镇江博物馆馆藏的释迦牟尼佛祖舍利是非常稀缺的文化瑰宝和文旅资源。建议借鉴南京牛首山模式，依托三山景区内现有宗教场所，在扩建、修缮的基础上，对外展示供奉，并适时委托寺庙在佛教节日举办庆典等宗教活动，吸引海内外游客来镇旅游参观，提高镇江的世界知名度。同时，积极整合全市宗教文化资源，依托镇江博物馆专题开设宗教文物与文化展览；设计宗教旅游线路，串联金山、焦山、南山、茅山等景区，在此基础上，将精品素食、禅修主题酒店、佛教文创特产等元素融入线路全程。五是要进一步创新丰富文旅产品。要瞄准亲子游，针对儿童及青少年需求，大力开发片区互动游玩、水上运动等旅游项目。跳出门票经济模式，推动景区节会活动的品牌化、系列化，每年定期举办金山文化艺术节、西津渡灯会、三国艺术展等，强化景区一年四季皆可游、各具特色的文旅印象。要围绕丰富的非物质文化遗产，开发更多具有镇江特色的文创产品，努力打造一些“爆款”和“网红”产品。要把“夜经济”打造成拳头产品，结合重要节假日，在夜晚举办主题夜游活动、音乐会、演唱会、大型赛事，吸引周边游客夜宿镇江。要围绕“IP+”，结合六朝文化、民国文化，以及部分热播剧，开展“汉服”“宋代点茶”和cosplay等体验游，特别是要把这些体验游放到真山真水之中，不断提高品质。六是要处理好开发利用与保护传承的关系。要用法治手段保护好“三山一湖一渡”片区的各项文旅资源，严格落实《镇江市历史文化名城保护条例》《镇江市山体保护条例》《镇江市金山焦山北固山南山风景名胜区保护条例》等地方性法规。要以开发利用促进保护传承，通过建设相关主题公园、博物馆、展示馆等，在对外展示宣传中进一步加强保护、传承工作。

（三）进一步提高片区旅游服务质量

一是硬件方面。要对景区内部各项旅游设施情况进行全面调查，突出以人为本、方便游客的原则，对引导标识、公共厕所、公共休息设施、邮电服务等基础设施进行全面提档升级改造；要对景区内部、景区周边的建筑物外立面进行统一设计、包装和改造，打造具有文化特色的景区环境；要积极建设智慧景区，突出个性化、及时性的原则，积极运用5G、大数据、人工智能、VR/AR等技术，为游客提供全新、直观、可供便捷操作的购票、购物、游览、科普等体验。可借鉴智慧旅游首批试点景区颐和园的成功做法，开通官网购票渠道，提前购票直接扫二维码入园，节省排队买票时间；通过微信、淘宝、京东等渠道销售旅游文创产品；通过官网和手机App导览功能，提供免费方便的导游讲解服务；通过微信扫二维码参与科普互动，增强景区与游客的互动性。要完善镇江智慧文旅综合平台基础信息数据库，强化客情数据分析和研判，完善旅游舆情监测系统，统一动态发布旅游讯息，提供信息查询、游线设计、票务预订、商品购买等多元化信息服务。

二是软件方面。要加强景区工作人员队伍的规范化建设，建立健全常态化培训机制，不断提高工作人员的综合素质和业务能力，同时着装、解说词、行为规范等要统一。要高度重视和提高景区附近居民的对外亲和力，通过宣传、志愿服务等形式积极引导周边居民参与到景区建设和服务游客的工作中，用热情周到的待客氛围提升景区的吸引力。

（四）进一步加强片区营销宣传

对老年群体，要通过各地旅行社加强对片区良好生态环境的宣传，主打长寿观光游；对中年群体，要通过各大旅游电商平台加强对片区休闲度假、亲子互动产品的宣传，主打康养游、体验游；对青年群体，要通过微信、抖音、微博等加强对片区文化、游乐设施、大型活动的宣传，主打主题游、娱乐游。要通过线上线下推出优惠券、组合套票、摄影比赛、短视频大赛、节庆主题活动等，不断强化游客对景区的印象，从而增强游客对景区的黏性，增加“回头客”。

（五）积极创建国家级旅游度假区

一是依托“三山一湖一渡”景区统一管理主体，加快启动创建工作。认真研究《国家级旅游度假区管理办法》《旅游度假区等级划分》及其细则等文件，制定创建详细方案。汇聚合力，委托镇江市社科联、市历史文化名城研究会、市旅游协会等开展创建国家级旅游度假区专项研究，积极组织人大代表、政协委员等开展调研视察，为创建献计献策。二是科学编制，严格执行创建规划。与国内知名设计团队共同编制总体规划、控制性详细规划及各类专项规划，按照度假区内自然、人文等情况严格功能区划分。规划一经确定就要严格执行，依托人大、政协、社会等各方面力量加强执行监督。三要提炼打造特色核心品牌。建议把镇江最古老的地名“宜”纳入内涵创建之中，以“宜生活”作为创建国家级旅游度假区的核心，围绕吃、住、行、游、购、娱等方面打造“宜饮食”“宜健康”“宜游乐”等多种功能区，设计多种旅游产品和主题场馆、活动。

（作者单位：镇江市政协、镇江市文化广电和旅游局）

社区居家养老服务中的法律风险及其防控研究

吕朝霞　游文静

截至2019年年底，我国65岁以上老年人已达17 603万人，占我国总人口的12.6%。按照国际公认的老龄化社会的标准，我国将很快步入世界上为数不多的老龄社会国家行列。我国人口基数大，养老照护需求的大幅增长必然要求养老场地、助老设施和服务人员供给大量增加。居家养老可提供更为便捷、迅速、价格低廉的社区照护、康乐活动和人际支持，但目前该类专项法规缺失，社区养老服务机构及其采购方、合作方普遍存在不可避免的法律风险，不时会遇到法律纠纷及案件诉讼，这些都会对该项事业发展带来负面影响。只有先厘清各方主体间的法律关系，澄清角色义务，才能正本清源、各司其职，合力推动这一事业向前发展。

一、社区居家养老服务中的法律风险分析

（一）社区居家养老服务管理中的法律风险

居家养老服务无论是以委托代管、购买服务、购买岗位形式还是以项目化运营的形式提供，服务的供给均是多项社会资源的集中性整合。居家养老服务内容特殊、丰富且涉及面广，因此管理中出现的政社合作、人员雇佣、环境管理、合同管理等问题均需明确各方权利和义务。

社区居家养老服务不同阶段存在不同法律风险。

以服务阶段划分：在服务协议谈判期，服务对象及其家属可能隐瞒患

有精神性疾病和某些传染性疾病等重要事实，使得服务机构在不知情的情况下为服务对象提供不适合该服务对象或可能间接损害服务对象的养老服务；在服务合同签订期，因合同条款缺乏可操作性，可能出现重大误解、显失公平、欺诈等情形；此外，服务机构与服务对象约定无效免责条款、与服务人员签订不规范劳动合同、与合作方约定内容不明条款等均可能损害机构信誉或养老服务供给，从而在协议履行过程中留下本可避免的法律隐患。在服务关系提供期，机构可能隐瞒自身真实情况或利用自身优势地位直接或间接造成服务对象人身、财产损失；此外，服务过程中环境管理不当、服务管理不善等也可能导致服务对象身心受损。在服务关系结束后，机构可能会因忽视对服务对象人格权的保护，擅自将其肖像、个人信息等外泄或不正当使用从而产生诚实信用原则的违反。

（二）社区居家养老服务供给中的法律风险

在社区居家养老服务供给中，服务机构、服务人员或第三方原因可能导致出现环境风险、直接服务风险和间接服务风险。

首先，居家养老服务需要场地和设施的硬件支持，但目前专门从事养老服务机构建筑设计和建设的专业建筑单位欠缺，工程大多由普通建筑单位承揽，有些工程不符合建筑规范或养老活动场所配套硬件设施要求，加上老龄人口活动机能减退、服务人员使用不当等原因，导致服务对象在其活动场所接受服务时人身或财产易受损害。其次，居家养老服务人员在对服务对象开展康复护理或协助其参与文体康乐活动时，不符合服务规范或实施不当的职务行为会导致老年人身心受损，甚至出现自杀、抑郁等情形，居家养老服务机构也需对服务对象所受损害承担民事赔偿责任。

（三）社区居家养老服务对外合作中的法律风险

目前的社区居家养老服务供给核心为政府购买专项服务，承办机构提供的多样化服务内容必然依赖多方资源合作。在这种显性或隐性的服务分包、转包过程中，居家养老服务机构与第三方合作内容边界模糊，普遍存在法律风险及责任约定不明的情况，双方可能会对不法侵害发生后的民事赔偿责任相互推诿，从而损害政府信誉和服务对象利益。如穿插虚假商业广告宣传导致服务对象上当受骗，居家养老服务机构将可能面临行政处罚甚至承担刑事责任；第三方提供服务中出现虐待、性骚扰、盗窃财物等情形，居家养老服务机构也将承担关联责任。

二、社区居家养老服务中的法律风险防控对策

对于社区居家养老服务这一领域，政府有服务目标，社会有服务需求，市场有服务意愿，但其服务对象主要为高龄老人、半失能老人及符合条件的残疾人，这一群体往往罹患多种疾病，体质虚弱，心理脆弱，更易发生意外，需要专业护理但支付能力不足，为其提供服务的法律风险明显高于普通社会服务对象。因此，亟待对该领域法律风险做透彻的专项研究，为该社会服务的推进建立法律风险防控行业预案。

（一）规范政府购买社区居家养老服务流程，严审服务单位资质

经过多年的政府职能转变，我国政府部门已基本从集裁判员、运动员于一身的公共服务管理方式中解脱出来，正在更好地发挥总体规划、资金保障和方向引导等职能。规范购买流程、严审服务方资质是推进社区居家养老服务的必要前提，也是避免政府日后卷入法律纠纷的前提保障。首先，各地出台的管理规范、办事指南应当从管理角度对服务对象遴选、服务资质、服务内容、服务标准、服务流程等进行规范，这有利于从源头把控服务供给质量。其次，政府需加强对社区居家养老服务机构在外挂、加盟、合作等服务延展中的资质管理，确保各级居家养老服务品质均衡，避免相关法律责任在不同主体间的不合理转嫁。

（二）规范三方合同，落实街道对社区居家养老服务的监管

目前的社区居家养老服务体系要求，各地政府应加强对居家养老服务工作的管理和监督，建立相应衔接机制。可在区、街道（乡镇）和社区（村）建立居家养老服务中心，受政府委托负责本辖区居家养老服务的实施和管理。随着互联网技术的提高，越来越多的地区开始建立智慧养老服务平台，街道可以协助居家养老服务中心进行消防、安全、环保、卫生等相

关许可的申报并监管其工作；民政部门对居家养老服务中心的服务供给和服务质量进行监督、管理和督查；承办机构确定居家养老服务中心的经营、服务和内部事务的管理等。

（三）加强第三方评估机构对居家养老服务中的法律风险监控

政府职能部门在 PPP（政府和社会资本合作，Public-Private Partnership）合作中具有监管的权利和义务。为更加科学、专业地开展管理，政府往往采取聘请第三方评估机构的方式。实务中第三方监管平台对居家养老服务的介入方式和介入程度不一，可建立以第三方专业机构评估为主、以其他评估主体参与为辅的评估模式。评估机构的介入可包含前期服务对象的评估、服务机构招标或项目遴选、服务人员的资质审核和能力测评、中期运营监控和后期服务效能评估等方面。在此过程中，选任专业基础扎实、有丰富服务经验的第三方介入评估监管，在评估中加入服务能力的培养，带领本地区服务机构探索更为专业和规范化的服务，对行业发展大有裨益。

（四）对社区居家养老提供单位及一线服务人员进行法律风险培训

专业化居家养老服务队伍建设对居家养老服务的法律风险防控至关重要，应开展与养老服务人员职业相关的法律培训，紧跟国家法律法规及政策变化，以及行业最新标准动向，强化全员合法、合规意识。一方面，高层管理者要认真学习法律知识，熟悉和掌握法律条文，既要用法律保护机构的利益，又要做到守法、遵法，不出现违法违纪的行为，使机构更合法、合规、合理地发展下去；另一方面，一线服务人员也要认真学习法律知识，用法律武装头脑，知晓合法与违法之间的界限，切忌在服务中损害他人合法权益。

（五）完善居家养老服务机构的管理

居家养老服务机构在质量管理中，必须把法律作为一种管理资源。在人员管理方面，机构应严把资质关，除亲自审查雇佣人员外，还需注意与合作单位约定工作人员服务能力，且在服务全流程中加强规范指导，严格执行部委、行业、地区、本机构的行业操作规范。在合同管理方面，机构签订合同应经过法务人员的审核，重要合同应有机构法律顾问参与谈判和起草，对合同履行的关键节点要有跟踪评审程序。在资产管理方面，对于机构有形资产需要造册登记、责任到人，对于商标及商业秘密应积极注册申报，重视对无形资产的开发、经营和保护。

（六）善用商业保险机制对风险预防的作用

居家养老服务机构需结合自身的用工关系，为提供劳动的退休人员、家政服务人员及社区居委工作人员、村委工作人员等购买意外伤害险和主要针对服务对象的第三方责任险。这样可大大降低工作人员提供上门照顾服务的风险，也能增强服务人员及服务对象的安全感，从而进一步促进居家养老服务事业的发展。

（七）多部门联合完善安全制度

社区居家养老服务涵盖医疗、家政、保险、旅游等多个领域，需要建立完善的消防安全、食品安全、医疗安全、设备安全等制度，加强部门协作配合，提升各部门的安全监管与应急处置能力，督促指导居家和社区养老服务机构落实安全生产主体责任。应加强执业监管，制定如医疗服务手册、康复护理服务手册、家政上门手册等宣传材料，包括相关专业知识和应急预案流程等，并加强实训学习，以便服务人员在遇到突发问题时依规操作，尽量消除或减少损害。

（八）深入研究专项法律风险的防控

我国目前针对居家养老服务的专项法律风险防控理论和实务研究均处于初级阶段，需要引进法律工作人员对该领域的风险防控做下沉式、深入式研究，梳理不同类型下法律责任产生的原因，结合目前的司法实践总结对策，开展法治教育宣传，加强该类服务的风险预防。

（作者单位：镇江市民政局）

三、高品质生活

“红色文化”的科学意蕴及当代价值研究

姚永康　瞿正国　张美娟

当前社会思想观念、价值取向多元，各种思潮激荡，意识形态领域中历史虚无主义和西方价值观的挑战十分严峻。在这样的社会背景下，用中国共产党的百年辉煌历程、光荣传统、优良作风和崇高精神进行宣传教育，用“红色文化”抢占思想舆论阵地，感召和引领镇江广大人民群众学党史、颂党恩、跟党走，充分发挥“红色文化”在丰富人民文化生活、提高人们思想觉悟和道德情操中的作用很有必要。

一、“红色文化”的科学内涵和在镇江的表现

（一）“红色文化”的外在形式

“红色文化”是指中国共产党领导中国人民，在革命、建设、改革、复兴的伟大实践中不断融合、吸收中外优秀文化思想精华，所形成的特定文化精神和文化形态，是中国共产党与社会主义核心价值体系相贯通的宝贵精神财富。有学者指出：“红色文化”的外在形式包括革命遗址、革命建筑、革命陵园、革命展馆、革命武器、革命服饰、革命证章等“器物文化”，作为唤起革命意识、增强党性修养、发扬革命精神的手段和载体，为我们追寻、再现红色革命传统和历史提供了重要依托，同时也反映和承载着“红色文化”的精神内核。

作为国家历史文化名城的镇江，拥有数量众多、种类齐全、特色鲜明、

极为珍贵的“红色文化”资源。据2021年统计，镇江市不可移动红色资源总数有137处（个）。革命战争时期，工农红军第十四军政委李超时烈士等曾在镇江这片红色的热土上活动；陈毅、粟裕等领导的新四军在镇江茅山地区创建了全国六大山地抗日根据地之一，在镇江韦岗打胜了东进抗战第一仗；直接指挥解放上海的人民解放军总前委和第三野战军司令部驻地旧址都在丹阳市内。镇江籍和在镇江牺牲的烈士有3 000多名，留下来许多遗迹，如夏霖、黄竞西、巫恒通故居，以及夏霖、巫恒通、胡文杰、肖国生、王妞妞、周宜顺、王龙烈士墓（碑、亭）等。这些“红色文化”遗址都得到了较好的保护、利用和开发，方便群众参观和举行活动。

（二）“红色文化”的精神内核

“红色文化”的精神内核，是中国共产党人在100多年奋斗历程中淬炼出的特殊品质、先进思想、革命传统和优良作风。它产生于党成立后的各个时代，体现着革命理想主义、革命英雄主义、革命乐观主义和革命集体主义等伟大精神，形成了中国共产党人以伟大建党精神为统领的特有的精神谱系。经中宣部梳理，纳入该谱系的优秀精神有46种之多（见表1），这些优秀精神具有5个方面的共同点：一是坚定执着的信仰信念，即共产主义的远大理想；二是实事求是的思想作风，它是我党指导思想的活的灵魂，是党带领人民干革命、搞建设、抓改革、求复兴不断取得胜利的根本保证；三是人民至上的崇高理念，它是党的根本政治立场，也是党的成功密码；四是艰苦奋斗的优良作风，它是党的实践品格，是战胜一切困难的重要法宝；五是敢闯敢试的创新品格，它是对中华民族优秀传统的继承发扬。

在镇江，有革命时期孕育的新四军“铁军精神”，有新时期形成的赵亚夫精神、许杏虎精神、张雅琴精神、王华精神、糜林精神等，这些都是革命历史和党性教育的重要红色资源。其中，以赵亚夫精神为代表的镇江本土的红色精神，对党员群众的思想政治教育和党性修养锤炼具有重要的理论价值和启迪意义。赵亚夫作为农业科技专家，获得了“全国脱贫攻坚楷模”“时代楷模”“全国道德模范”“全国优秀共产党员”等荣誉称号。他六十年如一日，扎根广阔农村，为解决群众最关心、最直接的脱贫问题做出了巨大贡献。

表1　中国共产党在各个历史时期的优秀精神

（中央宣传部梳理的第一批纳入中国共产党人精神谱系的伟大精神）

党在领导人民进行新民主主义革命的伟大实践中	党在领导人民进行社会主义革命和建设的伟大实践中	党在领导人民进行改革开放和社会主义现代化建设的伟大实践中	党在领导人民进行新时代中国特色社会主义建设的伟大实践中
建党精神、井冈山精神、苏区精神、长征精神、遵义会议精神、延安精神、抗战精神、红岩精神、西柏坡精神、照金精神、东北抗联精神、南泥湾精神、太行精神（吕梁精神）、大别山精神、沂蒙精神、老区精神、张思德精神	抗美援朝精神、“两弹一星”精神、雷锋精神、焦裕禄精神、大庆精神（铁人精神）、红旗渠精神、北大荒精神、塞罕坝精神、“两路”精神、老西藏精神（孔繁森精神）、西迁精神、王杰精神	改革开放精神、特区精神、抗洪精神、抗击“非典”精神、抗震救灾精神、载人航天精神、劳模精神（劳动精神、工匠精神）、青藏铁路精神、女排精神	脱贫攻坚精神、抗疫精神、“三牛”精神、科学家精神、企业家精神、探月精神、新时代北斗精神、丝路精神

二、“红色文化”的当代价值和在镇江开发利用的不足

（一）“红色文化”的当代价值

“红色文化”体现着我们党的特色，是当代中国特色社会主义文化的根脉所系。秉承并践行“红色文化”，我们才能不忘初心，走好中华民族新时代的复兴之路。具体地说：

一是有利于开展党性教育，加强党的建设。红色资源是我党红色基因可观可感的载体，是进行“初心”教育的良好教材。利用丰富的红色资源对广大党员干部进行理想信念信仰生动、具体、深入的阐释，使“不忘初心、牢记使命”入脑入心、触及灵魂，有利于从实际出发开展党性党风党纪教育，补好共产党人的精神之“钙”。

二是有利于丰富人们文化生活，提高全社会道德水平。把红色精神传

承和红色教育融入人们日常生活，既能丰富百姓文化生活，又能把理想信念信仰的革命火种、传统的红色基因一代代传下去，让革命事业薪火相传、血脉永续，促进全社会思想觉悟、道德水平的共同提高。

三是有利于促进革命老区更好更快发展。镇江市充分利用好镇江的红色资源，讲好镇江土地上的红色故事，传承好红色基因和红色精神，引领镇江人不屈不挠艰苦奋斗，可以带动以茅山为代表的革命老区的旅游业发展，促进镇江不同区域经济和社会更好更快发展。

（二）镇江开发和利用“红色文化”的不足之处

一是“红色文化”遗址保护中的多头管理，使得镇江在“红色文化”开发利用的过程中各管一块、重点不够突出，不利于整体推进。二是红色资源整合度不够高，没有形成统一规划、系统管理、整体推进，导致“红色文化”的影响力不大，部分遗址不能充分发挥作用。三是经费投入不足，管理保护经费不足，造成一些遗址遗迹不能及时得到修缮和保护，尤其是一些零散遗址遗迹的保护令人担忧；在文化产品的开发上投入不够，红色文学作品、红色影视创作、红色歌舞节目等产出较少，产品开发不深、影响不大，没有形成自己叫得响、有影响力的特色产品；“红色文化”资源的整合、包装、宣传及专业人才的培养等方面投入严重不足。

三、开发利用好镇江“红色文化”资源的对策建议

习近平同志曾多次强调：要把红色资源利用好，把红色传统发扬好，把红色基因传承好。“红色文化”资源的开发利用，需要从制度、机制、技术、队伍、教育、文旅等多方面共同发力。

（一）加强“红色文化”资源开发利用管理体系建设

各级党委、政府和主管部门应加强“红色文化”资源开发利用管理体系的建设，加大“红色文化”资源开发利用的资金投入，广泛引入社会资本参与，调动社会各界参加“红色文化”资源开发利用的积极性。要运用大数据构建“红色文化”资源共享平台，合理利用区域范围内的“红色文化”资源，

着力寻求“红色文化”资源开发利用和经济社会发展的最佳结合点，利用开发具有当代特色的“红色文化”资源，提升“红色文化”资源服务能力，力保党员群众和广大青少年能够共享更多优秀的“红色文化”资源。

（二）保护和挖掘红色遗迹，丰富和提升资源内涵

更广泛深入地保护红色遗迹，挖掘本土红色故事。茅山老区的红色遗址大部分得到了保护性修复，分布在镇江其他各地零散的烈士纪念地和陵园也要由专门部门加以修复，实行专人专职维护和管理。对红色人物、红色故事要加以挖掘、整理和宣传，可借助网络、融媒体等。挖掘中要将“红色文化”资源与党的主张、政策，以及人民大众优秀的传统心理、地区风俗、社会习惯、交往规则等相结合，体现对中华民族传统文化的创新性转化和创造性发展。要注重镇江地方优秀传统文化与红色基因和价值主旨的结合。要深挖我党我军在民主革命战争时期形成的史料，并结合国内外的历史文献资料，完善丰富在镇江发生的重大历史事件的历史细节。对凸显改革开放特色、反映时代主题的“红色文化”资源要进一步归纳整理，在全社会广泛宣传，用时代的改革创新精神丰富人的精神世界，让“红色文化”在社会上真正落地生根，进而实现“红色文化”资源由外化向内化的转变与提升。

（三）推进建设“红色文化”网站平台和党性教育基地

加强“红色文化”党性教育网站和移动互联平台建设，打通线上线下双线共享，立体化、多方位地对广大党员干部进行党性教育，对广大人民群众进行“红色文化”熏陶、红色教育引导，使“不忘初心、牢记使命”、党史学习等主题教育多样性、常态化。建设和整合“红色文化”资源教育链。复建红色遗址，讲本土红色故事，积极打造新时代“红色文化”党性教育基地。以建设“教育党员的阵地、培训干部的课堂、展示文化的舞台”为目标，复建一些红色体验点、红色阵地，创设党员教育实境课堂；以“崇尚英雄，捍卫英雄，学习英雄，关爱英雄”为宗旨，讲好本土红色故事。开展“红色文化”资源整合和对外合作，形成红色教育链。宣传新四军“铁军精神”，可以与丹阳界牌镇新四军江南指挥部旧址、溧阳水西村新

四军江南指挥部、新四军驻高淳办事处旧址、盐城阜宁铁军纪念馆、淮安周恩来纪念馆、安徽云岭新四军军部旧址纪念馆等“红色文化”场馆深度合作，形成较为完整的“铁军精神”红色教育链。立足于家国情怀和独具特色的红色资源，设立“红色文化”游学基地，游学结合，既弘扬地方文化，又传承红色基因。相关主管部门、党校可牵头引导推进跨区域红色资源研发与教育的合作，特别是与镇江市周边地区“红色文化”资源形成合作互补、差异化发展，形成更为丰富完整的红色精神教育大课堂和红色旅游精品线路。

（四）创办和打造党性教育社会大课堂

党委、政府要引导相关部门合作开发设计党性教育社会大课堂，建立“红色文化”主题教育活动制度。要结合镇江红色资源的实际，利用每年革命纪念日、国家重大节庆日开展“红色文化”主题党日活动，学习红色经典著作、参观红色革命遗址、举办“红色文化”报告会、创办红色历史会展等。鼓励和组织引导市机关工作人员、企事业单位职工、学生和广大市民到红色景区景点切身体验红色生活，感悟红色历史，接受红色精神熏陶，使“不忘初心、牢记使命”、党史学习等教育落到实处。

（五）推进红色旅游文化产业精细化运作

由党政部门主导，建立“红色文化”资源协同研发机制，统筹相关部门进行联合研发，整合镇江文化、旅游资源，推进红色旅游文化产业精细化运作。在传统文化中植入红色因子，在红色精神中融入传统文化元素，从镇江的“红色文化”中提炼出绿色、人文、家国情怀合一的精神气质；从旅游品牌塑造、旅游线路设计、导游解说词、旅游项目推介等方面吸取“红色文化”的元素，以现代化的手段进行表达；在红色景点的核心精神提炼、细节打造，以及红色课堂建设与文化、绿色生态相融合等方面进行探索，研制开发“红色文化”产品，拓展“红色文化”新业态，形成传统业态和新业态的互利互补和合作共赢，以红色旅游产业发展助力革命老区乡村振兴。

（作者单位：中共镇江市委党校）

地方文化进高校

潘法强　薛玉刚　丁　旻

中华优秀传统文化是中华民族的精神命脉，是涵养社会主义核心价值观、进行爱国主义教育的重要源泉，是我们增强“四个自信”，在世界百年未有之大变局和文化激荡中站稳脚跟，实现中华民族伟大复兴的坚实根基。《江苏地方文化史·镇江卷》全面系统地展示了镇江优秀地方传统文化的历史轨迹、发展脉络和伟大成就，科学阐释了镇江优秀地方传统文化对中华优秀传统文化发展的杰出贡献和其重要地位。在学校开展弘扬传承优秀传统文化、加强爱国主义教育的宣传，用文化软实力吸引更多人才留镇，用文化感召力呼唤莘莘学子建设第二故乡，不失为一项明智选择。

一、人才瓶颈凸显，另辟蹊径破解

人才是核心竞争力。进入新时代，城市间对人才的渴求与竞争到了白热化程度，出现了三线城市抢人口、二线城市抢人才、一线城市抢高校的新态势。镇江属于中等城市，驻有江苏大学等10所高校，在校大学生总规模超过11万人，在全省13个设区市中优势较为明显。近年来，中共镇江市委、市政府充分认识到留住在镇大学毕业生的重要性，利用镇江优势，出台积极政策，吸引在镇大学毕业生就地发展，留镇比例由2016年的12.73%提升到2020年的19.89%，为镇江“产业强市”战略提供了有力人才支撑。

但周边城市也盯上了镇江高校毕业生。相比周边城市，在吸引人才的硬实力，诸如城市规模、产业支撑、科技创新、财政投入、人才待遇等方面，镇江没有多大优势，无论是数量还是质量都与周边城市存在较大差距。据江苏省第七次全国人口普查数据显示，2010—2020 年，镇江每 10 万人口中拥有的大学受教育程度人口为 19 134 人，低于苏南其他各市。吸引并留住更多在镇高校毕业生就地发展，做大城市规模，提高城市品质，提升人口质量，事关镇江城市发展的前途和地位，我们要有危机感。必须正视差距，危中寻机，错位竞争。镇江既然硬件不足，就要在软件方面寻找突破口。

地方优秀传统文化是城市发展的重要软实力，是城市弯道超越的重要法宝。镇江优秀地方传统文化博大精深、历史悠久、底蕴深厚、绚丽多姿、丰富多彩，越来越成为联系地方与高校学生的纽带。越来越多的学生从地方文化发展史中了解镇江、熟悉镇江、认识镇江、热爱镇江，从而决定留镇发展。《江苏地方文化史 · 镇江卷》可以发挥吸引更多高校毕业生留镇发展的巨大作用。因此，我们建议以《江苏地方文化史 · 镇江卷》进高校为抓手，打造文化滋润心田的“文心工程”，组织地方和高校专家在高校学生中宣讲地方优秀传统文化，以优秀传统文化之长弥补镇江硬件不足，营造地方发展良好的人文环境，为镇江在新一轮人才竞争中夺得先机，在“争当表率、争做示范、走在前列”中创造新优势。

二、洞悉竞争态势，做好顶层设计

习近平总书记指出，文化自信，是更基础、更广泛、更深厚的自信，是更基本、更深沉、更持久的力量。坚定文化自信，是事关国运兴衰、事关文化安全、事关民族精神独立性的大问题。我国当前正处在历史性交替的重大时间节点，全面、客观、正确认识国内外发展大势，科学推进地方优秀传统文化进高校，不仅对镇江开启“十四五”新征程、在变局中开新局、奋力书写中华民族伟大复兴的宏伟镇江篇章具有重大意义，而且对在镇高校实现高质量发展、高品质提升，对大学生及早融入社会健康成长同样具有重大意义。

心之所向，素履所往，留人需要先留心。镇江推出了未来5年“引进600名高层人才，集聚30万名青年人才”的计划，能否顺利完成，除了优化硬件环境外，更重要的是发挥文化软实力的作用。当代大学生视野宽、知识面广、接受新知识能力强，但对社会了解不够，对所处城市知之更少。我们要根据当代大学生特点，迅速行动，从历史根基、当代价值、国际视野、人类高度去宣传地方优秀传统文化。春风化雨、润物无声、以文感人、以文化人，以地方优秀传统文化为纽带，让“很有前途”的镇江成为青年学子们心目中发展的理想城市。为此：

一要加强领导，精心组织。地方优秀传统文化进高校是一项系统的文化创新工程，政治性强，质量要求高，成功关键是加强领导，在市级层面做好顶层设计。中共镇江市委市政府需要立足镇江全局，组成由分管领导挂帅，市委宣传部、市委教育工委、各高校领导参加的领导班子，加强组织领导，明确指导思想和工作目标，履行工作职责，调度各方力量全面组织实施。同时，要组织专家团队对授课内容进行严格审核把关，加强对授课教师的培训，避免差错。

二是科学规划，先行试点。要把地方优秀传统文化进高校活动纳入高校教学课程改革“十四五”规划，科学规划、精心组织、积极推进。要借鉴省内其他地方的成功经验，结合实际加强研究，在试点成功的基础上逐步推广。建议根据2021年人才竞争新格局新态势，与高校联合，以专家讲座的形式率先在应届毕业生中开展优秀地方传统文化宣传教育，鼓励和吸引更多大学毕业生留镇创业和发展。

三是财政支持，确保成功。百年大计，教育为本。地方优秀传统文化进高校，前期需要组织专家团队集中研究攻关，对《江苏地方文化史·镇江卷》的重点内容进行梳理；需要一定的资金，建议市财政统筹解决，把好事办好。

三、把握重点环节，高效组织实施

地方优秀传统文化进高校活动必须精心谋划，针对以下5个重点环节制定切实可行方案推进。

一是优化教材。《江苏地方文化史·镇江卷》内容十分全面。教材，必须重点突出。应按照大学教学规律和教学要求，组织高校和地方专家团队，以爱国主义教育为主线，对原著在科学性、政治性、系统性、规范性、可读性等方面进行必要改编，突出主题、压缩规模、取其精华，形成适合高校进行爱国主义教育需要的乡土教材。

二是课程设置。建议高校根据各专业各年级的特点，分成自然科学和社会科学两大类，课时设计由各高校根据实际需要确定。社会科学类专业，建议以选修课程为主，开设镇江地方文化史课程，辅以必要的专家专题讲座；自然科学类专业，结合思想政治教育课程教学，适量增加地方文化史的教学内容，辅以必要的专家专题讲座。课时设定、学分数量、师资配备也由各高校自行合理分配。

三是师资队伍建设。在镇各高校地方优秀传统文化教学师资力量足够，文史专业的专业课教师或思政课教师都能胜任教学工作，个别高校教师力量不足也可以外聘教师。可由地方聘请专家学者或地方文化史编撰人员担任专题讲座主讲人。

四是考评体系。建立高校优秀传统文化课程考核制度，各专业、各年级的考核评价体系要相对独立。要把教学内容、教学课时数、学习成果、学生出勤率等纳入综合考评范围，得出综合考评结果，计入学分。学分分值由各高校自行确定。

五是现场教学。镇江地处长三角经济发达区，自身优势不十分明显。江苏汇鸿集团下属冷链公司为留住人才，以地方优秀传统文化现场教育为抓手，每年将新招聘人才带到镇江博物馆使他们切身感知镇江文化的魅力，增强他们在镇就业的自豪感和荣誉感。汇鸿集团的经验值得借鉴。镇江优秀历史文化遗存丰厚，展示场馆较多，让广大学生深入现场、实地感知、亲身体会，现场教学效果往往事半功倍。各高校可根据每个教学段特点，设置 1~2 次现场教学，充分调动学生学习积极性，激发广大学生热爱祖国、建设镇江的热情。

让优秀地方传统文化入脑入心不仅仅是文化问题，更是事关镇江发展前途和命运的政治问题。必须在习近平新时代中国特色社会主义思想指导下，全面把握镇江新发展阶段的新任务、新要求，按照习近平总书记“争当表率、争做示范、走在前列”的总要求，校地双方齐心协力、相互支持，让在镇高校学生既能够接受地方优秀传统文化的熏陶，激发爱国主义情怀，坚定正确的人生观、价值观，又能够了解地方文化、热爱镇江文化、增强留镇发展的信心，从而为镇江“三高一争”发展提供人才支撑。

（作者单位：中共镇江市委宣传部、镇江市社科联、中共镇江市委党校）

镇江诗词的海外传播策略研究

| 李红艳　王晨婷　钱　坤 |

山水风骨，诗意镇江。镇江诗词是镇江城市文化不可或缺的美丽瑰宝。诗意镇江是镇江城市无可比拟的独有品质，是镇江城市海外推介不可多得的优秀名片。近年来，在中共镇江市委市政府的高度重视下，相关部门、热心人士为诗意镇江的海外推介做了大量卓有成效的工作，具体表现为“三个一”：一是出版了一批书籍，如《京江赋》《镇江诗词一百首》《京口诗画》等，其中《镇江诗词一百首》最受欢迎；二是制作了一批节目，如与中央电视台合作拍摄的《诗话镇江》和大型舞蹈剧《诗画镇江》等；三是开展了一些活动，如2020年组织开展了外国留学生吟诵镇江诗词的“诗韵镇江　四海名扬”系列活动、“因为诗词爱上镇江”口袋书制作活动、“跟着诗歌游览美丽镇江”专题讲座、“走进诗词中的镇江”短视频大赛和外国留学生诗词大会暨短视频大赛等，给社会各界特别是外国留学生留下了很深的印象。

以上这些工作虽然在某个时段、某个地方、某个节点形成了一定的声势，但与努力扩大镇江海外影响、吸引更多海外资源、建设现代化新镇江的要求相比，还有很大的差距。究其原因，主要是缺少“四个专”：一是缺少专题的研究。诗意镇江的海外推介是一项系统性、长期性工作，既要有一个管总的政策意见，又要一个具体的推进方案。二是缺少专门的推进。诗意镇江海外推介牵涉很多部门，必须各行其责、各尽其责。目前根据相关职责专门推进、梯次推进、系统推进的活动不多。三是缺少专业的队伍。诗意镇江海外推介有诗词翻译的障碍，有文化理解的障碍，有个性推进的障碍，解决这些障碍需要专业的机构、专业的队伍和专业的人才。四是缺少专项的投入，没有一定的资金支持，很多事情办不起来。

针对以上问题，课题组建议镇江市委市政府在加强顶层设计的同时，组织相关部门、相关团队在“三个四”上做一些文章。

一、在推介的组织上持续推进“四个打造”

一是打造一支稳定的队伍。这支队伍由两个方面组成，一是专家，可从镇江文史专家、驻镇高校教师中遴选专业人员，建立专家库；二是志愿者，可从驻镇高校中梳理遴选世界各国的优秀留学生代表，建立志愿者信息库，挖掘更多的讲述者。

二是打造一批权威的书籍。可从现有镇江地方诗词中梳理、遴选翻译名家名篇中的镇江诗词，选择经典的、具有代表性的、语言朗朗上口的、篇幅较短的镇江地方诗词，中英互译，集合成册，出版发行，作为镇江地方诗词对外传播的重要参考。

三是打造一批唯美的音乐。音乐能够直抵人的心灵。中国古典诗词原本就是诗乐合一，可被之管弦。将《春江花月夜》等诗词谱上音乐，把诗词中难以言喻的情绪以一种更直观生动的形式展现出来，更能引起欣赏者的情感共鸣。要组织专家，根据镇江诗词的唯美意境，精心创作一批具有江南韵味、镇江特色的经典音乐，助力诗意镇江流传更广。

四是打造一批精彩的微课。可借助地方高校和专家团队打造一批镇江诗词欣赏的配有中英文字幕的微课，通过灵活的教学方式、唯美的诗词意境来呈现教学内容。微课的特点是时间短、碎片化、内容突出、针对性强、直观新颖，以这种方式向海内外传播镇江诗词必将影响其传播的广度与深度。

二、在推介的内容上切实做到“四个走进”

一是走进景点。结合镇江特点及“四山一渡”等重要景点，设置一批与诗词有关的规范、统一、标准的景点翻译，在重要参观和专门参观时，有与之相配套的旅游单页或者画册，从细节处提升优秀旅游城市的形象，提升城市的国际化水平。

二是走进校园。以各类节日和活动为契机，适时、定期地在驻镇高校开展镇江地方诗词文化活动。将固定的特色活动，如已经开展的外国留学生吟诵镇江诗词大会，拓展为书写大赛及留学生从诗词看镇江、留学生用中英文讲镇江故事等特色活动，推动镇江文化传播。同时，可以针对高校各类不同汉语水平的留学生开设不同的课程。针对留学生新生可开设讲座或者文化课程（英文授课），针对中高水平留学生及中文授课留学生可开设诗词选修课，同时鼓励他们参加市级各类与诗词有关的活动和比赛。

三是走进新媒体。通过各类微信公众号、中英文网站、社交工具，如 YouTube、Facebook、Twitter 等定期推荐与镇江诗词有关的音视频和慕课、留学生自制的一些诗词文化视频；同时，有序引导、鼓励民间传播，用轻松愉快的方式展现和传播诗意镇江。

四是走进人心。一是以镇江海外友好城市为依托，由点及面辐射全球，重点关注在镇江留学和生活的外籍人士、外籍学生两类人；二是对华裔青少年，可通过“山水风骨、诗意镇江”等为主题的各类推介活动，加深他们对镇江传统诗词的认识和理解，加深他们对镇江历史文化的学习和了解，从而让更多的国际友人认识镇江、热爱镇江、融入镇江。

三、在推介的项目上尽快启动“四项活动”

一是举办镇江诗词海外传播华裔青少年公益诗词夏令营。可联合各级侨联、在镇高校，推出诗意镇江山水栖居——华裔青少年公益诗词夏令营活动，在学习诗词、品味山水、感受家乡诗韵的同时，为远在海外的华裔青少年搭建一座了解家乡历史文化的桥梁。

二是出版镇江诗词海外传播中英双语配套数字化作品。如可以出版《汉英对照镇江诗词三十首》（口袋书），已有名家翻译的诗词选用名家翻译的，未有翻译的诗词邀请专家再做翻译，文后做简单中英文历史背景介绍，或配以镇江山水名画，增强其可读性和可视性。

三是开设镇江诗词海外传播中英双语系列微课。选取与镇江有关的10首中国古典诗词，由专业团队导读、品鉴、解析，通过专家解读凸显诗的意境，发掘诗的内涵，帮助海内外读者逾越语言的障碍，体会诗词固有的鲜活之气，感受镇江诗词文化。

四是举办诗意镇江·海外推介“驻镇留学生看镇江”短视频大赛。鼓励留学生通过亲身体验、现场观察，以第一人称的独特视角，客观真实地体现“透过诗词看镇江”，在表达国际友人在镇江生活的有趣发现和对镇江的真情实感的同时，向世界展示镇江的历史、文化和生活。

（作者单位：江苏大学语言文化中心、南京财经大学）

依托高校园区开展“新生共同阅读计划”的路径研究

| 沈 娟 王 红 |

随着“共同阅读体验”的概念被许多大学和学院接受，各大高校纷纷开展“新生共同阅读计划”，要求新生对学校指定的一本书进行阅读并思考，入学后将围绕这本书展开一系列的阅读推广活动。湖南省 2013 年首创“一校一书联盟市共读计划”，由省委宣传部统一组织、省教育厅主办，全省各高校根据总的活动方案和具体工作要求自主设计各自的阅读推广活动方案，每年举行一次，取得了良好效果。在习近平总书记大力倡导阅读推广的时代背景下，镇江高校园区开展“共同阅读推广”活动恰逢其时。

一、驻镇高校开展“共同阅读推广”的现状

（一）两所驻镇一本院校融合度不高，高校园区的集群效应难发挥

江苏省内目前共有本科院校 51 所，镇江拥有 2 所，横向对比较其他同级别经济规模城市具有优势。但其中，江苏大学（简称“江大”）主要教学活动集中于市区学府路上，江苏科技大学（简称“江科大”）于 2021 年整体搬迁至丹徒区长香西大道镇江高校园区，两校空间距离较大，不利于形成带动驻镇高校园区整体发展的驱动效应。园区目前坐拥 6 所院校，分别是江科大长山校区、江大京江学院、镇江市高等专科学校、江苏省交通技师学院、镇江市技师学院和中共镇江市委党校。院校规模层次不一，办学水平有高有低，教育对象年龄有大有小，学生素养参差不齐。这些因素对

园区内共读图书书目的选择也造成了一定困难，阅读推广的区域性整体效应可能会减弱，不利于各院校进行资源共享，进而互鉴互学、优势互补，形成强大的共同阅读推广的集群效应。

（二）驻镇高校阅读推广意识较为薄弱

在江大图书馆网站输入“阅读推广”关键词发现，从 2019 年始，该校的大型阅读推广活动几乎空缺，对学生信息素养的培养和数字资源的建设则较为重视。在江科大图书馆进行同样搜索，发现在注重内容相同的基础上，工作人员转变了工作方式，由内部建设向外部推广方向发展，除了开展常规的数字资源使用培训讲座和信息素养知识竞赛之外，已开始尝试开展师生读者座谈会、“炎炎夏日　读书消暑”的暑期阅读营等系列阅读推广活动。但总体来说，整体阅读推广意识较为薄弱、领导对阅读推广活动的重视程度不够、阅读推广的持续性和系统性等问题仍成为制约开展“新生共同阅读计划”的重要因素。

（三）高校园区内部文化建设不足

因为镇江高校园区位于市郊，距离市中心 20 多公里，公交线路少，出行交通不便利，居住人群较少，各高校入驻园区时间长短不一，所以内部文化建设不同程度地存在不足。园区自投入使用至今，周边的配套基础设施还没有完全到位，医院、银行和应依大学城而建的高新科技企业相对较少。园区内共享的体育馆等大型基础设施使用率不高、管理不到位、服务意识薄弱。这些问题成为开展大型阅读推广活动的重大瓶颈。

二、驻镇高校开展“共同阅读推广”的可行路径研究

（一）构建驻镇高校协同发展体制机制

驻镇高校推广“共同阅读推广”项目，要发挥出“1+1>2”的整体效应，必须在镇江市委宣传部和镇江市教育局的大力支持下，成立由宣传部、教育局主要负责人和各高校主要领导、图书馆馆长组成的“共同阅读推广”筹备委员会。以点带面，在江大和江科大两所高校先行试点，取得经验之

后在高校园区继而在镇江市域内全面开花，着力建立优势互补、互利共赢的协同发展制度体系。以高校内部合作为主体，加强高校内部紧密联系，建立共同愿景，加强园区内人文环境建设，构建开放的园区，推动高校园区内部文化建设，以更好地形成园区文化育人的浓厚氛围。

（二）根据各单位师资力量和学生素养，制定多维有效书单

1. 推荐书目由“一校一书”增至“一校多书”。湖南省在开展阅读推广活动中意识到了以往开设书单的单一性问题，后来发展为多维书单。驻镇高校由于各院校办学水平、资源建设水平等参差不齐，可以考虑创设“一校多书”阅读推广活动。各高校根据自身的特点，为学生推荐有针对性的图书清单。除了常规涉及的国学经典读物、哲学类、政治类、小说类和历史类图书之外，可以考虑增加有关镇江本地甚至本校特色的书籍，镇江市史志办可为大一新生更好地了解镇江、爱上镇江推荐相关书目。庆祝建党 100 周年，江科大网站首页就增加了“党史学习教育”推荐书目。

2. 突出中华传统文化的引学促学作用。学子们在进入高校学习之前，大多是围绕着考试而进行知识学习，独立生活和处理各种社会关系的能力相对欠缺。驻镇高校可尝试在新生中围绕朱熹《小学》这本书籍，开展相关的阅读推广活动，并可在推广活动中注入各种技能的训练，如阅读、朗诵、书法、舞台剧表演、写作等，以提升学生的思想道德和文化素质，提高经典阅读推广活动的有效性，进而提升学生对中华传统文化的认同感。

（三）加大阅读推广活动宣传力度，提高阅读推广服务意识

1. 重视传统线下宣传模式。重视阅读推广活动的启动仪式，可邀请市级机关、各大高校主要领导参与，在学生工作管理团队和图书馆员的发动下，尽量让更多学生参与。活动地点尽量选择园区内的公共设施，如共享体育馆。在活动过程中，图书馆员应主动走进教室、走进学生宿舍，与学生谈心交流，了解大一新生的迷茫和困惑，继而让阅读推广成为治愈大一新生焦虑恐慌的一剂良方。

2. 不断探索与新媒体融合的线上推广模式。在移动互联网成为信息传播主渠道的当下，可以充分利用其运营成本低、易于打破空间障碍、活动

形式多样化、宣传效果明显等优势，积极探索阅读推广宣传与新媒体融合的模式。可以在各相关单位的门户网站开设专栏，利用微博、微信和 PC 客户端进行点对点的宣传。抖音已成为最受欢迎的短视频应用软件之一，也是阅读推广中值得借助的平台。“两微一端一抖”新型自媒体宣传矩阵的形成，可以大大提高大学生群体的关注度，助力阅读推广宣传工作。

（四）加强高校园区文化建设

1. 完善园区基础设施建设。镇江高校园区投入使用已接近 4 年，目前园区有 4 万多名学生，与市区只有一条公交专线往返，还有两家高校未开通站点，这远远不能满足广大学生学习和生活的需要。建议政府加大投入力度，加快园区道路建设，优化公交线路、班次，改善园区交通状况，优化园区整体环境。

2. 加强园区人文环境建设。在园区内通过资料和实物展示，生动形象地反映各高校的办学历程，激励大学生继承和弘扬学校的优良传统；在园区内悬挂教学名师画像，再现和展示他们的思想观念、品德情操和人身价值；设计反映园区文化精神的雕塑，激励学生刻苦探索、奋发向上；办好园区专题杂志，充分发挥传媒手段在园区文化建设中的重要作用；做好园区内建筑物、道路、景观的命名工作和园区标识设计，营造良好的育人环境，使园区环境格调高雅有序，人文底蕴浓郁，凸显高校园区文化特色。

3. 构建开放园区。“开放性”被誉为大学城永恒的魅力和最高的办学理念。一方面，积极促进园区内各高校之间的开放，充分发挥各高校的学科优势，建立网络资源共享机制，实现图书、课程等资源的共享；另一方面，主动为园区外高校和其他社区搭建阅读推广交流平台。

（作者单位：中共镇江市委党校）

镇江茶产业的历史文化基因挖掘与资源活化研究

蓝旻虹　张　剑　连小刚

镇江作为江南重要的绿茶产地，有着悠久的茶文化历史和丰富的茶文化遗产资源，这些历史文化遗产资源支撑着镇江传统茶产业的发展和繁荣，并使其区别于其他地区的产业。如何保护利用好珍贵的历史文化遗产资源，推动镇江茶产业的提质升级，是本文研究的价值和意义所在。

一、镇江茶文化遗产资源现状

（一）镇江茶文化遗产资源的分类

镇江茶文化遗产资源内涵丰富，在其漫长的发展过程中，以茶为中心，在种茶、制茶、饮茶等环节逐渐积累并形成了与茶相关的特产、器物、遗址、景观、文献、技术和民俗文化。通过调查与梳理，我们发现了镇江在江苏省乃至全国茶文化遗产资源中自身的特色和亮点所在（见表1）。

表1　镇江茶文化遗产资源类别表

	主要类型	类别名称	主要代表
物质文化遗产资源	遗址类	宜茶名泉	金山中泠泉、丹阳观音寺泉
	文献类	地方志	明清《丹徒县志》《丹阳县志》《句容县志》
	遗物类	茶具、茶画	唐代丁卯桥窖藏银茶具、宋代章岷墓出土茶具、《杏园雅集图》

续表

	主要类型	类别名称	主要代表
非物质文化遗产资源	技术类	传统烹茶技术	宋代点茶（润州区非物质文化遗产）
	民俗文化类	典故传说	三国以茶代酒典故、宋代沈括在梦溪园竹坞著《梦溪笔谈》《茶论》、范仲淹与章岷斗茶趣事
		茶诗	唐代张祜，南宋陆游、文天祥，清代郑板桥、爱新觉罗·玄烨等人的茶诗

（二）历年镇江地区茶文化遗产资源的考古发现

镇江地理位置得天独厚，秦汉时期城市得到开发，六朝毗邻京畿，唐宋时期成为繁华都市，贸易昌盛、人口稠密，是长江重要的港口城市之一。丰富的城市生活文化遗迹和遗物成为历史上茶文化繁荣的最好实证。历年考古工作中出土了大量的制茶工具和饮茶用具，以唐代丁卯桥窖藏银质茶具和宋代章岷墓陶瓷茶具最有代表性。

1. 丁卯桥窖藏银质茶具——唐代奢华茶具的典范

镇江丁卯桥附近工地1982年发现的大型唐代银器窖藏，是目前为止全国出土唐代银器最多的窖藏之一，同陕西何家村窖藏、陕西宝鸡扶风法门寺地宫一起被考古界誉为唐代银器三大窖藏。丁卯桥窖藏出土的956件银器中，有茶具、酒器、化妆饰品用具等。茶具以茶釜、茶盒、茶则、茶碗、茶瓶等为主（见表2），器物上多錾刻“力士”铭文。据学者考证，银器应为本地制造，“力士”为名牌商标，产品极有可能作为地方贡品供奉唐代皇室。

表2　镇江丁卯桥窖藏出土唐代银茶具情况一览表

茶器名称	数量	考证功能	尺寸
银锅（茶釜）	2件	煮茶器	高10、口径25.6厘米
鎏金双凤纹大银盒	2件	盛放茶饼	高26、口径31、腹径32、底径25.6厘米
鎏金莲瓣形银盒	1件	盛放茶末	高7.5、腹径9.5、足径6.5厘米

续表

茶器名称	数量	考证功能	尺寸
鎏金四出鹦鹉纹银盒	1 件	盛放茶末	高 8、口径 11. 4、足径 9 厘米
鎏金鹦鹉纹圆盒	4 件	盛放茶末	高 8. 5、腹径 11、足径 9. 2 厘米
素面圆盒	15 件	盛放茶末	高 8. 3、腹径 11 厘米
火箸	15 双	夹炭火	长 32 厘米
茶则（茶匙）	10 件	量取茶末	长 33 厘米
茶勺	6 件	舀茶汤	长 26 厘米
荷叶形盐台盖	1 件	盛放盐等调味品的器盖	通高 7. 3、口径 20. 6 厘米
莲瓣形茶托	7 件	茶盏托子	高 8. 5、盘径 18 厘米
五曲形茶托	1 件	茶盏托子	高 7、盘径 17. 3 厘米
五曲鹦鹉纹碗	1 件	盛茶汤	高 11. 5、口径 21. 3、足径 14 厘米
素面五曲碗	8 件	盛茶汤	高 9. 5、口径 16、足径 8. 5 厘米
素面五曲折腹碗	1 件	盛茶汤	高 6. 4、口径 15. 2、足径 10. 3 厘米
茶瓶	2 件	注茶汤	一件残破，高 22、口径 8. 4、腹径 10、底径 7. 8 厘米，另一件高 19、口径 6. 6、腹径 10、底径 8. 5 厘米
熏炉	1 件	辅助茶器，熏香	顶部残损

2. 章岷墓陶瓷茶具——两宋士大夫与百姓的饮茶器具

宋代茶文化在唐代基础上继续发展，并逐渐走向成熟，突出表现为城市中茶肆、茶馆、茶坊林立，茶汤品种繁多，饮茶内容富于前朝。形式上“点茶”广为流行，“斗茶”时尚兴起。城内居民多沿河而居，商肆夹渠而列，商业繁荣，政府设在镇江的榷货务是南宋最重要的三个务场之一，专卖茶叶、盐、舶来品等。镇江古运河沿岸宋代文化地层中发现了有关茶坊的陶瓷具，如黑釉茶盏、执壶、杯等，黑釉茶盏数量惊人。

3. 各具特色的元、明、清茶具

镇江出土的元、明、清茶具主要以陶瓷为主，少量为玉石、银等材质。

元代崇尚自然简朴，饮茶方法由精致华丽回归简单实用，以饮叶茶为主。明代，饮茶之风更盛，制茶、品饮、茶具都变化一新，景德镇青花、白釉茶具得到广泛推崇。明代晚期宜兴紫砂制陶业兴起，因不吸茶香、茶色不损，紫砂壶被视为佳品。清代风尚与明无异，饮茶主要用盏、壶之类。如西津渡码头的清代道光年间瓷器窖藏出土近100件（套）青花、豆青釉带托盖碗、果盘等，遗址推测为官署接待驿站。文人士大夫阶层所引领的茶文化向世俗市井文化转变。

二、镇江茶文化遗产资源的特点

（一）遗址数量不多，类型有限，但知名度高

江苏茶文化遗产主要分布在苏州和无锡，约占资源总量的58%，镇江只占其中的4%（该统计未包括茶相关的器物）。镇江占比虽然不高，但事实上影响力并不弱。如著名的宜茶名泉金山寺中泠泉（现为镇江市文物保护单位），在中国茶文化史上占有重要地位，被唐代品泉家刘伯刍尊为“天下第一泉”，历代文人名士品评者众多，留下大量考证和赞咏诗句。位于镇江丹阳的观音寺泉，在历史上同样出名，被刘伯刍评为第四名，被誉为“茶仙、茶圣、茶神”的唐代茶学家陆羽评为第十一名，有条件成为如今茶文化爱好者的打卡圣地。

（二）古代茶具文物资源丰富，具有稀有性和观赏性

镇江出土的古代茶具再现了镇江茶文化的繁荣与兴盛。唐代的金银茶具，两宋的景德镇青白瓷茶具、吉州窑黑褐釉茶盏，清代的窖藏成套盖碗等，都是镇江重要的茶文化遗产资源。它们在全国各地博物馆展出以后，让更多的茶学爱好者了解了镇江与镇江的茶文化。

（三）内容多样的茶民俗文化提升了镇江茶文化的影响力

目前镇江虽然没有国家级非物质茶文化遗产，但茶民俗文化资源相对多样，在一定程度上弥补了遗产名录层级不高的缺憾。如在镇江当地产生、记录并传承的歌咏镇江茶泉的古诗；陈寿《三国志·吴志》中最早记载的

“韦曜以茶代酒”的茶人逸事；北宋沈括在镇江梦溪园中的竹坞中煮茶品茗、谈诗论文、交流学术，最终写成《梦溪笔谈》，其中介绍宋代茶政茶法的《本朝茶法》和《国朝茶利》被称为中国茶史上最为朴素却又极具价值的茶学文献；曾隐居于镇江南山的宋四家之一的米芾，与友人试赐茶于甘露寺，并以《满庭芳·咏茶》一词详述了当时茶宴的场景。各种形态的茶民俗文化是镇江茶文化丰富多彩的最佳展现，并使其存在更加鲜活生动。

三、镇江茶文化遗产资源活化利用的建议

（一）建立南山章岷墓园纪念碑及附属纪念馆，记录其人与江南茶事

中国茶文化史的研究离不开1974年镇江南郊章岷墓的考古发现。其中出土的宋代茶器，为研究北宋江南地区文人士大夫阶层的饮茶风尚提供了有力的实物证据。更为珍贵的是后世流传的北宋名臣范仲淹《和章岷从事斗茶歌》，为古今好茶者所传诵。其为北宋斗茶习俗之先声。茶诗中的章岷，与镇江有不解之缘。据出土墓志载，章岷祖籍福建，天圣五年（1027）举进士，卒于熙宁四年（1071），历知越、福、苏等州，为两浙转运使。章岷26岁左右中进士，33岁随范仲淹至睦州当其幕僚“从事”，范仲淹《和章岷从事斗茶歌》即此时写成。章岷使用的茶器被发现，一个千年以前江南茶人的形象顿时鲜活起来。章岷墓在南山，南山是镇江的茶山，是镇江的人文之山。在各地茶产业区竞相挖掘茶文化历史资源的背景下，加快建立章岷墓园纪念碑及附属纪念馆，不仅能够增加镇江茶产业的人文内涵，还可以进一步丰富南山的旅游业态。

（二）打造高水平的镇江茶文化展览

展览是推介地方文化最快捷和有效的方式，可以让参观者在短时间内了解一个城市的历史和文化内涵。有些地区专门建设了茶主题博物馆，如著名的杭州中国茶叶博物馆。许多茶企、地方政府建设的具有地域特色的茶类博物馆成为政府宣传当地茶文化、推动茶产业发展的有效手段。镇江博物馆收藏了一定数量的茶文物和古代茶器，早年策划过“古韵茶香——

镇江博物馆藏历代茶具精品展”，先后在全国几十个博物馆进行巡展，是对镇江古代茶文化的传承和发扬。但由于当时的局限性，展览内容与形式略显单调。要推动镇江茶文化走出去，应当注重与文广旅局及农办、农业农村局、茶叶协会等单位的交流合作，从更高层面推进镇江茶文化展览的筹备与策划，精细打磨展览的形式与内容，使之成为镇江文化对外宣传的一个重要组成部分。同时，要加强同中国文物交流中心及国际上各大博物馆的交流合作，力争在国际舞台上展现镇江悠久的茶文化和富有生机活力的现代茶产业。

（三）挖掘整合遗产资源，促进茶文化事业与产业深度融合

1. 加快促进茶非物质文化遗产与旅游融合、高质量发展。国家提出要在有效保护的前提下，推动非物质文化遗产与旅游融合、高质量发展。目前，镇江茶非物质文化遗产在茶文化游学线路推出、有机融入景区、茶非遗相关的文艺创作和文创设计等方面尚显欠缺，要加大合理利用力度。镇江南山文心书院开展的对镇江“非遗”宋代点茶技艺的复原，以及举办的茶文化论坛、斗茶文会、“非遗”宋代点茶辛丑端午拜师仪式等活动，有效扩大了宋代茶文化的影响力，但作为南山景区的一部分，文心书院应该有更开阔的思路，用茶文化推进茶产业和旅游业的融合发展。

2. 注重培育茶学培训市场。茶学培训是茶文化遗产的另一种展现和活化方式。茶学培训市场规模巨大，在北京、上海等一、二线城市中兴起。镇江良好的区位优势、真山真水的自然禀赋和悠久的茶文化历史及丰富的文化遗产资源，具有面向全国开展茶学培训的良好条件。茶帖与茶榜、茶道形式、茶宴名物、茶点、茶菜制作等都可以纳入茶学培训的范畴。以培训带动旅游市场，使茶艺培训成为一种更高级的旅行方式。

3. 打好镇江的禅茶文化牌。禅茶以“寺”为环境，以“僧”为主体，结合茶文化要素，展现茶道精髓。禅茶文化既要重视精神上的“禅茶一味”，也要注重茶、水、壶等物质载体的发掘。镇江自古佛教文化丰富、颇具特色，佛教既是具有独特内涵的文化载体，又是极具开发价值的文化遗产资源。“禅茶一味”可以引申出新的时代内涵，如20世纪80年代研制成

功的金山翠芽，是镇江自创的炒青绿茶，因其全芽制成、色泽翠色、形似金山宝塔，所以以佛教禅宗道场中有着卓越地位的中国名刹金山寺的名字命名，可以被视为现代版的禅茶。经农业部批准认证，金山翠芽成为江苏省首个获证的种植业农产品地理标志，具有较高的品牌价值和地方知名度。金山翠芽的成功打造，一方面在于它自身的茶叶品质；另一方面则是利用了镇江金山寺的影响力，赋予了品牌更多的内涵和价值。与此相类似的，还有可与道教相联系的“茅山青峰”等。应当继续挖掘这方面的资源，做好这方面的文章。

（作者单位：镇江博物馆）

镇江传统手工技艺类“非遗”的学校传承研究

陈 卉 巩 丽 韦 昊 宋志红

镇江市公布的5批110项非物质文化遗产名录中，传统手工技艺类“非遗”数量多达54项。传统手工技艺类“非遗”的学校传承就显得极为重要。

一、传统手工技艺类“非遗”学校传承面临的困难

（一）“非遗”传承人同学校传承之间未能有效接轨

传统手工技艺类“非遗”传承人一直抱有只传家人、不传外人，或者一般不轻易传人的传统观念。职业院校的专业设置是根据市场情况而定的，趋向于就业前景好、专业见效快的专业，而“非遗”类传统手工技艺就业面窄、见效较慢。所以，这两者的接轨还没有找到好的结合点。“非遗”传承人看到现在手工艺品的生产都是机械流水线、智能化操作，这样的生产方式成本低、周期短、仿真度高，对传统手工艺品的冲击很大，这便更加剧了他们的心理恐惧，更加不愿意将技艺传授外人了。

（二）缺乏系统化的“非遗”课程和教学资源

在过去的家族传承、师徒传承中，作为“非遗”传承人的家长、师父是手把手地教，依靠口传身授进行教学，没有相应的专业教材，讲授的知识点比较零碎，依靠经验办事。家长、师父在大脑里“备课”，孩子、徒弟一边听、一边看、一边记，然后开始模仿实践。没有教材，更没有教学资

源库，与现在的学校教学较难接轨。

（三）缺乏支撑起“非遗”教学工作的教师团队

过去传统手工技艺类“非遗”家族或师徒传承范围很小，人数很少。现在职业院校推进“非遗”教学工作，师资严重短缺、力量不足。“非遗”大师一般年纪偏大、讲话方言重，有的只会做不会说，更不会归纳讲解，与校内教师沟通有一定障碍。国内的高校开设“非遗”专业的较少，所以师资培养基本处于空缺状态。

（四）缺乏与“非遗”项目接轨的配套机制

“非遗”项目的传承与学校教学接轨主要涉及评价、运行和保障机制，而学校目前对“非遗”项目采取的机制往往跟其他专业或者学科相一致。开设“非遗”专业的职业院校基本还处于摸索阶段，教学目标、过程管理等大都是借鉴或者直接运用学校对其他学科或者专业的统一规定。

二、做好传统手工技艺类“非遗”学校传承的对策建议

（一）转变观念

1. 传承人要转变观念。“非遗”项目之所以能流传千古，是因为“非遗”具有继承性和发展性，而继承发展的关键在于人，人才是传统手工技艺得以传承发扬的源泉。如果传承人一直持有只传家人不传外人的观念，那么传统手工技艺就有可能失传，或落后于时代而被淘汰，与学校教育之间的关系也就无法确立。进入新时代的传统手工技艺传承人，应树立美好事物共享共赢的观念，积极拓展传承人的范围，使传统手工技艺“非遗”得以代代相传，并在“美美与共”中不断进步、发扬光大。

2. 职业学校要转变观念。职业学校要改变过去普通教育的习惯，根据学校的“职业”特点，以及传统手工技艺的生产特点和传承者的个人特点，从三者密切相关的地方寻找它们的结合点，开创出职业学校传承“非遗”手工技艺的有效途径。

3. 学校专业教师要转变观念。党的十八大以来，国家提出了一系列促

进职业教育师资队伍建设的政策，以此推动学校和企业建设“双师型”师资培训基地，推动职业学校教师走向企业实践，完善“双师型”师资培训体系。在这一政策的推动下，职业学校开始更加重视教师素质的提高。学校“非遗”手工技艺课程资源的开发、设置和利用能否充分、有效，很大限度上取决于教师的素质和能力水平。为此，教师必须转变观念，不能满足于过去的知识和能力，只有不断学习和提高自我，与时俱进，才能适应“非遗”手工技艺传承教学的需要。

4. 家长和学生要转变观念。家长和学生不能对“非遗”类传统手工技艺存在偏见，要充分认识传统手工技艺的现实价值和未来价值。学校已通过各种渠道，积极宣传营造浓厚的“非遗”环境，鼓励学生学习传统手工技艺。如镇江高等职业技术学校成立了近百个学生社团，围绕工笔画、篆刻、古琴、书法、太极、苗银、民间故事等人文素养类内容，每周开展活动，每学期进行汇报评比，此项活动深受学生喜爱。学校充分发挥学生社团在校园文化建设中的作用，深入开展各种内容丰富、形式新颖的实践活动，为学生提供施展才华的平台和机会。学校在活动中加入“非遗”类手工技艺的学习传承，通过开设诸如“非物质文化遗产——皮影戏”“那些年，我们遗忘的‘非遗’”之类的讲座，用精彩纷呈的资料素材向学生展示我国著名的非物质文化遗产，介绍传统手工技艺类“非遗”的起源与发展、制作与特点，以及传承与发扬，加强学生对中国传统手工技艺类“非遗”的保护及传承观念，激发学生对传统技艺的学习兴趣。家长应与学校配合，支持孩子在学校学习“非遗”类传统手工技艺，学生更应该当仁不让地积极参与。

（二）构建课程体系

1. 研制专业人才培养方案，系统化地嵌入“非遗”项目课程。学习一门传统手工技艺至少需要 3~5 年时间，需要系统、完整的课程体系，学生才能够在有限的学习时间内学到精湛的技能。因此，“非遗”课程的设置应整体性嵌入人才培养全过程，并将两者进行关联性、渐进式教学。一、二年级时让学生认识“非遗”，可选择普及性的知识，通过讲座、论坛、知识竞赛等活动调动学生学习积极性，培养兴趣爱好；三、四年级时让学生接触“非遗”，由“非遗”大师和校内专业课教师双导师以现代学徒制的形式进行“非遗”项目的共同教学，传授学生技艺；第五年顶岗实习，学生可以进行双向选择，在通过考核后正式拜师学艺，跟从大师踏入市场实践。

2. 开发“非遗”校本课程，建设教学资源库。一是构建团队，开发校本课程。因为市面上能够匹配的教材非常有限也很零碎，所以应组建课程开发团队，由传统手工技艺传承人、普通手工艺人、研究学者、校内相关专业教师等构成，并明确分工。有人收集素材，了解传统手工技艺生存的社会环境；有人实地考察，拍摄制作过程视频，并聘请专业人士对视频等资料进行处理；有人整理第一手资源，负责审稿、校对等；有人运用现代化教学平台建成在线课程并投入实际运用，然后不断完善修改再运用；最后由学校把完善的校本在线课程转化成活页式教材，或直接编写出版发行。

二是构建隐性教学资源库。学校通过教室、宿舍、操场等校内环境的布置，营造“非遗”文化环境，凸显“非遗”的历史、文化、艺术特征，与职业学校的“工匠”培养相结合。邀请“非遗”大师进校园，通过开设讲座、进行“非遗”作品展览等向学生进行现场技艺展示。通过校园电视台、广播站、微信公众号等，对学生进行宣传熏陶，突出多样性、趣味性和通俗易懂，并结合职业学校的特点，突出学生的参与性、互动性，开展知识竞赛、创意作品大赛、技能大比武等一系列活动，让学生了解“非遗”，激发学生的学习兴趣。

三是开设公共选修课，提升学生综合素养。要充分利用职业学校师资和课程资源优势，开发具有职业教育特点、能够激发学生兴趣热情、适合中职学生学习的“非遗”课程公共选修课；要充分挖掘地域文化资源，寻求学校与社会的融合，广邀社会名流、行业名家、工艺大师、“非遗”传人等共同参与选修课程开发，宣传和弘扬镇江地方传统文化，传承地域“非遗”技艺；在统一和规范选修课程开发技术的基础上，鼓励各学校、各课程建设团队根据学校优势、专业和课程特点、团队成员特长等实施个性化的课程建构，形成各具特色的课程形态、课程内容及实施方式；要对职业学校现有课外兴趣小组的活动、学生社团的活动、校内外综合实践活动等进行遴选，并进行必要的指导和改造，将之纳入公共选修课程体系，倡导“课程活动化”，在鼓励各类课程个性化建构的同时，更多地提倡活动建构，关注学生的活动体验和个性化习得，尽可能避免讲授式课程。

四是挖掘德育元素，开发“非遗”德育课程体系。学校应立足课堂教学，深度挖掘“非遗”课程中的德育元素，组建德育教师、公共基础课教师、专业教师和企业导师构成的“混编式”教师团队，以“立德树人”为目标，将价值观培育和工匠精神融入课程，建立思想政治课程、公共基础课程、专业课程等多层次互补、有机融合的“非遗”德育课程体系，将课程思政融入“非遗”教学的全过程。

（三）打造“双导师”教学团队

1. 聘请“非遗”大师，成立大师工作室。聘请行业“非遗”大师进校园，成立大师工作室，同时提供一定的物质基础保障。选拔一批专业上比较优秀的中青年骨干教师进入大师工作室，组建“双导师”教学团队。“双导师”共同研制培养方案，共同组织教学、研发产品等。

2. 实行“双导师”授课，创新教学模式。“双导师”授课模式是一种新型课程实施形式，大师为核心，校内教师为辅助，发挥团队作用。鼓励青年教师拜师结对，提升自身的专业素养。大师和校内教师共同授课，大师讲解制作过程中的核心技艺，指导操作；教师负责课堂组织、教学内容的讲述和课后师生的在线互动。

3. 做好教师团队培训。聘用企业技术工人为技能型教师，通过多种途径加强这部分教师基础课程理论的教育和培训：定期邀请专家对其进行有关教学的理论基础知识、课堂教学策略等的培训，并组织开展学习效果的检测等。学校委托第三方办培训机构，或者以合同形式聘请高校教授带领本校教师完成1~2门课程的全过程建设。

4. 健全学校相应管理制度。结合教学实际制定相应管理制度，如大师工作室管理制度、企业技师授课管理制度、校企合作管理制度、产学研管理制度、教学团队管理办法等。

（四）搭建各类平台，创新成果转化机制

1. 搭建各类创新创业平台。建立学生创业园，让学生充分运用创业园平台，像镇江高等职业技术学校童国老师指导的学生创业团队成功制作数控小型篆刻机那样，创作、展示、销售自己的手工艺品。鼓励电子商务专业的学生，协助“非遗”专业的学生通过直播等形式进行销售宣传。“非遗”专业的学生应抓住机会，积极参加创新创业大赛，用传统的手工技艺进行实战演练，以赛促学、以赛促教、教学相长。

2. 搭建产学研基地。学校应积极主动进行市场调研，了解市场行情。应主动与企业、行业联系，宣传介绍自身的专业优势，主动寻求企业的帮助和政府的支持，建设“非遗”传承和学生实践相结合的基地，将传统与创新有机结合，努力将“非遗”文创作品转化为产品，将产品转化为商品，进而转化为资金。

3. 创新评价机制。结合“非遗”专业教学的特点，创新评价机制。教育主管部门可以将“非遗进校园”写入政策文件，为传承人进学校牵线搭桥；每年可进行优秀实践案例的评选交流，营造学“非遗”、用“非遗”、秀“非遗”的良好氛围。学校应做好宣传工作将“非遗”的传承作为学校特色或者重点，通过教学开放日、职业体验等形式向学生家长、兄弟学校和社会充分展示学校的工作成果。

（作者单位：镇江高等职业技术学校）

“长江文化”视域下的镇江民歌研究

杜佳骏　邱　正　吴欣晨等

长江流域的音乐文化作为我国南方音乐文化的代表，因流域广阔、横贯西东而差异极大，音乐文化上呈现出渐次变化，从而形成多个音乐特点极强的地域文化区。春秋战国时期楚国版图辽阔，几乎将巴蜀音乐文化区全部涵盖，并包括吴越音乐文化区的大半疆土。因此，无论长江上游、中游、下游，都势必受到荆楚音乐文化区的历史因素影响。吴越音乐文化区以江苏、浙江两省，即古代吴越地区为中心。虽受到荆楚音乐文化区的影响，但吴越音乐文化区主要使用的“吴侬软语”与荆楚地区主要使用的西南官话区别明显。百川汇于海，自宋南迁后，我国政治、经济中心也随之转移至南方。镇江作为长江与京杭大运河的交汇处，秦淮河、太湖湖西、沿江三个水系在这里集聚，伴随着“长江文化”与“运河文化”两大区域文化体系，孕育出绚丽多彩的音乐文化。万般音乐中，以民歌为基础，因此民歌作为民族之本、文化之根，有着直指核心的地位与价值。

一、镇江民歌的分类

《中国民间歌曲集成·江苏卷》中收入江苏民歌 1 399 首，分为劳动号子（502 首）、山歌（283 首）、小调（466 首）、风俗歌（44 首）、儿歌（34 首）和生活音调（70 首）等六大类。镇江民歌共包含以下 5 类：

1. 劳动号子。在江苏民歌中，劳动号子可分栽秧号子、车水号子等 9

类。《中国民间歌曲集成·江苏卷》中镇江地区号子共18首，其中车水号子占三分之一。若加上与农活相关的打麦号子、锄草号子、薅草号子，更是高达11首。由此可见，镇江地区劳动号子主要与日常劳作相关。

2. 山歌。山歌与吴越地区的劳动工种结合紧密，仅从劳动种类便可分为莳秧山歌、耥稻山歌等10余种。此外，在日常生活中还有抒情性的私情山歌、乱说山歌等。山歌与当地农民的一切生活领域相融合。歌名独特，以七言成标题，往往以唱词第一句为名，歌词以七字句为主。

3. 小调。小调是主要流行于城市的民间音乐。江苏地区只分为一般小调和歌舞小调两大类，前者为清唱或加一些单伴奏为主；后者则因配合形式多样的民间舞蹈而边舞边唱。镇江地区的一般小调数量极少，14首小调中仅有《各色鲜花满园开》《卖货郎（一）》《选民证》3首，其余11首均为各种歌舞小调。由此可见，民歌作为各民族、各文化区音乐的根基，其发展、使用不仅仅存在于日常生活、劳作中，更是民间歌舞的曲调来源。

4. 风俗歌。风俗歌主要是指各地区根据传统礼仪文化所形成的仪式性音乐。江苏地区风俗歌包含婚嫁礼仪歌和祭祀礼仪歌两类。前者是民间嫁娶时习惯演唱的各种歌曲，后者为民间流行的驱鬼祈福类的活动仪式音乐。此类风俗歌在镇江民歌中占比较低，仅有5首，且皆为婚嫁礼仪歌，没有祭祀礼仪歌。

5. 生活音调。生活音调主要为流行于各行各业的叫卖调、娱乐性的牌儿经、诵读古诗词的吟诗调、乞丐的讨饭调等，大多接近口语。其中，有些甚至只是语气的强化或具有说唱性质，但大多已有一定完整的旋律。镇江民歌中的生活音调仅有3首。这种与城市行业生存息息相关的曲调所存无几，说明农事劳作仍为市民百姓的主要生活。

二、歌舞、戏曲、曲艺中的镇江民歌

据《镇江戏曲音乐》中对流行于镇江地区的戏曲、曲艺考证，镇江地区戏曲包括丹剧、扬剧两种，曲艺主要为清曲、啷当两种，歌舞主要为香火戏、花鼓戏两种。其中，清曲、香火戏、花鼓戏为扬剧的前身；丹剧与啷当具有颇深的渊源，是在啷当基础上形成的戏曲，包含了曲艺啷当的曲调，二者同属镇江本土地区形成的戏曲与曲艺。通过对《镇江戏曲音乐》《丹剧音乐》的汇总与整理发现，有45首丹阳民歌在丹剧与啷当中被运用且未收录进《中国民间歌曲集成·江苏卷》中。

花鼓戏是明末清初随着凤阳花鼓传入镇江的，后广为流传。花鼓戏与清曲相结合的“小开口”，流行于扬剧正式形成之前，因此可将“小开口”视为扬剧的起源之一。此外还有京剧、锡剧、江淮戏等戏曲曾在流入镇江后不断发展，但受到方言及演出环境限制，大多并未形成独有的表演风格和艺术流派。但通过对扬剧、丹剧、花鼓戏、清曲、啷当等戏曲、曲艺中镇江民歌的梳理，以及流变区域、同宗民歌的搜寻，仍可以找到镇江民歌为这些戏曲发展所做的贡献。

三、镇江民歌的共性与个性

从音阶结构来看，吴越音乐文化区常用五正声音阶，少用偏音，其偏音往往具有装饰性、对比性色彩或常用于转调。核心音调突出大二度、小三度等邻近音程，此种音程在中国五声音阶宫、商、角、徵、羽中可直接视为宫商、角徵、羽宫之级进，非常符合五声音阶之音程关系。因此，在旋律发展手段上也是以级进式、环绕式、波动式等相邻音阶的连接方式为主，少见跳进音程；其旋法上的稳定、保守，使其旋律线流畅平和，起伏较小；在节奏上，以稳定、规整为主。至此，可见吴越音乐文化区中所共有的稳定、流畅、平和之音乐风格，但在曲式、腔词与终止式上，吴越音乐文化区有着另一种戏剧性的多变。

吴越音乐文化区的曲式复杂多变，单曲曲式包含二句半、三句子、四句体、五句子、赶五句、联八句、穿歌体等多种形式，套曲主要为多曲连缀形式；腔词上与旋律的流畅平和相反，多为一字多音的唱腔，一唱三叹，婉转悠扬；而在终止式上，多出现富有动感、不稳定性的偏离主音、中心音的他音终止。吴越音乐文化区在曲式、腔词关系、终止式上所凸显出的多变、曲折、不稳定与其总体结构形成奇异般的对比。也正是在此多变的形态中，才显现出吴越音乐文化区中八大省市的地方差异性。

音乐形态上所出现的普遍共性与特殊个性的差异使得各地区音乐有着同宗民歌之现象，通过对镇江民歌的分析，可以发现南北方差异汇聚于此后再次往周边流变发展的规律，由此能够探查出历史文化脉络的庐山真面。

四、镇江民歌的历史文化和自然背景因素

镇江地域位置特殊，南北方语系汇聚于此，长江、京杭大运河交汇于此，地理因素和自然环境致使其音乐文化有着独特的典型性。历史上，随着宋室南迁，全国的文化、经济中心转移至南方，水域交错的镇江自然也成为商品经济文化中心。镇江地区曾辖镇江、丹徒、扬中、丹阳、武进、宜兴、金坛、溧阳、江宁、句容、溧水、高淳 1 市 11 县。如此特殊的南北人口汇聚之地必然蕴含有诸多民歌的“母体”及大量变体形式，伴随水路运输的交通便利条件，这些民歌不断流入流出，顺延着长江流域不断四扩，交织成我国民族民间音乐的一部分。其历史文化背景的考证是探寻我国民族民间音乐文化发展规律的客观依据。

镇江东南接常州，西邻南京，北与扬州、泰州隔江而望，大部分地区属宁镇—茅山低山丘陵，一部分地区属长江新三角洲和太湖平原区，自然地理优越。南方地区较少受北方政治战乱和自然灾害的影响，加上经济文化中心南移后生产水平较高，这一地区的人民形成了柔和、优雅、闲适的生活态度与审美情趣，表现在音乐上，就形成了委婉、精致、秀丽的风格。通过对镇江民歌的搜寻、整理、归类，可见其在音乐体裁、音乐风格、题材内容上独具一格的文化属性，可以为探寻专属于镇江地区的区域音乐体系和音乐形态发展规律的研究工作铺设新路。

（作者单位：南京师范大学中北学院）

文旅融合视域下镇江“三山文化”及其在城市 IP 中的应用研究

| 邓莉丽　秦菁菁　段玉洁 |

镇江作为国家历史文化名城，拥有诸多历史文化烙印与旅游景区，以金山、焦山、北固山为主体的“三山文化”是镇江地域文化的重要组成部分。不论是历史文化层面金山的佛教文化和婚恋文化、焦山的书法文化和隐士文化、北固山的三国文化和诗歌文化，还是天然地理风貌角度“江河交汇拱三山”的独一无二，以及金山“寺裹山”、焦山“山裹寺”、北固山“寺冠山”的别具一格，都彰显了“三山文化”在镇江城市品格中的代表性地位，内含巨大的城市 IP 化开发价值。目前，学术界虽在镇江“三山文化”及城市 IP 研究上取得了一定成果，但存在很多不足，对“三山文化”的文旅价值开发研究不够，尤其在对“三山文化”核心理念的提取、对“三山文化”的价值定位和“三山文化”的宣传方式方面比较模糊。因此，本文旨在运用大数据方法分析、提取“三山文化”核心理念及符号，基于文旅融合的角度，将“三山文化”与城市 IP 相结合并探索其应用策略与路径。

一、镇江“三山文化”城市 IP 构建要素分析与主题模型搭建

（一）关键词界定、大数据采集与筛选

在网页文本收集方面，首先选择的平台是百度搜索。在百度指数平台

中输入相关关键词，关键词“镇江三山文化”与“三山文化”都未被收录，只有“镇江三山”作为金山、焦山、北固山的统称而被记录，这说明在大众的认知中镇江三山的文化概念是空白的。而作为“三山文化”之一的“金山”，只有输入关键词“金山寺”才能获取相对有价值的词条信息，这从侧面反映了金山主体文化与金山寺的紧密联结。而“焦山”“北固山”因本身的独特性可直接作为关键词进行数据爬取，最终获取有效词条相关信息20余条。在此基础之上，通过网络爬虫软件和人工筛查的方式，在微博、微信公众号、知乎、快手、抖音、哔哩哔哩、豆瓣网、天涯社区、百度贴吧等大众常用媒体平台上对镇江“三山文化”相关主题新闻、公众号文章、短视频、网络自媒体、社区评论进行精细化信息提取。

其次，通过对中国知网数据库与读秀图书数据中相关主题研究，分析出镇江“三山文化”在中国学术界的关注角度与评价，以确保镇江“三山文化”的核心理念提取范围更加准确。

除了以上所获取的当代社会对于镇江“三山文化”认知的网络数据信息，深度挖掘镇江“三山文化”价值还需要理解古人对于三山的看法与情感，亲身体验并了解镇江三山的自然风貌与人文。镇江三山自古闻名天下，主要还是与文人名士、戏曲小说、禅宗文化这类充满话题性、文化性的要素的联系有关，最直观的体现就是相关诗文流传之丰富。因此，通过爬虫软件在古诗文网中爬取所有相关诗文并分析的过程必不可少。

综上所述，通过大数据思维方式，采用网络爬虫技术、人工筛选、实地考察与调研方法对镇江“三山文化”进行全方位的数据爬取与筛选分析，最终获得的镇江“三山文化”主要构成内容如图1所示。

（二）镇江“三山文化”城市IP的核心价值探索

镇江“三山文化”在旅游、影视、戏曲、文学、艺术等不同领域的发展形成了一致的文化内涵，并表征出其在当下政治、经济、社会、科学、文化快速发展时代背景下的独特意义与价值。曹当凌在《镇江三山文化》中对镇江“三山文化”精神气质的研究认为，“三山文化”具有兼容并包的大气、争雄图强的豪气、敢为人先的勇气、爱国忧民的正气、从善如登的

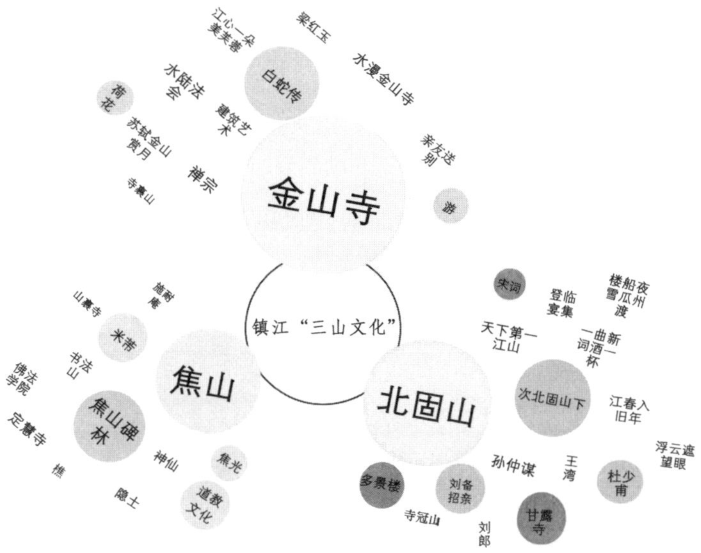

图 1 镇江“三山文化”相关信息词及其热度分布图

义气。其中，大气是镇江“三山文化”精神中最显著的特点。因为镇江地处江河交汇之处，是大江南北的交通枢纽，历史上从汉末至民国都有北方移民通过水路南迁而至，近代西方文明在此扩散，赛珍珠文化也应运而生，西津渡、金山和运粮河一带更是成为镇江乃至江苏近代工商业的发源地之一，由此可见“三山文化”本质上的开放性与包容性。豪气主要体现在北固山丰富的三国文化和被誉为“天下第一江山”的多景楼之中，有历代帝王将相、达官显贵、文人墨客对三国英雄人物的追思和对国富民强的期望。“三山文化”的勇气、正气和义气则表现在辛弃疾、文天祥、林则徐的爱国精神，祖冲之的开拓创新精神，以及清末赈济救灾的慈善义举之中。

诗词与书画也是镇江“三山文化”的重要内容。镇江可谓一城山水一城诗，三山就是诗词之山。有学者研究，教育部最新版《全日制义务教育语文课程标准》中要求学生背诵的古诗文名篇，其中涉及镇江这一城市的篇目最多。许多文人雅士、达官显贵前来镇江三山游览，都把这里作为雅集文会之地，并留下了许多名篇佳作。全国重点文物保护单位“焦山碑林”，以及在《基于大数据的中国画家中西方知名度比较研究》中无论在中国还是西方的知名度都排到前五的著名书画家米芾，也是宝贵的“三山文化”的组成部分，是发展“三山文化”IP需要把握的核心价值。除此，金山文化得益于民间传说《白蛇传》在戏曲、电影、电视、动画、网络小说等方面的演绎传播，具有庞大的群众基础与天然流量，是“三山文化”IP传播的重要切入点。金山丰富的民间故事及代表禅宗文化的金山寺也体现了人们对于美好爱情的向往和对俗世生活、万物平等的赞美。把握住镇江三山共同而又各自独特的精神品格和价值内涵，从中诞生的“三山文化”IP才能发展长久。

（三）对获取的信息词进行人格化形象分析与归纳

人格化形象是对三山内涵的深度思考、充分挖掘、统一定型和灵活展现，其精神内核是“三山文化”传播的人性化思考。这种人性化设计考量，恰恰可以满足当前信息过载、压力过大、精神焦虑的网民的需要。通过对文化的二次加工，将需要突出强调的特点进行夸张，从而在传播中消除认知隔阂，拉近心理距离，确定人格化形象，可以进一步明确“三山文化”定位，统一编辑思想，鲜明地表明“三山文化”的价值，深度挖掘“三山文化”IP的宗旨与思想内涵。如镇江“三山文化”内容中文人名士、戏曲小说、禅宗文化这类文化性的要素占比很大，可以将“三山文化”IP的主体形象设置为“书生”，再根据金山、焦山、北固山各自文化属性赋予不同的精神特质。如金山，拥有著名民间传说故事“水漫金山”，可增加其开朗、热爱生活的“个性”。而作为“天下第一江山”的北固山，与“三国文化”关系密切，可以赋予其豪情壮志、不畏霸强的精神面貌。拥有“焦山碑林”“隐士文化”的焦山，可添加其聪明好学、自在逍遥的“性格”元素。人格化语言、人格化传播，可让受众感觉到这不是冷冰冰的景点或历史符号，而是有态度、会聊天、有信息的鲜活的城市文化代表，满足用户的情感需求，充分体现人文关怀，增强大众对“三山文化”的理解度、依赖度和“羁绊感”，进而为扩大传播外延、提高用户关注黏性、延长IP产业链的目标做铺垫和形象设计参考。

二、镇江“三山文化”城市 IP 的应用策略

（一）新媒体视域下城市 IP 的大众化传播要点

1. 相对稳定的形象性格特点。城市 IP 形象设计的第一步是“人设”，原则是最大限度拉近与用户的情感距离。“人设”需要稳定，要求与城市 IP 发展具有同调性，能够指导城市 IP 稳定地朝着一个方向发展。确定并保持“人设”的稳定，可以在第一时间为 IP 筛选出它的受众群体，有利于准确有效地把控城市品牌的宣传，并快速在互联网竞争中争得一块属于自身的席位与孵化舒适圈。

2. 原创性故事情节叙述。IP 的原创故事是一种文化价值观的体现，就像一个符号烙印在每个人的心中，具有强大的生命力和延展性，能够突破当前在激烈竞争下形成的“千城一面”现象。在创作镇江“三山文化”IP 的故事背景时，可以以宣传“三山文化”为目的进行编写设计，如“水漫金山寺”等民间故事本身就已经很知名，只要结合 IP 形象并添加原本没有的幽默元素进行二次创作便可获得很好的效果。

3. 平等的情感交流体验。这就是在话语体系中，将自身城市 IP 这一官方形象拉到和大众平等交流，甚至是表现弱势的姿态。在构建镇江“三山文化”IP 的过程中，不管是人格化形象的表现形式还是话语体系都要学会放低姿态。在具体表述时要运用语言技巧，一般以第一人称，以对话聊天的方式进行，可以诙谐幽默、轻松愉快，甚至可以使用镇江方言，为人物设计一些口头禅、习惯用语。

4. 可持续发展的内容创造力。这主要是指 IP 内容持续更新创新的能力。想要达到这种“持续”，就需要拓宽内容创造者的大门，赋予曾经的受众转变为输出者的权利，并为自家的 IP 做贡献。这可以有三个途径：一是城市交通系统、市政道路相关部门的设计单位，将城市公共设施的外观设计与“三山文化”IP 相结合，将“三山文化”IP 概念潜移默化地嵌入市民与游客的认知之中；二是将 IP 使用权下放到大众市场中，激发各行各业对

“三山文化”IP 的创作热情，形成对“三山文化”价值的认同与共识；三是举办“三山文化”IP 创新设计大赛，可以面向高校与社会相关从业人员，也可以动员网友参与，以此扩大“三山文化”IP 影响范围，让更多的人为“三山文化”IP 的内容持续输出力量。

5. 高频输出与沉浸式互动策划。人们更易对出现频率很高的事物留下深刻印象。镇江“三山文化”IP 想要高频输出，首先要在自身的配置中挖掘并设计热点，对 IP 的某个特点如形象或口头禅进行地毯式推广，联合网友的二次创作，以达到高频输出的效果。其次，相关部门可以策划一场沉浸式“三山文化”互动体验游戏挑战，在现实的三山场地上选取合适的地点布置一些载有关卡内容信息的二维码或相关装置等，并在网络上向大众介绍事件发生背景并发起挑战。这种线上加线下的互动体验，不仅可以为现实中的“三山文化”景区带来更多的人流量，亦可以在虚拟世界里形成独立的话题圈。

（二）构建文旅融合背景下镇江“三山文化”城市IP的开发体系

1. 官方推广+民间授权。由政府各部门管理，授权民间机构和企业运作，充分利用城市 IP 推广所获得的关注度和流量吸引相关产业的项目投资，一产、二产、三产融合发展，开发相关旅游、教育、特色产品和展会活动、文化交流项目，真正有效地促进当地经济增长。

2. 社群营销+跨界合作。从身份定义、有趣和温暖的内容、参与和互动的角度营销，构建一个具有高度认同感和归属感的 IP 社群必不可少。而 IP 社群营销的持续开发也离不开跨界合作。热点是创造出来的，而不是追求出来的，多维度营销才是打造城市 IP 的关键。如开展跨界联名设计，让人们更近距离地接触“三山文化”，使镇江城市 IP 价值最大化。

3. 媒介融合式推广。媒介融合使得各种媒介形式与 IP 文化整合传播，能够发挥不同媒介的传播优势。从官方到民间，从区域到周边，线上线下媒介协同合作使产业信息快速传播，应加强基于互联网的公共宣传平台的使用，如移动端社交媒体、视频平台、自媒体等，在短时间内达到扩大城市 IP 知名度的效果。

4. 形成 IP 产业链。将 IP 的无形价值与食、住、行、游、购、娱融为一体化产业链。城市 IP 产业需要与相关机构联动，通过制度的衔接更加有效地完成城市 IP 产业链的闭合循环，政府、机构和其他公共部门的协调合作必要时可以减少流程和时间。缩短 IP 产品从设计到消费者手中的周期，促进并提高相关机构在政策制定、系统管理和实施方面的协调和效率。

（作者单位：江苏大学）

扬中“口袋公园”建设的实践探索

| 郭玉成　庄广雷 |

“口袋公园”也称袖珍公园，是指规模较小的城市开放空间，呈斑块状散落或隐藏在城市结构中，将公共空间与城市建筑无缝融合，为城市居民提供休闲娱乐、健身交流等服务。城市中的各种小型绿地、小公园、街心花园、社区小型运动场所等都是居民身边的“口袋公园”。扬中四面环江，陆地面积仅有 228 平方公里，城市建成区面积 14. 63 平方公里，常住人口 31. 6 万，主城区户籍人口达 13. 86 万人，城镇化率高达 64. 26%，呈现出面积小、人口密度高的特点。为探索扬中“口袋公园”建设，提升居民生活品质，我们通过多方调研、深入分析，提出相关对策建议。

一、“口袋公园”建设的现实基础

（一）以行动强化绿色“基因”，园林建设更为完善

近年来，扬中市以“绿韵水秀，江中花洲”为规划愿景，加快城市园林绿化和生态环境建设步伐，因地制宜、多措并举，取得了较为显著的成绩。14 万人左右建成区万人拥有综合性公园指数 0. 21 个；建成城西公园、滨江公园、城北公园综合性公园 3 座；建成城南公园、大众社区小游园、惠民小区小游园、中桥社区小游园、金星社区小游园社区公园 5 座；建成中山植物园扬中分园专类性公园 1 座；建成明珠湾西侧、三茅大港、中电大道两侧、春柳路、同心路南侧、丰收河、扬子河、张家港风光带等带状公园 8

座；建成明珠广场、市政广场、太平广场、新民路、江洲广场、市民广场、环城北路南侧、文景广场、长寿园、扬子桥头、昌盛路、环城北路北侧等街旁绿地 12 块。

（二）以成就擦亮生态“底色”，绿色底蕴更为突出

“绿色”一直是扬中这座城市的底色。江南水榭、大江风貌，江鲜美食、物阜民丰，良好的生态一直是扬中最大的优势，绿色发展一直是扬中坚守的底线。近年来通过“263”专项行动、“五水联治”等铁腕治理，绿色生态发展的脚步更加自信和从容。长期以来，中共扬中市委、市政府顺应广大市民对“生态宜居”的美好追求、对“建园添绿”的独特情结，紧扣“水上花园城市”的目标定位，深入开展“四城同创”，以十多年如一日的坚韧执着，整体完善生态功能，优化城市环境，提升城市品位。特别是在园林城市创建上，从 2009 年创成省级园林城市，到 2013 年成功举办江苏省第八届园艺博览会，“创园”的基础日趋扎实、步伐更加稳健。启动国家园林城市创建以来，扬中市把创建主题确定为“绿韵水秀、江中花洲”，就是想融合“水”的灵动、“绿”的优雅、“岛”的神韵、“城”的梦想，打造一座始终绿意盎然、水清景秀的“水上花园”。至 2020 年年底，扬中市先后被评为“全国南方平原绿化先进县”“全国造林绿化百佳市（县）”“村庄绿化整体推进县”“国家生态市”“国家园林城市”“国家级生态示范区”。

（三）以规划点亮绿化“主题”，宜居环境更进一步

扬中市长期组织开展“园林式”居住区、单位创建活动，先后涌现出了鸣翠山庄、浩云湾、长江花城、水上国际花城、新世界花苑等一批景观优美、功能完善、环境生态良好、园艺水平较高的居住区。为了切实有效地加强居住区绿化规划建设和管理工作，依据《城市居住区规划设计规范》和《江苏省城市居住区和单位绿化标准》等文件要求，扬中市先后制定出台了《扬中市城市绿化管理办法》《扬中市城市绿线管理办法》《扬中市城市绿地建设规范》等文件。严格审查标准，规范验收程序，使各项绿化指标符合要求，绿地规划建设质量长效提高，管养责任得到长效贯彻。在居

住区绿化建设中，在规划审批时，先确定居住区总面积、绿化面积和绿地率。要求新建居住区绿地率不低于30%，改造居住区绿地率不低于25%。建设单位将规划平面图、绿化竣工图纸、施工单位资质及施工合同报送市园林单位审核，必须严格按照市建设园林主管部门批准的绿化设计方案进行施工，确保绿地面积和绿化质量。

二、优化“口袋公园”建设的难点和挑战

（一）专项政策不够完善

近几年，扬中市制定了有关绿地绿化、公园等相关政策制度，但并没有制定关于“口袋公园”的专项政策、规划和管理办法，导致在设计、建设方面不够精细、精准。重视综合性公园的建设，忽视“口袋公园”建设，导致整体规划不足。

（二）相关资金缺乏保障

“口袋公园”建设没有专项资金预算，导致投资不足，规划、设计、建设均受到不同程度的影响。滨江公园、城北公园两座综合性公园投资总额达2.4亿元，而14座社区公园和带状公园总投资不足7 000万元，这严重制约了“口袋公园”的发展，使其不能满足当今市民休闲娱乐的需求。

（三）建设规划存在不足

当前扬中市“口袋公园”一是数量不足。符合“口袋公园”特征的只有社区公园和带状公园14座，无法满足整个主城区的需求。二是布局不合理。一些“口袋公园”位置不合理，导致人迹稀少，如明珠广场西南角作为明珠湾配套景观使用，绿地不开阔，效果体现不出来，造成资源浪费。三是系统性不强。在实际建设中缺少必要的串联，难以形成有系统的整体，导致公园同质化严重，难以有自己的特点。四是功能性单一。单个公园只提供了基本的生态功能、景观功能，在社会功能上承担较少；同时在对城市的展示、增加城市文化底蕴和提升城市品位上考虑较少，不能体现扬中特色。

三、优化“口袋公园”建设的对策建议

（一）筹资多措并举，使“单通道”变成“多渠道”

一是政府服务采购，发挥资金最大效益。坚持市场导向，按照企业主导、政府引导、市场运作、行业自律的要求，采用政府对外招标模式，发挥资金最大效益。一方面，可以设立城市“口袋公园”建设和维护财政专项预算，保障公园建设、专项养护管理及相关人员的经费。同时，为推进项目建设，财政局评审中心应第一时间介入，加快推进清单及控制价的编制工作，确保控制价能够合理反映工程造价。另一方面，可以使用政府采购服务模式，对外招标，吸引市场主体介入，但设计单位须具备建设行政主管部门颁发的风景园林工程专项设计资质，通过政府采购服务体现竞争性、效益性和公平性原则，为后期维护减轻压力。

二是鼓励企业参与，形成政企合作模式。政府相关部门可以与当地企业接触，鼓励企业参与周边“口袋公园”建设，可采用认建方式，也可采取捐赠形式，参与“口袋公园”的土地开发、“蓝绿空间”建设、后期运营管理等，使之与政府建设形成互补，共同推动公园的建设运营。政府可以为参与公园建设的企业提供多方面的优惠政策，提高企业参与公共建设的积极性。

三是社区街道众筹，打造地方共建方式。政府可以引导社区街道参与“口袋公园”建设，采用以社区为主导、居民为主体的三种模式：社区与社区共建模式，双方共同出资建设；社区居民众筹资金，全民参与建设模式；社区乡贤参与建设模式。社区街道可以利用筹集的资金修建“口袋公园”，举办社区居民喜闻乐见的移风易俗宣传教育活动，使“口袋公园”成为弘扬文明新风的重要的文化阵地，彰显出当地浓厚的文化底蕴。

（二）部门科学规划，使“边角料”变成“上好料”

一是设计之妙。结合“口袋公园”的规划设计和自身特点，需要充分考虑和利用周边的一切条件和要素。一方面，要切实考虑周边人口密度、

人群层次的实际需要，达到体现人性化设计的目的；另一方面，要充分利用场地地形特点，合理利用几何图形，利用地形道路、植物绿化分隔空间，或利用各种形式的隔断花墙构成园中园，形成独特观赏效果。以创意装点街景，提升城市形象；以特定人文特征构成有地域特色的城市景观；与周边城市建筑契合，与建筑环境相融合，凸显画龙点睛的艺术功能；以点带线、以线达面，体现“口袋公园”绿色空间的连续性。

二是联结之巧。通过“口袋公园”这样的小微生态系统把城市绿地系统组建成为一个大型绿色生态网络，“口袋公园”成为这个生态网络中的一个个节点，通过这些点联结其他类型公园，按等级划分，形成一个超大型生态网络。

三是选址之精。“口袋公园”的位置决定了它的用途、使用者的类型及被使用的时间。一般情况下，“口袋公园”的选址应使半径范围为周围 4 个街区的使用者可以不用穿越主要街道而步行抵达，服务半径一般为 0.3~0.5 公里。

（三）合理设计游园，使“独乐乐”变成“万家乐”

一是贴近生活，利民便民。一方面，结合旧城改造、老区改造拆违拆临，顺应居民对宜居、生态社区的期待，建绿透绿工作同步跟进，结合实际环境，在老旧小区周边、小区集中区域及道路两侧合理规划建设面积不等的“口袋公园”，提高人均公园绿地面积和公园绿地服务半径覆盖率，提升公园绿地的可达性，让群众得到更多的便利和实惠。另一方面，在选取植物、建筑材料时注重因地制宜、环保节约；在景观设计时注重前期调查工作，优化设计方案。施工过程中，设计人员应多到施工现场，和施工方加强沟通协调，合理控制投资规模。

二是科学设计，兼顾生态。根据“口袋公园”的特点，在建设过程中坚持因地制宜、顺应自然、以人为本的理念，因形就势，注重保护自然景观、历史文物及生物多样性，尽量保护原有地形地貌和植被。公园体量小，但数量多，融入“海绵城市”理念，将雨水收集、利用与景观绿化相结合，使生态功能与景观效果并重。选用透水铺装、盖板排水沟等工艺进行广场硬质铺装，对地表径流雨水进行消纳，同时巧妙搭配绿植、花卉营造出小型花园式场地，在提升环境品质的基础上增绿便民，让老百姓有获得感。

三是差异设计，突出特色。坚持“绿化+文化”，分别以城市记忆、乡愁、运动休闲及社会主义核心价值观为主题，实现“园林”向“园艺”的转变。要把“口袋公园”建成主题公园，“一园一主题、一园一风格、一园一特色”，恰当、巧妙地体现城市文化、市民公约等内容，在便民绿化美化的基础上，充分彰显城市特色，让市民拥有实实在在的获得感。有5类景观设计可供选择：纪念追忆型——与重大的历史人物和事件相联系；典型情境型——再现生活场景、战争场景；城市文化型——与方言、神话传说、风俗文化庆典、民间工艺品相联系；地理环境型——融入城市典型肌理、自然地貌、城市色彩、建筑风格等；未来记忆型——与时尚生活、科技材料、创意空间、城市梦想等相联系。

（四）鼓励社会参与，使“独角戏”变成“群英会”

一是实行“以教促管”形式。建议社区组建“口袋公园”管理维护志愿队，主动参与公园的建设和管理。推行“园长制”，同时可以开展公园认领活动，或者邀请周边居民当“园长”参与管理，让“园长”具备志愿者和协助管理者的双重身份。“园长”融服务和督查职能于一体，吸引更多周边单位和个人参与共建共享，让公园更好地发挥绿化、休闲的服务功能。此外，制定奖惩规章，形成长效管理机制，维护管理好“口袋公园”。

二是试行“个人认养”方式。扬州市广陵区51个“口袋公园”中已有16个“口袋公园”被70多位志愿者认养，义务养护取得初步成功，一举破解了公园后期管理的“老大难”问题，值得学习推广。一方面，认养“口袋公园”成功的园林志愿者可以通过定期举办的园艺课讲授活动，获得学习园林养护技能的机会，同时志愿者建立微信群互相交流学习；另一方面，社区或者相关部门每月举行一次小活动、培训或者茶话会面对面交流，增加志愿者的养护经验，提高大家的积极性。

三是举办评奖活动。对于已建的“口袋公园”，政府可以举办最美公园的评选，设特等奖和一、二、三等奖，并发放不同的奖金。整个评选每一轮投票都由社会各界公开参与，当场公布排名，最大限度地动员所有参与者和受益者，保障公平、公正。

（作者单位：中共扬中市委党校）

日本社会养老服务体系对镇江市养老医疗服务体系建设的启示

| 曹雅洁　卞　茜　杨　帆 |

近年来，镇江市老龄人口数量不断攀升。截至 2019 年年底，全市常住人口 320.35 万人，其中 60 岁以上人口为 72.47 万，约占人口总数的 22.6%。随着居民生活水平和医疗保障水平的不断提高，这一比例还将持续增加，养老服务产业面临巨大挑战。日本是全球老龄化最为严重的国家之一，各级政府在不断制定、调整和完善相应政策的同时，也在探索更高效、更安全、更便捷的养老服务模式，在实践中积累了丰富经验，对镇江市养老服务体系的建设极具启示和借鉴意义。

一、日本老龄化现状及对策

据日本总务省统计，截至 2020 年年底，日本总人口为 1.261 7 亿，其中 65 岁以上人口已突破 3 610 万人，占总人口的 28.6%，居全球 201 个国家和地区之首，占比约为中国的 2 倍（中国 2019 年为 12.6%）。死亡率降低引起的高龄人口增加，以及新生人口减少带来的年轻人口减少，这种情况在今后数十年间还将愈发严重，最终会引起劳动力不足、社会生产力降低、社会活力减弱。自 20 世纪开始，日本便针对老龄化社会的到来逐步制定了一系列方针政策。20 世纪 70 年代出台面向高龄人群的养老政策，明确区分养老“事业”与“产业”：将养老福利事业定位为“以低收入阶层为主要对象，提供企业不愿涉足、市场机制无法充分供给的必要的服务”；养老产业则是通过市场机制来解决老年人更高的养老需求。在政策法规和社会福祉建设上，保障养老福利事业，提供低层次收入者的基本养老条件，满足市场机制无法提供的必要服务。从1973年开始，日本对65岁以上的卧床老人实行免费医疗保障制度，在经济上解决了很多老人的后顾之忧。此后，日本也多次就养老导致的家庭负担过重等问题进行探讨，全面关注老人及赡养老人家庭的经济问题。1963年，日本就制定了保障老年人生活利益的《老人福祉法》；1986年，日本将《有关雇佣高龄者的法律》改为《高龄者雇佣安定法》，在1994年的修订中将法定退休年龄改为60岁，2004年的修订中将退休年龄延长至65岁；1995年制定了《高龄社会对策基本法》。2018年，日本第29届高龄社会对策会议通过了新的《高龄社会对策大纲》，重新审视年龄带来的差异化和均质化，鼓励各年龄层做出与本人意愿和能力相适应的贡献；要求构建区域共同体，帮助各阶段高龄人士愉快生活；制定新的高龄社会措施，致力于技术革新和科技成果的应用实践，并从就业收入、健康福祉、活动参与等6方面制定了具体对策。在就业收入项目中，对雇佣65岁以上人群的企业给予政府支持，企业应保障雇员65岁之前的工作要求。2019年，日本提出了新的“确保70岁的就业机会”改革方案，2020年修订的《老年人雇用安定法》提出确保为有意愿工作到70岁之前的老年人提供就业机会。但在执行中，企业雇员法定退休年龄大多仍为60岁，仅有不到13%的企业更改为65岁。真正落实70岁之前就业保障的企业并不多。

二、日本社会养老服务体系对镇江市发展养老服务事业和产业的启示

世界银行数据显示，中国的老龄化程度约在世界排第十位。2020年6月，中国发展研究基金会公布，中国人口将于2030年到达顶峰，预计到2050年，65岁以上老人将接近总人口的28%，与日本目前状况相当。镇江市的人口老龄化比例略高于全国平均比例，面向老龄人口的养护服务、医

疗服务等需求更为紧迫。制定符合中国国情、镇江市情的老龄化对策，发展镇江养老服务事业和产业迫在眉睫。

（一）协调养老产业发展，完善多层次养老需求

镇江市的经济发展水平、医疗保障水平位居全国前列，全面推进养老医疗服务社会化、产业化势在必行。借鉴日本社会养老服务的模式，开辟出一条有镇江特色的养老服务产业道路，摸索出一套因地制宜、兼具社会效益和经济效益的养老医疗服务体系，是当下镇江市亟待解决的、造福百万居民的重要课题。政府部门应出台相关规章制度和系列政策，指导、监督、协调养老产业健康发展。应在履行职能、出台政策方面双管齐下，解决养老产业中的市场管理混乱、不当收费和不当竞争、老人利益无法得到保障等问题，争取满足多层次、全方位的养老服务需求。

（二）完善医疗保障体系，加强政府监督力度

尽管中国居民医疗保险等保障制度在不断完善，解决了数亿人民的看病问题，但在养老医疗保障方面政府部门仍需进行探索和改革，进一步完善医疗体系，规范医疗设备标准，建立行之有效的市场监督与管理体系及行业标准，全面减轻老年人经济上和精神上的压力。

（三）健全多层次养老设施，发展多模式养老服务

无论是福利型养老事业还是营利型养老产业，其服务对象都有各自的需求。要学习借鉴日本做法，将服务对象分为需要援助型和需要护理型。对生活可以自理但无法独立生活、在家务等方面需要帮助者给予援助；对丧失部分身体功能、生活无法自理者则给予全面护理；建设与居家环境类似的老年公寓，接收生活可以自理的老人。也可以采用“早接晚送”型看护模式，这特别适合不愿入住养老院而与子女同住，但子女忙于工作又照料不到的老人。早晨接有护理需求的老人进院看护，晚上送老人回家由家人照顾。这一模式既满足了老人白天喜欢热闹的需要，又保障了自理不便时的各种服务，同时满足了中国人“恋家归家”的文化心理。

（四）重视人才培养，建立养老服务队伍

养老产业的发展不仅仅需要社会环境和经济环境的支持，更需要的是

对相关人才的培养。日本 1987 年就开始导入养老人才资格考试制度，我国虽有相关从业人员资格标准，但执行力度较弱。政府应制订养老服务领域各层次、各专业人才的培养方案和计划，统筹人才专业和数量规模，建设一支专业结构合理、有素养、有爱心、有能力的养老服务队伍，全方位满足养老服务行业的人才需求。

（五）倡导社会参与，引导多元养老体系发展

在目前的养老看护中，政府、家庭、市场、非营利部门（社区）等四方形成了四维作用体，共同推进养老服务的发展与成熟。要学习借鉴日本建设共生型服务社区的经验，整合政府、市场、家庭、社区等各部门的服务与医疗，探索对老人、残疾人等生活不便人群实行一体化的综合服务。在新型服务社区的建设中，政府部门应起主导作用，引入社会资本与社会资源，倡导多方面、多部门的广泛参与和协同合作，加强联系与融合，群策群力保障推进老年人养老服务，缓解养老事业建设带来的政府财政困难。

（六）发挥地域经济特色，投资医疗看护产业

过去 10 年，日本将医疗和看护列为国家战略之一，大力发展相关产业，增加了数百万个就业机会。在支柱产业中，镇江在中国医疗器械产业“五大军团”之一的长江三角洲地区拥有一席之地。丹阳目前已形成医药产业园，拥有医疗器械生产企业 50 余家，其中上市公司 2 家，初步形成了以隐形眼镜、普通诊疗器械、病房护理设备及器具，以及手术室、急救室、诊疗室设备及器具为主体的特色产业。省重大项目国药控股落户丹阳，为镇江市的医疗器械产业发展再添新生力量。在养老医疗服务体系建设中，镇江应充分利用产业优势，发挥地缘经济特色，大力发展医疗看护产业，为养老事业和产业的发展提供硬件软件的双重保障，在医疗产业和养老产业的互动与合作中形成良性循环。

（作者单位：江苏大学、镇江市统计局）

历史文化资源有效开发利用的实践与启示

翁红霞　徐　强

近年来，镇江市史志部门与相关方面加强合作，通过镇江地方史馆和镇江方志馆（以下简称“两馆”）建设传承弘扬优秀传统文化，在镇江历史文化挖掘与研究、展示与呈现、转化与利用上取得了一系列成果，全方位展现和反映了镇江地情、亮点和精华，为社会各界认识镇江历史、自然、经济、文化、社会等方面的特色，了解镇江地区的革命史、建设史、发展史提供了重要窗口，在推动历史文化资源资政育人功能的有效开发利用方面取得了一些经验。

一、提高认识、精心筹划，把历史文化资源有效开发利用作为重要职能

镇江作为国家级历史文化名城，有 3 000 多年的文明史。为展现深厚文化底蕴、地方历史文脉和浓郁特色，镇江于 2019 年 8 月 1 日正式开设了“两馆”。镇江市史志办转变观念、提高认识、创新机制，明确了“两馆”作为镇江“三中心一基地”（即镇江市方志年鉴和地情资料收藏中心、地情研究咨询开发中心、地方文化对外交流宣传中心，以及爱党、爱乡、爱国主义教育基地）的功能定位。为确保“两馆”展陈内容更加科学、严谨，更能体现地方特色，镇江市史志办委托镇江市历史文化名城研究会成立课题组编纂“两馆”展陈大纲，同时对丰富的史料进行筛选，力图通过简明扼要的文字、丰富多彩的图片、特色鲜明的实物，将镇江历史上最精彩、

最独特之处呈现给观众。按照“横排门类、纵述史实”的原则，方志馆展陈大纲分建置沿革、山水名胜、物阜民丰、人文荟萃、教卫文体、民俗风情、方志赏鉴等7部分，地方史馆则按时期分列。首先，突出镇江的地域特色，选取发生在镇江的重大历史事件、重要人物及重要物品等进行展示。其次，突出时代特色。在展现方式上，“两馆”不是单纯将现有的镇江史著作或方志、辞典等内容机械照搬，而是强调进行具象化的呈现，注重展陈形式的新鲜活泼，使展陈文字、图片与音频、视频，以及互动接触式信息技术等相得益彰。

二、委托专业公司，提高历史文化资源展示场馆建设运营水平

历史文化资源的有效开发利用是一项系统工程，特别是相关场馆的建设和运营涉及多个流程、多项工作，专业性、法律性、程序性要求都很高，非单一的党政机关、事业单位所能完成。让专业的人做专业的事，委托专业公司进行建设和运营，通过签订合同明确双方权利和义务，相互合作，加强监管，既保证了项目合法合规有序进行，又有利于提高效率、降低成本、保证质量，真正把历史文化资源开发好、利用好，为人民群众提供更优质、更便利的公共文化服务产品。

镇江市史志办坚持“政府主导、统筹实施、存量盘活、财政投入、代建代管、节约高效、服务创新”的原则，聚全办之力，强力推进“两馆”建设。至2019年6月末，制作展板、收集展柜展品、制作室外大型艺术品及多媒体展示系统等完成，艺术表现手法的运用使展陈方式生动活泼，“两馆”成了“会说话的大辞典”。市史志办受政府委托，以政府购买服务的方式对“两馆”进行统一运营管理。镇江市西津渡文化旅游公司与市史志办签订合作共建协议、资产租赁合同和物业服务合同，负责所有业务活动的计划实施、人事安排等日常运行和维护管理。市史志办成立“两馆”运营管理专项工作小组与西津渡文化旅游公司进行对接，对“两馆”的日常运营活动、公共服务水平和质量进行监管，对主题活动进行业务指导。西津

渡文化旅游公司将“两馆”纳入西津渡景区范围，实行综合一体化专业管理，予以强力保障+配套服务。

三、利用专业平台，提供文化服务，扩大历史文化资源的影响力和生命力

“两馆”是向社会提供文化服务、让群众了解地域文化的专业平台，是赓续革命血脉、传承史志文明的重要载体和阵地。运营两年来，“两馆”通过建设基地、接待参观、开展活动、媒体宣传等多种途径，扩大了镇江历史文化的影响力和生命力。

（一）建设基地

镇江地方史馆被命名为第一批“江苏省党史教育基地”；“两馆”先后被收入“镇江市红色地图册”和“镇江市党史学习教育地图册”；加入“镇江市红色阵地联盟”和团市委“青年学习社”；进入镇江党史研学精品线路、江苏亲子红色研学线路；参加了“打卡地图学党史，传承思想献爱心”主题网络活动、红色地图“镇”研学——镇江市“暑期青少年党史学习不间断”活动；成为“镇江市党外知识分子实践教育基地”。在全国方志馆建设经验交流会上，镇江市史志办作为江苏省唯一的地级市代表做了主题发言。

（二）接待观众

“两馆”开馆以来，至 2021 年年底，共接待参观团队 893 批次，各类参观人员 10.31 万人。2020 年、2021 年镇江金山文化旅游节期间，“两馆”每天延长开放至晚上 9 点，累计参观人员 1 万余人，其中国庆期间每天参观人员最多达 800 人。不断有观众签名留言对“两馆”给予高度评价，认为“两馆”是“四史”学习教育、红色基因传承的重要阵地，是广大市民、游客尤其是青少年了解镇江历史文化的网红打卡地。

（三）开展活动

“两馆”围绕队伍建设、红色文化宣讲、周年纪念、历史文化传承等方

面开展活动。“两馆”招募讲解服务志愿者，开展试讲指导，适时组织上岗。2020 年，镇江市史志办等编写的《初心·使命——新时代党课二十讲》一书在“两馆”举行首发式；开馆一周年时，邀请老军人、老战士参观并向他们赠书；接待过镇江籍院士家人参观；《光绪丹徒县志》点校本首发式暨 2020 年市史志办新闻发布会也在“两馆”举行。2021 年，“两馆”服务全市党史学习教育：馆内设立党员先锋模范岗，联合润州团区委和镇江市城建集团等 6 家国企组建“红领”联合志愿讲解团，开展党史讲解志愿服务；在“镇江解放日”，联合镇江报业集团启动“奋斗百年路　启航新征程”——“点亮红色镇江”全媒体新闻行动；邀请嵇直后人嵇钧生在馆内授课；举行《镇江党史知识简明读本》首发和《风雨百年　逐梦征程——镇江党史文献纪录片》首映仪式；“七一”前后举办“党史馆里学党史　夜读党史励初心”活动，得到社会各界好评。

（四）媒体宣传

《方志中国》杂志、中国社会科学网均刊载了“两馆”开馆消息。“学习强国”平台和央视多次报道社会各界参观党史馆情况。“方志江苏”微信公众号刊载的《依法依规创建公共文化服务新平台》介绍了“两馆”谋划、选址、建设、运营工作经验；刊载的《拓展方志文化宣传渠道》介绍了方志馆作用的发挥情况。

市级层面以“镇江西津渡”公众号为载体，开设了“镇江史志”专栏，将镇江史志内容以图文并茂的形式展现，充分利用报刊、广播、电视等扩大对“两馆”的宣传。开馆日，《京江晚报》刊载“四代同堂展　一馆三千年”侧记。交汇点新闻、《镇江日报》等刊载“两馆”每年举办一次新闻发布会及各项重要活动等。金山网、《京江晚报》刊载“两馆”入选“镇江党史研学精品线路”。镇江日报社“点亮红色镇江”全媒体新闻行动首站采访来到“两馆”。镇江市委组织部远程教育中心、文广集团先后到“两馆”拍摄专题片，市文明办、社科联也来馆拍摄微视频，等等。

总之，“两馆”已成为广大市民、外地游客和专家学者等了解、体验、探索镇江的新亮点，成为镇江历史文化的一张新名片。我们相信，未来

“两馆”一定会有更多的各类文化资源被有效开发利用，“两馆”也会成为海内外人士认识和亲近镇江、投资和建设镇江的窗口与纽带。镇江市史志部门和“两馆”将充分发挥存史、育人、资政功能，不断深化历史文化的传承创新，推动历史文化与现代文明交相辉映、相得益彰，为建设镇江“创新创业福地，山水花园名城”做出更大贡献。

（作者单位：镇江市史志办）